O enigma
do homem
célebre

Ambição e vocação
de Ernesto Nazareth

O enigma do homem célebre

Ambição e vocação de Ernesto Nazareth

Cacá Machado

Copyrigth © 2007 by Instituto Moreira Salles

Capa
Retrato de Nazareth (1905) sobre manuscrito do tango *Remando*
Acervo Ernesto Nazareth/Instituto Moreira Salles

Contracapa
Nazareth ao volante em São Paulo (1926)
J. B. Vasques/Biblioteca Nacional/Divisão de Música e Arquivo Sonoro

Dados Internacionais de Catalogação na Publicação (CIP)
(Câmara Brasileira do Livro, SP, Brasil)

Machado, Cacá
    O enigma do homem célebre : ambição e vocação de Ernesto
Nazareth / Cacá Machado. – São Paulo: Instituto Moreira Salles,
2007.

    Bibliografia.
    ISBN: 978- 85-86707-15-5

    1. Belle époque 2. Compositores - Brasil - Biografia 3. Música
popular - Brasil - História e crítica 4. Nazareth, Ernesto, 1863-1934
I. Título.

07-4117   CDD-781.63130981

Índices para catálogo sistemático:

1. Compositores : Música popular brasileira :
        Biografia e obra   781.63130981
2. Música popular brasileira : Compositores :
        Biografia e obra   781.63130981

Printed in Brazil, 2007.
Foi feito o depósito legal.

INSTITUTO MOREIRA SALLES

Av. Paulista, 1.294, 14º andar. CEP: 01310-915. São Paulo-SP.
Tel.: (0 XX 11) 3371-4455; fax: (0 XX 11) 3371-4497.
Internet – http://www.ims.com.br
E-mail: ims@ims.com.br

Mantenedor:

UNIBANCO

À memória de Dora,
às presenças de Carlos, Lulu e Catarina.

Agradecimentos

Em primeiro lugar, é preciso dizer que este livro é resultado da minha pesquisa de doutoramento, defendida em março de 2005 no Programa de Pós-Graduação em Literatura Brasileira do Departamento de Letras Clássicas e Vernáculas da Faculdade de Filosofia, Letras e Ciências Humanas da Universidade de São Paulo.

Para esta publicação, foram feitos pequenos ajustes, sempre com a intenção de deixar a leitura mais clara e prazerosa. As análises musicais foram redigidas buscando uma comunicação ampla; mesmo os que não dominam o código da escrita musical vão encontrar aqui sínteses numa prosa mais amigável.

Dito isso, gostaria de agradecer às instituições e às pessoas que me acompanharam por quase uma década de trabalho.

Ao Instituto Moreira Salles – que abriu as portas do Acervo Ernesto Nazareth na reta final da minha pesquisa e permitiu, com esta publicação, que a obra do compositor seja amplamente divulgada – e, em particular, ao coordenador da área de música do IMS, José Luiz Herencia, recente compadre de afinidades musicais.

À Fapesp, que me concedeu o auxílio financeiro durante a iniciação científica e, posteriormente, no período de pesquisa do doutorado direto.

À Divisão de Música e Arquivos Sonoros (Dimas) da Biblioteca Nacional do Rio de Janeiro, especialmente a Glícia Campos.

A Luiz Antônio de Almeida, eterno biógrafo e guardião de Nazareth, cuja generosidade permitiu que eu vasculhasse os bens do nosso compositor, numa viagem *sui generis* e inesquecível a Teresópolis em 1998.

A José Miguel Wisnik, que orientou este trabalho, primeiro fundamento.

Aos professores Arthur Nestrovski, Flávia Camargo Toni, Luiz Tatit e José Geraldo Vinci de Moraes pelo rigoroso e entusiasmado debate na ocasião da defesa da tese.

Ao professor Arnaldo Daraya Contier, que me ensinou o rigor da pesquisa histórica enquanto foi meu orientador durante a iniciação científica na graduação do Departamento de História da USP.

Aos amigos que me acompanharam dando opiniões, sugestões, força e inspiração: Vadim Nikitin, Guilherme Wisnik, Elaine Ramos, Maurício Monteiro, Flávia Bollafi, Chico Pinheiro, Fernão Salles, André Stolarski, Dante Pignatari e Theóphilo Augusto Pinto.

À queridíssima Adriana Morelli, presente no início dessa longa trajetória.

À turma do estúdio, Thiago Cury (a aventura nazarethiana apenas começou!), Matthieu Rougé, Marcos Azambuja, Mariana Bacan e Sergia Percassi.

Ao maestro Cláudio Leal Ferreira devo a formação em harmonia, arranjo e no universo da música escrita.

A Maria Lúcia Pascoal e Alex Pascoal, pela leitura minuciosa e pelas dicas do complexo mundo da harmonia erudita e popular.

A Eugênio Vinci de Moraes, pela revisão, sugestões e companheirismo na reta final, na época dos acertos finais da tese.

A Sonia Rubinsky, que generosamente aceitou a empreitada de gravar quatro peças de Nazareth especialmente para este livro, tornando real aquilo que está no papel, em interpretações belíssimas e precisas.

A meu pai, Carlos Machado, que sob quaisquer circunstâncias sempre me apoiou com estímulo e cobrança.

E, finalmente, a Luciana Guimarães, amor profundo.

São Paulo, junho de 2007
Cacá Machado

Ernesto Nazareth
Fotógrafo não identificado
Rio de Janeiro-RJ, c. 1900
Acervo Tinhorão/Instituto Moreira Salles

Sumário

Introdução – O enigma do homem célebre 11
  O problema 11
  Nazareth em revista 13

Capítulo 1 – *Cruz, perigo!*: a febre das polcas
(ou a configuração singular do gênero) 17
  Mediadores culturais 17
  Aproximação da obra 37
  As modalidades de polcas 41
  O enigma de *Cruz, perigo!*: polca-textura 51

Capítulo 2 – Machado de Assis e a síncopa 57
  Pestana e o jovem Nazareth 61

Capítulo 3 – *Rayon d'or*: o rei dos tangos
(o gênero decantado) 75
  Biografia do homem célebre 78
  Rayon d'or: o gênero decantado sob
  a forma da síncopa explícita 98

Capítulo 4 – Sob o signo da síncopa: a misturada
geral dos gêneros (o lundu, a polca, o tango brasileiro,
o choro e o maxixe) 107
  Ruim esquisito: um não-sei-quê indefinível 109
  Batuque: todos os gêneros num só
  ou o lugar nenhum 115

Capítulo 5 – *Floraux*: aspectos do estilo nazarethiano 129
  Sobre *Floraux* 130
  Aspectos formais: fraseologia, rítmica e dinâmica 132

Condução harmônica	144
Pensamento polifônico: texturas sonoras	147

Capítulo 6 – Tangos em revista — 153
Clássicos — 158
Crônica dos títulos — 162

Capítulo 7 – Outros gêneros: a valsa, o noturno,
o estudo para concerto, a polonesa,
a marcha fúnebre, o samba-marcha carnavalesco — 171
Formas ampliadas — 172
Valsa brasileira — 181
Samba antigo — 185

Epílogo – Fausto suburbano: ambição e vocação
de um homem comum — 191

Portfólio — 195
Rio de Janeiro, final do século XIX — 196
Rio de Janeiro, *belle époque* — 208
Nazareth e família — 224

Cronologia – Ernesto Nazareth (1863-1934) — 239

Bibliografia — 249

Índice onomástico — 257

● Acompanha um CD com 4 peças
de Ernesto Nazareth interpretadas
por Sonia Rubinsky

Introdução

O enigma do homem célebre

O problema

Em abril de 1926, Ernesto Nazareth viajou ao Estado de São Paulo para algumas apresentações. A estada prevista para um mês se prolongou até março de 1927, quando o compositor retornou para a sua cidade, o Rio de Janeiro. Na década anterior, os cariocas haviam consagrado Nazareth como o "rei do tango", *sucesso* que se espalhou e, em São Paulo, foi celebrado com a *glória* correspondente: os entusiastas cicerones paulistas que o trouxeram e lhe ofereceram hospedagem, promoveram recitais em Campinas, Tatuí e Sorocaba e, na capital paulista, as performances de Nazareth aconteceram nos espaços mais importantes de circulação da música erudita da cidade – o Conservatório Dramático e Musical e o Theatro Municipal, pela Sociedade Cultura Artística. Neste último, Mário de Andrade precedeu o recital com uma conferência sobre a obra do compositor carioca. Na conferência, o crítico explicitou a sua dificuldade em compreender de que modo a obra de Nazareth pôde tê-lo tornado "popularmente célebre", já que a forma ao mesmo tempo intrincada e sutil da sua música "era a menos tendenciosamente popular". Nas palavras do próprio Mário:

> No entanto, si é certo que a obra de Ernesto Nazaré tem uma boniteza, uma dinâmica fora do comum, e ele apareceu e se desenvolveu no momento oportuno, não compreendo bem como é que se tornou popularmente célebre. Si foi oportuno não tem nada de oportunista nele, e é sabido que nem mesmo a genialidade basta pra um indivíduo se popularizar. Ora a primeira observação que se impõe a quem estuda a obra densamente dele, é que de todas as músicas feitas prás necessidades coreográficas do povo, ela é a menos tendenciosamente popular.[1]

Ao se referir a Nazareth como "popularmente célebre", o crítico, intencionalmente ou não, esbarrou num tema desenvolvido por Machado de Assis em "Um homem célebre" (1888), conto em que trata, genericamente, da celebridade popular involuntária do músico que aspira ao *status* da música erudita. A aproximação biográfica entre Ernesto

---

1. ANDRADE, Mário de. "Ernesto Nazaré" (1926). *In Música, doce música*. São Paulo: Martins, 1963, p. 122.

Nazareth e a personagem Pestana do conto é sintomática, ao mesmo tempo em que reveladora, de um processo mais amplo da cultura musical da época, que diz respeito, entre outras coisas, à acomodação e à criação de gêneros da música popular urbana na cidade do Rio de Janeiro. Nesse sentido, *música, história* e *literatura* formam uma trama intertextual de relações que parecem se concentrar admiravelmente na trajetória de Ernesto Nazareth.

Diante dessa configuração de acontecimentos, formulei o "enigma do homem célebre" a partir das seguintes questões: 1) Qual a especificidade da música criada por Ernesto Nazareth?; 2) Como se desenvolve a linguagem dessa obra musical?; 3) Como se resolvem, ou não, as relações entre o *erudito* e o *popular* internas à obra?; 4) De que maneira interpretar a obra do compositor no contexto cultural brasileiro e na sua singularidade biográfica?

O que pulsa na trajetória do compositor, como um baixo-contínuo, e que também se depreende das palavras de Mário de Andrade, é essencialmente a questão que envolve o *gênero* e a *singularidade*. Nazareth compôs clássicos da música popular brasileira, a seu modo, *típicos*, mas ao mesmo tempo *únicos*. Nesse sentido, apresento aqui, no primeiro capítulo – "*Cruz, perigo!*: a febre das polcas (ou a configuração singular do gênero)" –, uma aproximação à obra do compositor no contexto musical em que o gênero polca imperava, primeiramente em sua configuração original européia, e, posteriormente, modificado com acentos rítmicos específicos (trata-se de ver como a experiência biográfica particular do jovem Nazareth e de sua originalidade musical lançam luz sobre o processo geral). No segundo capítulo – "Machado de Assis e a síncopa" –, procuro localizar pontos que permitam as mediações entre a *ficção* e a *história*, cotejando o Machado contista e o cronista, ali onde o escritor trata da emergência da polca e do tema da *ambição* e *vocação* em música, sugerido pelo autor como o drama da personagem Pestana. No terceiro – "*Rayon d'or*: o rei dos tangos (o gênero decantado)" –, apresento a originalidade da música de Nazareth no momento em que ele passa a escrever sob a rubrica do gênero *tango brasileiro*, período em que, de modo geral, os gêneros sincopados já se encontravam decantados na cultura musical urbana do Rio de Janeiro. No quarto capítulo – "Sob o signo da síncopa: a misturada geral dos gêneros (o lundu, a polca, o tango brasileiro, o choro e o maxixe)" –, busco interpretar no *tango-característico* intitulado *Batuque* (1913) a síntese de um complexo debate da musicologia brasileira sobre os assuntos que envolvem a formação e a acomodação dos gêneros em questão. Os três últimos capítulos são dedicados a aspectos mais específicos da obra de Nazareth. O quinto, "*Floraux*: aspectos do estilo nazarethiano", procura resumir os principais traços do estilo do compositor, tomando como exemplo analítico o tango *Floraux* (1909). Já no sexto, "Tangos em revista", assinalam-se os traços marcantes entre os aproximadamente noventa tangos compostos por Nazareth. E, por fim, o sétimo capítulo, "Outros gêneros: a valsa, o noturno, o estudo para concerto, a polonesa, a marcha fúnebre, o samba-marcha carnavalesco", trata, como o próprio título sugere, da incursão de Nazareth por outros gêneros que não os da *polca* e do *tango*. No epílogo, "Fausto suburbano: ambição e vocação de um homem comum", procuro finalizar o trabalho sob o ponto de vista da ambigüidade entre o *sucesso* e a *glória* que acompanhou toda a trajetória do célebre compositor. Ao final do volume, há uma cronologia do compositor, além de CD com a gravação das peças *Cruz, perigo!, Rayon d'or, Batuque* e *Floraux* interpretadas pela pianista Sonia Rubinsky.

Nazareth em revista

Até a década de 1920 Nazareth não teve reconhecimento "oficial", embora fosse um compositor de retumbante *sucesso* popular. O compositor francês Darius Milhaud foi o primeiro a sugerir a importância da música de Nazareth no artigo "Brasil", publicado em 1920, na *Revue Musicale*:

> É lamentável que todos os trabalhos de compositores brasileiros desde as obras sinfônicas ou de música de câmera de Nepomuceno e Oswald até as sonatas impressionistas ou as obras orquestrais de Villa-Lobos (um jovem de temperamento robusto, cheio de ousadias) sejam um reflexo das diferentes fases que se sucederam na Europa de Brahms a Debussy e que o elemento *nacional* não se exprima de maneira mais viva e mais original. A influência do folclore brasileiro, tão rico de ritmos e duma linha melódica tão particular, faz-se sentir raramente nas obras dos compositores cariocas. [...] Seria desejável que os músicos brasileiros compreendessem a importância dos compositores de tangos, maxixes, de sambas e de cateretês como Tupinambá ou o genial Nazareth. A riqueza rítmica, a fantasia indefinidamente renovada, a verve, a vivacidade, a invenção melódica de uma imaginação prodigiosa, que se encontram em cada obra desses dois mestres, fazem deles a glória e a preciosidade da Arte Brasileira.[2]

Mário de Andrade qualificou, de certa forma, a "genialidade" do compositor, na ocasião da já referida conferência em 1926 para a Sociedade Cultura Artística:

> Proveniente da arte semierudita do "pianeiros" dos assustados, mais estudioso e mais culto que elles, familiar de Chopin, Ernesto Nazareth quintessenciou, nos seus tangos admiráveis, a arte dos pianeiros cariocas. Nisto, pode-se mesmo affirmar que elle foi genial, de tal fórma as suas composições, como caracter e riqueza de invenção se elevam sobre tudo quanto nos deixaram os outros compositores do seu tempo. Sem exceptuar a propria Chiquinha Gonzaga.[3]

---

2. *Apud* WISNIK, José Miguel. *O coro dos contrários – A música em torno da semana de 22*. São Paulo: Duas Cidades, 1977, p. 45.

3. ANDRADE, Mário de. *Op. cit.*, p. 323.

A década posterior, que separa essa conferência da morte do compositor, em 1934, registrou apenas um único comentário crítico *en passant* do musicólogo Renato de Almeida em sua *História da música brasileira* (1926). Curiosamente, dois anos antes da conferência de Mário de Andrade, apareceu um artigo não assinado sobre o compositor, no periódico paulistano *Folha da Noite*, publicado em 8 de setembro de 1924. Ali, sob o título "Flor amorosa de três raças tristes" são traçados os perfis dos "três mais populares compositores da música brasileira": Eduardo Souto, Ernesto Nazareth e Marcelo Tupinambá. O retrato nostálgico de Nazareth é indicativo do desinteresse do público pela sua música nessa época: o jornalista traça o perfil de um modesto e melancólico compositor surdo, que não se incomoda com o "barbarizo atordoante" do barulho da cidade, cujo principal sucesso foi o seu "antigo" tango *Brejeiro*, composto em 1893.[4] E ponto. Instaura-se um silêncio sobre a sua obra e sua personalidade que só será quebrado com a sua morte, quando surgem artigos em diferentes jornais comentando o modo trágico do acontecimento. Ironicamente, foi um periódico francês, *Revue Française du Brésil*, que, depois de Darius Milhaud e Mário de Andrade, apresentou em perspectiva histórica a figura de Nazareth, num artigo assinado por Iwan D'Hunac, na edição de março de 1934:

> O mundo musical brasileiro acaba de perder um de seus artistas mais populares e originais, Ernesto Nazareth, morto em 5 de fevereiro, de um modo trágico. Assim que os historiadores do futuro estudarem as primeiras manifestações da arte musical autóctone, ou mesmo as primeiras tentativas pela criação da música brasileira – criação lenta e árdua porque uma música nacional tampouco se improvisa – ele deverá tomar consciência da influência exercida pela obra de Nazareth.[5]

Após a repercussão imediata da sua morte, um esquecimento relativo – e natural naquilo que virou definitivamente passado – convive difusamente com o seu lugar de clássico da música popular e com o interesse de um círculo mais restrito de compositores da música erudita nacional, como Francisco Mignone e Villa-Lobos. Em diálogo com esse grupo, o compositor e musicólogo Brasílio Itiberê publicou, em 1946, no *Boletim Latino-Americano de Música*, o artigo "Ernesto Nazareth na música brasileira", dando

---

4. Cf. "Flor amorosa de três raças tristes". *Folha da Noite*, São Paulo, 08.09.1924. A mesma *Folha da Noite* publicou a seqüência deste artigo, com o mesmo título, no dia 10 de setembro de 1924. Neste, o jornalista anônimo afirma que Marcelo Tupinambá é bem mais popular que Nazareth porque o povo fixa mais facilmente as suas melodias. Ironicamente, o que se vê hoje em dia é o contrário. Devo a Arthur Nestrovski a "descoberta" deste segundo artigo.

5. "*Le monde musical brésilien vient de perdre un de ses artistes les plus populaires et les plus originaux, Ernesto Nazareth, mort le 5 février d'une façon tragique. Lorsque l'historien de l'avenir aura à étudier les premières manifestations de l'art musical autochtone, ou plutôt les premières tentatives pour la création de la musique brésilienne – création lente et ardue parce qu'une musique nationale ne s'improvise guère – il devra prendre note de l'influence exercée par l'oeuvre de Nazareth.*" A tradução é de minha autoria. Na realidade, Iwan d'Hunac era o pseudônimo de João Itiberê da Cunha, compositor e crítico musical, irmão do compositor e diplomata Brasílio Itiberê da Cunha. Agradeço a Sonia Rubinsky a revelação.

continuidade, de certa forma, ao balanço e à contextualização da obra do compositor que Mário de Andrade começara.

Mas é a partir da década de 1950 que começa a haver um esboço de redescoberta em relação ao grande público: o pianista Arnaldo Rebello inclui Nazareth em seu repertório; a pianista Carolina Cardoso de Menezes grava-o;[6] e o também pianista Mário Cardoso executa suas peças pela Rádio Jornal do Brasil. Nazareth torna-se um clássico da música popular brasileira interpretado por pianistas eruditos. Prova disso é que, em 1963, a Biblioteca Nacional do Rio de Janeiro organizou uma "exposição comemorativa do centenário de nascimento de Ernesto Nazareth", sob a direção de Mercedes Reis Pequeno, chefe da seção de música. O resultado da exposição foi a criação do acervo e do catálogo[7] do compositor, formado por partituras impressas, manuscritos, discografia, hemeroteca, bibliografia, iconografia e documentos pessoais, a partir das coleções de Eulina de Nazareth (filha do compositor), de Andrade Muricy, de Mozart de Araújo, do arquivo musical Almirante e da editora Arthur Napoleão. Hoje em dia o "acervo Nazareth" localiza-se no Dimas (Divisão de Música e Arquivos Sonoros) da mesma Biblioteca Nacional do Rio de Janeiro. Ainda em 1963, o musicólogo Padre Jaime Diniz lança o primeiro estudo cerrado sobre a obra nazarethiana (em que analisa polcas, tangos, valsas e a marcha fúnebre, por exemplo), e, em 1967, Baptista Siqueira lança o livro *Ernesto Nazareth na música brasileira*, no qual apresenta um estudo de maior fôlego sobre o compositor. Nessa década, a pianista Eudóxia de Barros torna-se uma referência na divulgação de sua obra. Mas serão os dois álbuns duplos gravados por Arthur Moreira Lima, em 1975 e 1977, respectivamente, que darão impulso definitivo à "ressurreição" de Nazareth.

No início da década de 1980, Luiz Antônio de Almeida iniciou uma pesquisa sobre a vida do compositor, depois que viu Eudóxia de Barros responder sobre Nazareth, num programa de televisão de perguntas e respostas (*8 ou 800*). Aproximou-se do seu único descendente vivo, sua sobrinha, Dona Julita Nazareth Siston, e recebeu como doação o patrimônio que restou de Nazareth[8]: fotografias, chapas originais de impressão de partituras, cadernos com anotações pessoais, cartas, acervo de partituras pessoal (com obras de outros compositores) e partituras impressas de sua obra. Desde então, o pesquisador escreveu uma biografia, intitulada *Coração que sente*, ainda inédita, a partir dos documentos dessa herança e de entrevistas com a última geração de pessoas que conviveram ou conheceram Nazareth.

Em 1996, quando iniciei a pesquisa para este trabalho, procurei Luiz Antônio de Almeida, que generosamente permitiu a consulta do acervo e dos manuscritos da biografia. Em 2004, por fim, o pesquisador deixou essa coleção de documentos sob a guarda do Instituto Moreira Salles, que atualmente organiza o material com o intuito de disponibilizá-lo ao público.

---

6. A pianista gravou em 1952 pelo selo Sinter, em dois discos, as peças *Brejeiro, Escorregando, Odeon* e *Tenebroso*.

7. BIBLIOTECA NACIONAL. *Catálogo da exposição comemorativa do centenário de nascimento de Ernesto Nazareth*. Rio de Janeiro: Biblioteca Nacional, 1963.

8. Cf. CABALLERO, Mara. "Ernesto Nazareth nascido há 120 anos, resgatado por um rapaz de 21". *Jornal do Brasil*, Rio de Janeiro, 18.03.1983.

Capa de partitura com litografia
e propaganda da Casa Mozart
Rio de Janeiro-RJ, *c.* 1920
Acervo Tinhorão/Instituto Moreira Salles

1

Cruz, perigo!: a febre das polcas
(ou a configuração singular do gênero)

*É certo que no Brasil a cabana e o palácio são o berço
comum da música. Por isso ouve-se dia e noite o som da
marimba do escravo africano, do violão ou do cavaquinho do
homem do povo e a harmonia mais sabida do homem rico.*

Jean-Baptiste Debret
Viagem pitoresca e histórica ao Brasil, 1834-1839[1]

Mediadores culturais

Existe certa confusão a respeito da data em que a polca, em seu rápido processo de expansão mundial, teria aportado aqui. O compositor e musicólogo Baptista Siqueira considera como o marco da chegada da polca no Brasil a apresentação do *vaudeville La polka*, que fez parte das comemorações do aniversário do imperador d. Pedro II, na sala do Teatro São Francisco. A apresentação teria ocorrido na capital do Império em 7 de dezembro de 1844, segundo o registro do *Jornal do Commercio*. Já Mário de Andrade apóia-se no artigo "O carnaval de outrora", publicado no periódico fluminense *O Jornal* (em 15 de fevereiro de 1931), para sugerir que a primeira polca teria sido dançada no Rio de Janeiro pela atriz Clara del Mastro, no Carnaval de 1846 (lembrando que a polca fora lançada apenas dois anos antes em Paris por Musard). E na *Enciclopédia da música brasileira*, no verbete "polca", afirma-se, sem citar fontes: "No Brasil foi apresentada pela primeira vez em 3 de julho de 1845, no Teatro São Pedro no Rio de Janeiro (RJ)". Mário de Andrade comenta ainda, a partir de Joaquim Manuel de Macedo em *Um passeio pela cidade do Rio de Janeiro* (v. 1, 1862, p. 82), que uma epidemia havida no Rio, em 1847, fora batizada de "polca", como referência ao ritmo da

---

1. DEBRET, Jean-Baptiste. *Viagem pitoresca e histórica ao Brasil*. Tradução de Sérgio Milliet. São Paulo: Editora Martins, 1954, vol. III, p. 108.

moda.[2] Mais importante do que determinar a data exata da chegada da polca ao Brasil imperial é trazer à tona as poucas obras que se preocuparam com o assunto. É evidente que essa diferença de três anos (1844, 1846 e 1845) não é determinante para compreendermos que foi na metade da década de 1840 que a polca chegou por aqui e se expandiu como uma febre, dando nome, aliás, à febre reumática que assolou a cidade do Rio de Janeiro em 1846 ("febre polca").

Sabemos que a polca é um gênero de música de dança com compasso binário e andamento vivo, que se originou na Boêmia, no início do século XIX. Rapidamente aconteceu um fenômeno de expansão mundial, e ela se tornou a dança de salão mais popular do Oitocentos. Segundo o *Grove dictionary*, a polca foi introduzida em Praga, em 1837, com a *Berra's collection Prager Lieblings – Galoppen für Pianoforte*. Em Paris, ela chegou com o maior dançarino de Praga, Johann Raab, em 1840. Daí em diante espalhou-se por Londres e pelas Américas, chegando a ser dançada em Calcutá, em 1845, num baile oferecido pelo governador-geral em honra à rainha Victoria. Tornou-se uma mania:

> [...] revistas e jornais da época estavam cheios de novos tópicos, descrições, ilustrações e anúncios que se referiam à dança. De Paris, o correspondente do *The Times* escreveu que "no momento, as preocupações políticas foram deixadas de lado pela opinião pública, sendo substituídas por um novo e cativante *hobby*, a polca". Punch, nos anos em que a polca chegou a Londres, desesperava-se com as constantes alusões à dança que se ouvia na sociedade: "Você sabe dançar a polca? Você gosta de polca? Polca – polca – polca – é o suficiente para me levar à loucura".[3]

Junto com a mania mundial da polca ocorreu o processo de democratização do piano. A equação é simples: *salão* mais *polca* mais *piano* igual a *dança*. *Grosso modo*, a burguesia européia do século XIX descobriu o seu espaço de lazer nesse quarteto. E as elites coloniais escravagistas se aburguesavam importando esses hábitos. Isso é sensivelmente apurável no Brasil oitocentista com a chegada da polca, no final dos anos 1840, e com a ampliação da comercialização do piano, no início dos anos 1850. Até então, o piano era um privilégio de algumas poucas famílias de Pernambuco, da Bahia, do Rio de Janeiro e de Minas Gerais, conferindo ao instrumento uma conotação de nobreza e poder. Um piano, antes de 1850, poderia custar um conto e duzentos mil réis, "quantia que correspondia a cerca de dois anos de salário de um pai de família de nível mé-

---

2. Cf. SIQUEIRA, Baptista. *Ernesto Nazareth na música brasileira*. Rio de Janeiro: Ed. do autor, 1967; ANDRADE, Mário de. *Dicionário musical brasileiro*. Belo Horizonte/Brasília/São Paulo: Itatiaia/Minc/IEB/Edusp, 1989, p. 405; MARCONDES, Marcos Antônio (ed.). *Enciclopédia da música brasileira: erudita, folclórica e popular*. 2. ed. São Paulo: Art Editora, 1998, p. 636.

3. "[...] *magazines and news-papers of the time were full of news items, descriptions, illustrations and advertisements referring to the dance. From Paris the correspondent of* The Times *reported that 'politics is for the moment suspended in public regard by the new and all-absorbing pursuit, the Polka'. Punch, in the years of the Polka's arrival in London, despaired of the constant allusions to the dance heard in society: 'Can you dance the Polka? Do you like the Polka? Polka – Polka – Polka – it is enough to drive me mad'*." CERNUSÁK, Gracian e LAMB, Andrew. "Polka". *In: Grove dictionary*. Londres: Macmillan Publishers, 1980, p. 573 (tradução de minha autoria).

dio".[4] Após essa data, os salões se multiplicaram, e o piano tornou-se o instrumento da moda; segundo Luiz Felipe de Alencastro:

> [...] logo surgem os primeiros sinais de assanhamento consumista: "Aluga-se um lindo piano inglês, por não se precisar dele", anunciava, já em 1851, um morador da corte. Se não precisava por que comprou? Porque dava *status*, porque era moda, *a* moda, anunciando os 25 anos, a maioridade efetiva de d. Pedro II, o fim da africanização do país e da vexaminosa pirataria brasileira, o prenúncio de outros tempos e dos novos europeus que iriam imigrar para ocidentalizar de vez o país. Porque o Império iria dançar,ao som de outras músicas.[5]

Foi nessa época que, segundo Mário de Andrade, o poeta romântico Manuel de Araújo Porto Alegre teria chamado o Rio de Janeiro de a "cidade dos pianos".[6] Entretanto, é sempre bom lembrar que o crescimento do comércio dos pianos e o afluxo de dinheiro que garantiu esse assanhamento consumista só foi possível, *grosso modo*, graças à riqueza propiciada pela cultura do café no Vale do Paraíba.

Gilberto Freyre, em *Ordem e progresso*, foi um dos primeiros a atentar para a importância do piano na estrutura sociocultural do Segundo Reinado:

> Nem nos devemos esquecer, a este respeito, da voga que teve, no Segundo Reinado, o piano, não tanto de sala de concerto, mas de sala de visita e às vezes de sala de música, de casa particular: o vasto piano de cauda que se tornou símbolo de distinção, de gosto e de prestígio social, quer em palacetes aristocráticos de subúrbio, quer em sobrados nobres ou burgueses, distinguindo também, nas casas-grandes de engenhos e fazendas, as casas das famílias aparentemente mais cultas das mais sincera ou rusticamente rurais. Alegradas apenas pela presença de algum violão ou cavaquinho, essas casas-grandes mais rústicas chegaram a ser conhecidas com algum desdém por "casas sem piano"; e nelas, como nas urbanas, constatava-se se não a ascensão social ou econômica, o progresso cultural da família sua proprietária, através da aquisição do piano: "já tem piano de cauda". De tal modo o piano se tornou parte do sistema social, ou sociocultural, brasileiro, durante o Segundo Reinado e os primeiros anos da República, que alguns observadores estrangeiros a ele se referem como uma praga; e é evidente que nem sempre terá sido instrumento bem tocado ou manejado pelas iaiás suas senhoras, das quais nem sempre terá sido dócil e obediente escravo.[7]

---

4. TINHORÃO, José Ramos. *História social da música popular brasileira*. Lisboa: Caminho, 1990, p. 103.

5. ALENCASTRO, Luiz Felipe de. "Vida privada e ordem privada no Império". *In: História da vida privada no Brasil*, v.2. São Paulo: Companhia das Letras, 1997, p. 47. O historiador procura explicar a razão da expansão do comércio dos pianos no Império: "Àquela altura, o progresso da tecnologia industrial [*europeu*] levara à substituição, no corpo interno do instrumento, dos quadros de madeira por quadros de liga metálica, os quais, permitindo uma tração maior nas cordas de aço, aperfeiçoavam o som e tornavam as afinações menos necessárias. Mais sólidos e menos sujeitos a reparos, os pianos podiam viajar pelos trópicos, servindo de frete para os navios estrangeiros que respondiam à explosão da demanda de mercadorias inertes do Império, depois de cessada a importação de mercadorias vivas" (p. 46).

6. ANDRADE, Mário de. *Pequena história da música*. 9. ed. Belo Horizonte: Itatiaia, 1987, p. 158.

7. FREYRE, Gilberto. *Ordem e progresso*. 6. ed. rev. São Paulo: Global, 2004, pp. 313-314.

Curiosamente, nas quase setenta páginas que o célebre antropólogo dedica ao tema da ordem social em seu livro (cap. III, "A República de 89 e a ordem social brasileira"), o maior número delas é sobre a música. A razão é que Gilberto Freyre enxergava na nossa tradição musical certo tipo de unificação das classes sociais. Mas isso não quer dizer, deve-se advertir, que o processo fosse unicamente harmonioso ou isento de conflitos:

> A música, desde a sacra, de interior de igreja, à de largo de matriz, representada pela banda que tocava dobrados cívicos e até pela de africanos que nos sambas e maracatus recordavam a África negra nas ruas do Rio de Janeiro ou do Recife ou de Salvador, acompanhava de tal modo o brasileiro do tempo do Segundo Reinado nas suas várias e contraditórias expressões de vida e de cultura, de algum modo harmonizando-as ou aproximando-as, que se pode afirmar ter se realizado, então mais pelos ouvidos que por qualquer outro meio, a unificação desses brasileiros de várias origens em um brasileiro senão de um só parecer, quase de um só sentir. Pois se umas músicas os dividiam em classes, em raças, em culturas diferentes, outras os uniam num povo só, através de uma síntese sonora de antagonismos e contradições. A modinha, por exemplo, foi um agente musical de unificação brasileira, cantada, como foi, no Segundo Reinado, por uns, ao som do piano, no interior das casas nobres e burguesas; por outros, ao som do violão, ao sereno ou à porta até de palhoças. Sua voga prolongou-se entre a gente média até os primeiros decênios da República.[8]

A cidade do Rio de Janeiro na segunda metade do século XIX tinha uma vida musical intensa que abrangia tanto os teatros fechados, como o São Pedro, o Phoenix e mais tarde o Teatro Municipal, na chamada *belle époque*, como o espaço público das ruas, botequins e festas populares ou a intimidade privada dos salões das casas de família. De um lado, existia uma cultura musical ligada à vida popular da camada média da população, que se dava principalmente nos espaços públicos e, por outro, uma cultura musical da elite, que circulava pelos grandes teatros e pelos pequenos salões da sociedade. O que existia em comum entre esses dois universos? A polca. Como veremos, a polca será o *medium* cultural (na sua origem latina, o que está no centro, que concilia opostos, mediador)[9] da sociedade do Segundo Império: é tocando polcas que os pianeiros, nome pejorativo para os músicos de pouca formação musical e muito balanço, circularão pelos salões da elite; é para ouvir polcas que essa mesma elite irá aos pequenos teatros para assistir a operetas e revistas; serão as mesmas polcas que as *sinhazinhas* tocarão ao piano, na privacidade dos seus lares, e os conjuntos de *pau-e-corda* (flauta, violão e cavaquinho) tocarão, com um balanço um pouco diferente, nas festas populares da Cidade Nova (bairro popular construído sob o aterro do canal do mangue).

Aqui cabe uma digressão metodológica: em vez do termo *unificação* social utilizado por Gilberto Freyre, como vimos acima, para caracterizar essa capacidade híbri-

---

8. *Ibidem*, pp. 316-317.
9. Ver o verbete "medi(o)" no *Dicionário Houaiss da língua portuguesa*. Rio de Janeiro: Objetiva, 2001.

da e mercurial que a música tem em percorrer vários estratos socioculturais, acredito que a idéia de *mediação* cultural seja mais precisa para o nosso caso. A questão é que o termo *unificação* traz embutida a idéia de harmonia ou pacificação dos opostos enquanto o termo *mediação* descreve mais especificamente a idéia de trânsito ou troca entre os opostos. Sabemos o que rendeu o debate sobre a tese freyriana da mistura das raças, muitas vezes, aliás, baseadas em leituras apressadas do autor.[10] Portanto, para não abrir margem a conclusões equivocadas, apesar do inestimável valor do pensamento de Gilberto Freyre, prefiro ficar com a idéia de *mediação* cultural.[11]

Retomando o fio da meada, a polca se configurou como o primeiro gênero da moderna música popular urbana destinada ao consumo de camadas amplas e indeterminadas, que mais tarde seriam chamadas de massa.[12] A juventude de Ernesto Nazareth passa-se nesse contexto. Nosso compositor nasceu em 1863, no olho do furacão da chegada da polca, dos pianos, dos salões, das danças e da aclimatação desses hábitos numa corte *sui generis*. É que, como já assinalou Luiz Felipe de Alencastro, o Rio de Janeiro no período de 1850 era uma cidade quase negra,[13] além da singularidade de ser a única corte imperial nas Américas. Portanto, distinção na classe e ascensão no estamento, como

---

10. Cf. VIANNA, Hermano. *O mistério do samba*. Rio de Janeiro: Jorge Zahar, 1995, cap. 5.

11. Esse tema foi motivo de reflexão do historiador Michel Vovelle, num contexto radicalmente oposto. O seu problema metodológico consistia em interpretar grupos sociais ou pessoas que, na rígida estrutura de classes da história européia, transitavam livremente moldando-se às ideologias ou aos diferentes contextos socioculturais, como os *sansculottes* parisienses da época da Revolução Francesa. Em vez de *mediadores* culturais, Vovelle prefere a expressão *intermediários* culturais, embora muitas vezes use aquela expressão como um equivalente desta: "Posso logo afirmar que é em termos dinâmicos que entendo o intermediário cultural, como o seu próprio nome sugere, transitando entre dois mundos. O mediador cultural, nas diversas feições que assume, é um guarda de trânsito (me perdoem este deslize em uma metáfora duvidosa). Situado entre o universo dos dominantes e dos dominados, ele adquire uma posição especial e privilegiada: ambígua também, na medida [*em*] que pode ser visto tanto no papel do cão de guarda das ideologias dominantes, como [*no de*] porta-voz das revoltas populares. Em outro plano, ele pode ser o reflexo passivo de áreas de influência que convergem para sua pessoa, apto todavia a assumir, dependendo das circunstâncias, o *status* de um 'logoteta', como diz Barthes e o percebera A. Breton, criando um idioma para si mesmo, expressão de uma visão de mundo bem particular". VOVELLE, Michel. *Ideologias e mentalidades*. São Paulo: Brasiliense, 1987, p. 214.

12. Cf. TINHORÃO, José Ramos. *Op. cit.*, p. 103. De certo modo pode-se dizer que a polca foi o primeiro fenômeno de música de sucesso de *mídia*, *avant la lettre*, se substituirmos o piano pelo binômio disco-rádio, *mídias* que vão imperar a partir da década de 1930 na cultura musical urbana brasileira. Parêntese: recentemente, a palavra e a pronúncia inglesas (em especial, a pronúncia norte-americana) do termo *mídia* foram exportadas para as agências de propaganda comerciais no Brasil, o que acabou por ofuscar a sua derivação do adjetivo latino *media*, cujo substantivo é *medium*, e o seu sentido original – mediador, sentido este que amplia o seu significado atual de suporte para difusão de informação; em Portugal, por exemplo, prefere-se o uso da palavra *média* no lugar de *mídia* (Cf. verbete "mídia" no *Dicionário Houaiss*. *Op. cit.*, 2001). Porém, o que me parece mais interessante nisso tudo é que a polca fornecerá a métrica musical (andamento binário e seções de oito ou 16 compassos, por exemplo) sob a qual a música popular de sucesso (ou *pop*) do século XX se estruturará, especialmente na forma da canção. Assim, pode-se enxergar na polca o protótipo do *pop*. Mas essa interpretação foge do percurso deste trabalho. Fica apenas a sugestão.

13. "Tamanho volume de escravos dá à corte características de uma cidade quase negra e – na seqüência do *boom* do tráfico negreiro de 1840 – de uma cidade meio africana. No núcleo urbano do município, formado por nove paróquias centrais, as percentagens eram menores, mas o impacto da presença escrava parecia maior, na medida em que envolvia o centro nervoso da capital, sede dos principais edifícios públicos, as praças, as ruas e o comércio mais importante do Império. Do total de 206 mil habitantes que moravam na área nos anos de 1850, 79 mil (38%) eram cativos." ALENCASTRO, Luiz Felipe de. *Op. cit.*, p. 25.

Vendedora no mercado
Marc Ferrez
Rio de Janeiro-RJ, *c.* 1875
Coleção Gilberto Ferrez/
Acervo Instituto Moreira Salles

nos ensinou Raymundo Faoro,[14] passam a ser o princípio de conduta e a estratégia de sobrevivência dos cortesãos. Quanto mais branco e civilizado fosse o indivíduo, maior seria a possibilidade de ele circular pelo império de Pedro II. Numa sociedade que aos poucos se tornará arrivista e orientará o seu violento cosmopolitismo para a exclusão sistemática dos grupos populares,[15] como recalque de uma convivência africanizada, veremos que a música, especialmente sob a forma da polca, será o agente promíscuo que transitará por todos os lugares, deixando marcas indeléveis em todo aquele que se sujeitasse a ouvi-la, tocá-la ou que simplesmente se permitisse conviver ao seu lado. Sigamos o percurso biográfico do jovem Nazareth para trazer concretude à cena.

O pai de Ernesto era despachante aduaneiro no porto da cidade do Rio de Janeiro. Foi no início da década de 1860 que o casal Vasco e Carolina se mudou para uma casa alugada no morro do Nheco, próximo ao porto, entre as localidades de Santo Cristo e Cidade Nova. Era uma família simples, sem laços aristocráticos com a corte; tampouco eram negros. Provavelmente durante o "assanhamento consumista" de 1850 conseguiram comprar um piano e foi nele que Carolina iniciou o aprendizado musical de Ernesto Nazareth. Mas esse aprendizado foi interrompido em 1873 com a morte inesperada e precoce de sua mãe. Tudo indica que nesse mesmo ano Ernesto caiu de uma árvore, o que lhe provocou uma hemorragia nos ouvidos. A partir desse acidente, o futuro compositor iria sofrer uma série de incômodos auditivos que, no final de sua vida, somados aos sintomas da sífilis, resultariam num processo de surdez irreversível. Também foi nesse período que a família se mudou para a rua Braço de Ouro no bairro do Andaraí. Segundo Luiz Antônio de Almeida, de todos os filhos da família Nazareth (Vasco Filho, Ernesto, Júlia Adélia e Maria Carolina) que passaram pela iniciação ao piano pelas mãos de Carolina, Ernesto foi o que demonstrou mais interesse.[16] Após a morte de sua mãe, Vasco teria proibido seu filho de tocar, medida que teria provocado o isolamento e o ensimesmamento do garoto. Mas Vasco mudaria sua decisão e contrataria o pianista Eduardo Madeira para dar continuidade aos estudos, mesmo demonstrando que não estimularia uma possível carreira musical do filho. Parece que o resultado desse conflito foi a composição da polca-lundu *Você bem sabe!*, em 1877, quando o nosso compositor já estava com 14 anos e com afinada ironia, como sugere a dedicatória estampada na primeira edição de 1878: "Offerecida a meu pai Snr. Vasco Lourenço da Silva Nazareth." O garoto e seu professor teriam apresentado a música para Arthur Napoleão, pianista português, que, por sinal, viajara na infância toda a Europa como menino prodígio e, em 1868, fixara residência no Rio de Janeiro, onde abriu a Casa Editorial Arthur Napoleão e Miguez. O pianista-editor enxergou talento na peça

---

14. FAORO, Raymundo. *Os donos do poder – Formação do patronato político brasileiro*. 7. ed. Rio de Janeiro: Globo, 1987, p. 217.

15. No capítulo 3 deste livro, o assunto será desenvolvido com mais pormenores. Para uma visão panorâmica sobre o tema, ver NEEDELL, Jeffrey D. Belle époque *tropical*. São Paulo: Companhia das Letras, 1993.

16. ALMEIDA, Luiz Antônio de. *Coração que sente*. Manuscrito original, p. 14. O episódio da queda da árvore, do modo como é narrado pelo biógrafo, talvez indique certa adaptação romanceada do acidente. De todo modo, a informação é verídica.

do jovem compositor e resolveu publicá-la. Anunciava o *Jornal do Commercio* do dia 25 de dezembro de 1878:

Sahio a luz: *Você bem sabe!*, linda polka para piano, composição do distincto pianista Ernesto Júlio de Nazareth. Acha-se a venda unicamente em Casa de Arthur Napoleão e Miguez, Rua do Ouvidor 89.

No ano seguinte, o "distincto" compositor lançou *Cruz, perigo!*. Veremos que essa polca concentra precocemente, sob a forma de um enigma, a chave para o entendimento do futuro estilo de Ernesto Nazareth. Mas é em 1880 que o nosso jovem pianista começa a provar o gosto da "distinção na classe e ascensão no estamento", quando faz sua primeira apresentação pública no Club Mozart. A *Revista Musical e de Bellas Artes* publicou em 13 de março de 1880, como de costume, notícias dos eventos sociais da capital do império:

Realizou-se na segunda-feira 8 do corrente concerto de Mlle. Luiza Saucken, com o generoso concurso de alguns amadores e artistas. O programa foi executado à satisfação geral, e o auditório presente, que era bastante numeroso, aplaudio calorosamente a beneficiada e os outros executantes. Mlle. Saucken é merecedora de toda animação. Cantou com sumo gosto as diversas peças que lhe competam. Com estudo é natural que se desenvolva mais a sua voz, que é, aliás, de um timbre extremante simpático. Da parte instrumental encarregaram-se os senhores Silveira, Madeira e Nazareth ao piano, os Srs. Barnardelli na rabeca, Viriato na flauta, e Horácio Lemos, no clarinete. Todos se houveram bem merecendo especial menção os Srs. Silveira e Viriato. Pelos tempos que correm pode-se dizer afoutamente que foi este um bom concerto.

Este artigo revela a fisionomia dos salões da corte. À parte Nazareth, outro personagem que nos interessa é Viriato, flautista que junto com Calado, Patápio Silva e, posteriormente, Pixinguinha, criou uma tradição desse instrumento, desafiando as fronteiras da chamada música erudita e popular na cultura musical brasileira. Nazareth e Viriato protagonizaram entre 1880 e 1881 uma disputa musical através dos títulos de suas polcas. Viriato perguntou em 1880: – *Caiu, não disse?*. E Nazareth respondeu em 1881: – *Não caio n'outra!*. Na realidade foi com esta última polca que o nosso compositor emplacou o seu primeiro sucesso de vendas nas casas editoriais. Lembremos que a essa altura os compositores tinham somente duas opções para editar suas peças: ou vendiam a obra antecipadamente ou arcavam com os custos da edição. Portanto, os lucros da vendagem de um sucesso dificilmente iam parar no bolso do autor. De todo modo, o jovem Nazareth começou a ganhar prestígio na cidade.[17] Nessa época procu-

---

17. Nos anos que se seguiram, publicou oito polcas: *Gracietta* (1880), *Gentes!, o imposto pegou?* (1880), *Não caio n'outra* (1881), *O nome d'ella* (1882), *Fonte do suspiro* (1882), *Teus olhos captivam* (1883), *Beija-flor* (1884) e *Não me fujas assim* (1884).

rou um dos mais famosos professores de piano do Rio de Janeiro, o francês Lucien Lambert, para melhorar sua técnica. Passo para Mário de Andrade a narrativa:

> Quando principiou compondo somou umas oito lições com o professor Lambert, que lhe repetiu oito vezes este conselho bom: – 'Pinta as hastes das notas mais de pé, Ernesto'. E foi tudo. De longe inda escutou elogiou dum Henrique Oswald, dum Francisco Braga. Porém o conselho mais útil que recebeu foi este do prof. Lambert pro curumim de 14 anos. Ernestinho compreendeu que todas as hastes desse mundo altivo, sejam notas de música, sejam seres humanos, carecem de estar de pé, bem firmes e mesmo bem sozinhas. Cultivemos a memória desse professor marabá, por ter incutido no Ernestinho o aviso mais moral que a gente pode dar, no país do provérbio caritativo: é tempo de murici, cada um cuide de si.[18]

Mário só se enganou com a idade de Ernestinho: nessa altura o rapaz já estava beirando os 17 ou 18 anos. De resto, o crítico foi preciso – foram apenas oito aulas com o professor Lambert. Mas não é de se espantar, pois veremos que em 1879 o jovem Nazareth já estava formado quando publicou a polca *Cruz, perigo!*. Entretanto, o foco aqui é outro, mais próximo da fábula, digamos. Mário de Andrade tem razão em dizer que o principal ensinamento do professor Lambert foi moral: numa corte que queria se civilizar a qualquer custo e apagar o seu passado-presente escravagista, para um garoto de origem humilde como Nazareth só mesmo ficando de pé, bem firme e inevitavelmente sozinho para conseguir penetrar nesse universo. Numa sociedade arrivista como aquela o "tempo de murici" era a regra, portanto era problema exclusivamente do nosso compositor que "cuidasse de si".

Mas sempre tem a família. Entusiasmados com o sucesso de Ernesto, seus tios, Júlio e Ludovina, tentaram mobilizar recursos para enviá-lo para a Europa. O ensino musical no Brasil de d. Pedro II ainda era precário e a única forma de se especializar nas técnicas do piano ou em composição e regência era o contato com os mestres do velho continente. Esse foi o caminho de Henrique Alves de Mesquita, em 1857, Carlos Gomes, em 1863, Henrique Oswald, em 1868, e Francisco Braga, em 1888.[19] Mas os tios não conseguiram reunir os recursos necessários para a viagem, e o desejo do jovem pianista em se aprimorar no exterior não se concretizou. É importante dizer que essa frustração será determinante na vida do futuro compositor. Veremos que simbolicamente os universos da chamada música erudita e popular se cindiram neste momento para Nazareth: o jovem pianista conseguirá penetrar nos salões da aristocracia imperial tocando os "clássicos" e suas polcas; e, consagrado como compositor, o rei dos tangos será para a elite da Primeira República um misto de orgulho e vergonha – o sotaque sincopado da música de Nazareth encaixava-se perfeitamente à construção simbólica de uma cultura musical autônoma, moderna e genuinamente nacional, características necessárias para legitimação do novo regime como uma nação civilizada e indepen-

---

18. ANDRADE, Mário de. "Ernesto Nazaré" (1926). *In Música, doce música*. São Paulo: Martins, 1963, p. 121.
19. Cf. verbetes dos respectivos compositores em MARCONDES, Marcos Antônio (ed.). *Op. cit.*

dente na ordem mundial, mas ao mesmo tempo lembrava a negação disso tudo, o seu passado dependente, escravocrata e bárbaro. É que sob a lógica dessa ideologia segregacionista, a música de Nazareth não se realizava nem como tradição (ou não-tradição) da música erudita nacional, nem inteiramente como música popular-folclórica. E, de certo modo, o próprio Nazareth incorporou esse não-lugar à sua música. Veremos isso em três episódios emblemáticos de sua carreira. O primeiro aconteceu em 1922, quando setores da elite protestaram contra a inclusão dos tangos de Ernesto Nazareth num concerto de alunos do Instituto Nacional de Música, onde foram apresentadas obras breves de "30 compositores brasileiros".[20] Outro episódio, este narrado por Francisco Mignone, aconteceu durante a passagem de Arthur Rubinstein pelo Brasil, em 1918, ocasião em que o renomado pianista foi levado ao encontro de Nazareth para ouvir os seus famosos tangos brasileiros, e o compositor, contrariando as expectativas, insistiu em interpretar Chopin para o grande mestre europeu. E, por fim, o mais dramático deles, em que Eulina de Nazareth, filha do compositor, lembra que num concerto da pianista Guiomar Novaes, em 1930, no Teatro Municipal do Rio de Janeiro, seu pai (a essa altura quase surdo e com o juízo mental fragilizado pelos sintomas da sífilis) teria saído no meio do espetáculo com uma crise de choro, lamentando-se: "– Por que eu não fui estudar na Europa? Eu queria ser como Guiomar Novaes!".

Já que não conseguiu ir para a Europa, o talentoso e jovem compositor ficou no Rio de Janeiro, onde passou a se apresentar no circuito dos clubes de sociedade da elite fluminense, como o Clube do Rio Comprido, o Clube do Engenho Velho, e o mais aristocrático de todos, o Clube de São Cristóvão. Nazareth vivia das vendas de suas músicas, do cachê de suas apresentações e das aulas particulares. O *Jornal do Commercio* publicava diariamente a crônica dos clubes sociais:

CLUBE DO RIO COMPRIDO – Esta sociedade, creada em um dos bairros mais importantes da capital, proporcionou na noite de anteontem aos seus sócios e convidados uma reunião muito agradável. Houve concerto e baile. No primeiro foram executados os oitos trechos seguintes: *Ouverture*, para piano a quatro mãos, dois violinos e violoncello, da ópera *Muta di portici*, de Auber; *Uma memória*, melodia para soprano de Arditi; solo para piano; *Crine dorato*, valsa para piano, a quatro mãos, de San Foirenzo; *Quarta symphonia*, para dois violinos e pianos, de Darala; *Polonaise*, para piano, de Chopin; *Dimmi che m'ammi*, duo para soprano e concertina, de Campana; *Danses hongroises*, n. 1, 2 e 5 para piano, a quatro mãos, violino e violoncello, de Brahms. Encarregárão-se da execução as sras. DD. Luiza Menezes, Eugênia Cunha, Anna Martinez Reis, o os srs. Ernesto Nazareth, Paulo Carneiro, Valdemiro Soares, Francisco Althemira, Horácio Fluminense, Eugenio Cunha e o maestro H. Martinez. O baile correu animado; e a diretoria a todos penhorou pela amabilidade.[21]

---

20. MURICY, José Cândido de Andrade. "Ernesto Nazareth". *Cadernos Brasileiros*. Rio de Janeiro, ano 5, n. 3, 1963, p. 41.
21. Recorte do *Jornal do Commercio*, com data ilegível (acervo Nazareth).

O jovem Nazareth tornou-se um pianista "profissional" de salão: interpretava "*polonaises*", árias de óperas, "*danses hongroises*", entre outras peças do repertório pianístico romântico e compunha polcas sincopadas. Circulava livremente pela aristocracia fluminense. Mas sua origem era modesta. Luiz Antônio de Almeida recolheu depoimentos de Nair de Carvalho, filha de uma ex-aluna de Nazareth, que nos revela traços de sua personalidade:

> Nazareth era austero, sóbrio, encerrando-se em sua torre de marfim, pouco comunicativo, reservado e como alheiado das coisas externas. Se acaso alguma aluna sua ousava insinuar-se para o seu lado, procurando flertar ou namorá-lo, era o suficiente para que ele não voltasse mais a sua casa, tal como aconteceu a uma jovem viúva de rara beleza, a quem conheci (cujo nome do falecido esposo figura até hoje em uma das ruas principais de Jacarepaguá). Era tão bela que foi retratada a óleo por Rodolfo Amoedo. Durante o último baile do Império, na ilha Fiscal, foi destaque por sua elegância e finura, merecendo um rodapé inteiro de um jornal em voga a seu respeito. Não desejo divulgar-lhe o nome, conheci-a, contudo, bem, amiga que foi de minha família. Teve paixão por Ernesto Nazareth, porém foi por este repudiada, [*Nazareth*] nunca mais tornou a vê-la. Deixou até de receber a mensalidade de suas lições.[22]

A esta altura poderíamos perguntar: e as polcas? Os jornais não falavam das polcas? É evidente que sim, mas não no espaço da crônica social. O destaque do repertório tocado nos salões eram, como vimos, as peças pianísticas e camerísticas eruditas dos compositores da geração romântica. Em geral, esses pequenos concertos ou saraus eram recheados de ligeiras polcas (assim como valsas, *schottischs* e mazurcas) entre as peças de destaques dos famosos compositores europeus. Contudo, será no espaço da crônica autoral e humorística que a imprensa fluminense falará sobre a polca. Os compositores nacionais escreviam polcas com títulos que glosavam ironicamente os temas em voga na política e no cotidiano do Império. Nazareth, por exemplo, publicou em 1880 a polca *Gentes! O imposto pegou?* no embalo da "Revolta do vintém", manifestação popular contra o "imposto do vintém", que taxava em vinte réis cada passagem do bonde (ou, como era chamado na época, "carro de burro"). O fato é que o reboliço e as provocações entre os títulos das polcas eram um ótimo mote para os cronistas criticarem aspectos da política e dos hábitos do dia-a-dia da corte.[23] Machado de Assis fez disso um tema nevrálgico em sua obra como cronista e contista, o que será tratado no capítulo 2 ("Machado de Assis e a síncopa").

---

22. ALMEIDA, Luiz Antônio de. *Op. cit.*, p. 27.

23. No capítulo 6, o assunto será tratado sob a perspectiva particular da relação entre os títulos e o conteúdo musical das peças de Nazareth. Sobre a relação mais geral entre títulos das polcas e a cultura musical do período, ver SANDRONI, Carlos. *O feitiço decente – Transformações do samba no Rio de Janeiro (1917-1933)*. Rio de Janeiro: Jorge Zahar, 2001, pp. 70-77; e WISNIK, José Miguel. "Machado maxixe: o caso Pestana". *Teresa – Revista de Literatura Brasileira*. São Paulo, n. 4/5, FFLCH-USP, 2004, pp. 28-32.

O levantamento quantitativo no acervo da "Coleção de partituras de músicas do Império" da Biblioteca Nacional do Rio de Janeiro (Dimas) demonstra o volume dos gêneros musicais que circulavam no Império:

QUADRO QUANTITATIVO DA COLEÇÃO DE PARTITURAS DE MÚSICAS DO IMPÉRIO (BIBLIOTECA NACIONAL DO RIO DE JANEIRO – DIMAS).

GÊNEROS	QUANTIDADE	PERCENTUAL
polca; polca-lundu; polca-habanera; *schottisch*	565	20%
lundu; quadrilha	160	6%
romances; drama; gavote; adaptações de árias; *adieu*; *bacarolla*; galope; recitativo; valsa; mazurca	1.651	59%
tangos; maxixes	49	2%
habaneras	55	2%
modinhas	182	7%
hinos; temas patrióticos; missas; marchas	112	4%

As polcas e suas variações representavam 20% das publicações, número inferior ao dos gêneros melodramáticos, que representavam 59%. Lembremos que esses números concentram o que restou de documentação do período, portanto é dentro desse universo que se pode refletir. O musicólogo Bruno Kiefer, que pesquisou o mesmo arquivo, ajuda a qualificar suas características:

> [...] se examinarmos as quase duas e meia centenas de polcas arquivadas na Seção de Música da Biblioteca Nacional (Rio), impressas no tempo do Império, constataríamos o mesmo como na valsa: polcas de autores estrangeiros reimpressas aqui; polcas de compositores estrangeiros que aqui se radicaram; polcas de autores brasileiros. Entre os primeiros encontraríamos nomes como Suppé, J. Strauss, O. Métra, Gottschalk etc. Entre os segundos, figuram nomes como A. Maesrsch, Arthur Napoleão. Os títulos em francês são relativamente numerosos, embora menos do que nas valsas.[24]

A diferença entre o número das polcas e o das valsas (e gêneros afins) pode ser explicada pelo mercado editorial. A elite imperial consumia música de concerto, principalmente óperas. Era natural que essa elite comprasse trechos de óperas e adaptações

---

24. KIEFER, Bruno. *Música e dança popular – Sua influência na música erudita*. 2. ed. Porto Alegre: Movimento, 1990, p. 16.

de peças com conteúdo melodramático (música de contemplação) para a sua diversão privada. Diferentemente dos romances, dos galopes, dos recitativos e das valsas, as polcas multiplicavam-se nos setores populares, sem partituras. Esse era o ritmo para a música de dança e, por contigüidade, para a celebração coletiva. Tinha inevitavelmente um forte apelo popular. Portanto, o acervo de "partituras de músicas do Império" reflete o gosto musical de uma elite que se exercitava segundo o hábito cosmopolita e burguês da compra de música escrita para a diversão privada.

Aliás, mais do que nos vagos conceitos "erudito" ou "popular", a cultura musical fluminense do final do século XIX dividia-se concretamente entre escrita e não-escrita. Era dessa forma que os músicos se reconheciam e se diferenciavam: os que sabiam ler e escrever música e os que não sabiam. O livro *O choro*, de Alexandre Gonçalves Pinto, é o principal documento sobre a prática musical instrumental nos setores mais populares dessa época. Na realidade, o livro, publicado em 1936, resgata em tom memorialístico um período imediatamente posterior ao que estou tratando. São lembranças mais próximas do início do século XX, o que nos permite chamar, sem exagero, de memórias da *belle époque* republicana: momento em que a polca, modificada pela incorporação da síncopa como *entidade rítmica absoluta*,[25] ganhou novos nomes – choro, maxixe e tango brasileiro. É o que podemos ler, de modo enviesado, no próprio memorialista:

> Juca Flauta, como era conhecido, morava em uma avenida na rua D. Feliciana, já naquele tempo bem velho, não era também um grande flautista naquelle tempo, porém, tocava os chôros faceis como fosse: polka, valsa, quadrilha, chotes, mazurka etc.[26]

Alexandre Pinto era carteiro de profissão e músico amador, "tocador de cavaquinho, de ouvido". O que fica claro em seu livro é que o choro, mais do que um gênero, era um modo de se tocar as polcas, as valsas, os *schottischs*, os lundus, enfim, os gêneros da música de salão. Por exemplo, uma polca interpretada de modo sincopado poderia ser chamada de choro e, se estivesse a serviço de uma dança, não seria mais polca e sim maxixe. No capítulo 4, esse assunto será discutido sob a perspectiva do que eu chamarei de "equivalência entre os gêneros da música popular urbana no Rio de Janeiro dos fins do século XIX (a polca, o lundu, o tango brasileiro, o choro e o maxixe)". Os populares conjuntos de pau-e-corda (flauta, violão e cavaquinho) acompanhavam qualquer que fosse o gênero: da modinha ao lundu, cantados ou não, à polca ou mazurca, sempre instrumentais. Entretanto, no livro do carteiro-cavaquinista é possível visualizar o ambiente e a origem social dos chorões: eram pequenos empregados do comércio ou dos serviços públicos, policiais, soldados ou componentes de bandas militares que residiam ou circulavam pela Cidade Nova ou pelos morros do Castelo,

---

25. A expressão é de Mário de Andrade em sua conferência sobre Nazareth proferida em 1926, na Sociedade Cultura Artística de São Paulo. No próximo tópico deste capítulo, o tema será aprofundado. Cf. ANDRADE, Mário de. *Op. cit.* 1963, p. 128.

26. PINTO, Alexandre Gonçalves. *O choro*. Rio de Janeiro: Funarte, 1978, p. 30.

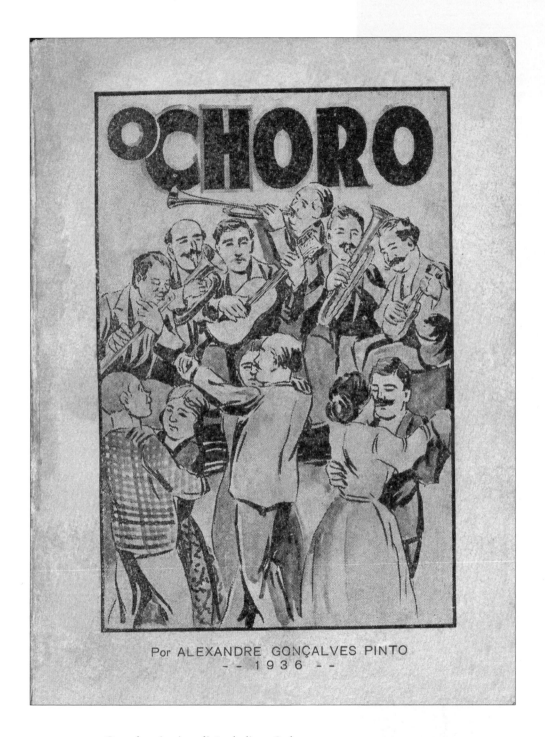

Capa da primeira edição do livro *O choro*,
do músico e cronista Alexandre Gonçalves Pinto
Rio de Janeiro-RJ, 1936
Acervo Tinhorão/Instituto Moreira Salles

Santo Antônio ou do Pinto, entre outros. Tocavam em festas familiares, batizados, casamentos, funerais ou em simples rodas (ou pagodes) para o próprio deleite dos participantes. Olhemos alguns personagens:

VERÇOZA

Foi carteiro de 2ª. classe dos Correios, era collega distincto. [...] No correio onde trabalhava, todos os collegas quando dava uma festa, convidava-o para tocar seu mavioso violão. [...] Cantava tambem bellas modinhas e lundús, que fazia extasiar os que apreciava.[27]

LEOPOLDO PÉ DE MEZA

Tocava pouco, morava no morro do Pinto, não era músico de assombro, mas servia para "encher tripa" na falta dos grandes chorões, pois com a sua flauta de cinco chaves já muito velha, presa com elásticos tocava só músicas fáceis, lá uma ou outra difficil, enfim sempre arremediava, nos bailes onde tocava, comia como gente grande, e bebia melhor.[28]

GONZAGA DA E. F. C. B.

Bom e excellente musico, tocava com grande saber e arte. [...] Tocava elle com grande maestria, ophicleide e tambem pistão. [...] Gonzaga, fazendo o sólo em polkas, valsas, *schottischs*, quadrilhas, fazia um defunto mexer-se no caixão. [...] Gonzaga ia a um pagode todo janóta, acabando, dirigia-se a sua casa, vestia uma blusa, um *bonét*, e uma rodilha á cintura, lá estava o heroe em frente à estação de Pedro II, fazendo carretos, como qualquer um joão ninguém. [...] Então muitos que o conheciam, às vezes perguntavam-lhe a razão, que elle sendo um músico tão afamado, trabalhava em lugar tão baixo! O que elle respondia com a maior naturalidade, dizendo, que a sua estrella nunca brilhou e por isso vivia no abandono, pois nunca encontrou um amigo que lhe desse a mão.[29]

Mas os músicos "scientificos", isto é, os músicos profissionais que sabiam ler e escrever e conheciam a teoria musical também eram chorões e circulavam pelo mesmo espaço dos que tocavam "de ouvido":

VIRIATO

Inesquecível músico de grande nomeada pelas suas produções admiráveis. Só aqui podemos descrever duas das suas produções *Macia*, e *Só para moer*, musicas estas que nunca perderão o seu valor. Faço aqui deste grande músico scientifico aos meus leitores, que se fosse fazer a apologia de Viriato e de outros musicistas de sua tempera seria multiplicar as paginas deste livro.[30]

---

27. *Ibidem*, p. 105.
28. *Ibidem*, p. 18.
29. *Ibidem*, pp. 81-82.
30. *Ibidem*, p. 20.

IRINEU BATINA

Este professor, e maestro era conhecido no meio do chôro por "Batina", porque este bom e amável amigo para mim inesquecível, assim como para todos, andava sempre de sobrecasaca comprida, muito em voga naquella época. O seu instrumento preferido era o ophicleide no chôro, porém nas companhias lyricas elle era um trombonista disputado por todos os maestros estrangeiros. Como componente da banda do Corpo de Bombeiros, era um exímio executor de bombardino, estimado e admirado pelo inesquecível Anacleto [*de Medeiros*], que tinha por elle muita veneração pois o Irineu era um artista de muito valor.[31]

Luiz Edmundo, o conhecido cronista de *Rio de Janeiro do meu tempo*, comentando os costumes do morro de Santo Antônio, sintetizou com precisão a fisionomia da trilha sonora das camadas mais populares:

> De dois gêneros são as serenatas que se fazem entre nós: a serenata de cantigas e a que se denomina choro. Na primeira avulta a voz humana ferindo a melodia, subalternizando todo o conjunto harmônico da massa instrumental. No choro o caso é diferente, a voz humana não se escuta. Soam, apenas, os instrumentos gemedores, soturnos, em adágios plangentes que, na época, o sofrimento é a flor que se cultiva… No repertório dos chorões estão as valsas langorosas de Francisca Gonzaga, os sincopados tangos de Ernesto Nazaré, de J. Cristo e Assis Pacheco, *schottischs* de Nicolino, Aurélio Cavalcanti, Costa Júnior e Sinfonia Ornelas, músicas patéticas, adocicadas, que os instrumentos supriam melosamente, a escorrer ternura, provocando suspiros, e saudades.[32]

Diferentemente de Alexandre Pinto, Luiz Edmundo era um literato-jornalista da *belle époque*: freqüentador da rua do Ouvidor e da elite intelectualizada do país. Portanto, é evidente a diferença entre o ponto de vista dos dois memorialistas. Porém, sua crônica demarca acertadamente duas tradições que, ao longo do século XIX, vão definir a música urbana de origem popular: a) *a seresta e a modinha*, que contribuíram para a formação da canção do modo que a conhecemos hoje em dia; b) *a música instrumental*, que em sua evolução incorporou vários gêneros: música dos barbeiros, polca, *schottischs*, valsa, mazurca, tango brasileiro, maxixe, enfim, gêneros dançantes que forneciam o mote para a prática musical dos chorões.[33] Aliás, a respeito da música dos barbeiros, José Ramos Tinhorão propõe uma instigante interpretação: ela seria a origem, no pas-

---

31. *Ibidem*, pp. 78-79.

32. EDMUNDO, Luiz. *O Rio de Janeiro do meu tempo*. Rio de Janeiro: Xenon, 1987, p. 92.

33. Existe uma bibliografia razoável sobre a origem e desenvolvimento da modinha e da seresta no Brasil. Ver: LIMA, Edilson de. *As modinhas do Brasil*. São Paulo: Edusp, 2001; SANDRONI, Carlos. *Op. cit.*; KIEFER, Bruno. *A modinha e o lundu: duas raízes da música popular brasileira*. Porto Alegre: Movimento, 1977; TINHORÃO, José Ramos. *Op. cit.*; e MARIZ, Vasco. *A canção brasileira*. Rio de Janeiro: Civilização Brasileira/MEC,1977.

sado colonial, da música instrumental que, nas três últimas décadas do século XIX, passaríamos a conhecer como a prática do choro. A música dos barbeiros estaria relacionada ao crescimento urbano da cidade do Rio de Janeiro, fenômeno que, para Tinhorão, estimulou a necessidade de um repertório de músicas próprio para as festas públicas populares. Na realidade, também teria ocorrido um processo similar na cidade de Salvador, que já era um importante centro urbano desde o século XVII, e durante o século XIX sofreu um grande incremento populacional como na capital do Império.[34] Essa música, que teria surgido junto com o crescimento da cidade, foi se definindo como uma espécie de trilha sonora, de origem instrumental, para a vida pública e entretenimento privado (dos lares) das camadas mais populares. Segundo Tinhorão, foi a figura do barbeiro que centralizou essa atividade musical:

> [...] o barbeiro, pela brevidade mesma do serviço (fazer barba ou aparar cabelos era uma questão de minutos), sempre acumulara outras atividades compatíveis com sua necessária habilidade manual, e que era representada pela função de arrancar dentes e aplicar bichas (sanguessugas). Essas especialidades, sempre praticadas em público, situavam os barbeiros numa posição toda especial em relação às profissões mecânicas ou demais atividades de caráter puramente artesanal. E como seus serviços em tal atividade liberal lhe permitiam tempo vago entre um freguês e outro, os barbeiros puderam aproveitar esse lazer para acrescentamento de outra arte não mecânica ao quadro das suas habilidades: a atividade musical.[35]

Tinhorão documenta sua construção histórica com uma passagem do livro *A Bahia de outrora*, de Manuel Querino, em que a figura dos barbeiros aparece na descrição da lavagem do adro da igreja do Bonfim, em Salvador:

> E todos subiam e desciam, acompanhados pelos ternos de barbeiros, ao som de cantatas apropriadas, numa alegra indescritível. Enquanto uns se entregavam ao serviço de lavagem, outros, a um lado da igreja, entoavam chulas e cançonetas, acompanhados de violão.[36]

Os barbeiros seriam escravos negros da cidade que produziam um tipo de música diferente do conhecido e tradicional canto de trabalho (cuja interpretação, em geral, associa o canto ritmado ao estímulo e à ordenação para o esforço muscular). Ao contrário deste, o tempo de ócio e a própria natureza delicada do trabalho dos barbeiros ajudariam a explicar o caráter instrumental dessa música produzida com instrumentos de maior dificuldade técnica de execução, como a rabeca, a trombeta e, mais

---

34. Tinhorão no capítulo "O som da cidade na música de barbeiros" tem uma profunda pesquisa com fontes primárias sobre o desenvolvimento dessa música nas cidades de Salvador e do Rio de Janeiro. Cf. TINHORÃO, José Ramos. *Op. cit.*

35. *Ibidem*, pp. 125-126.

36. *Ibidem*, p. 127.

tarde, o violão e a flauta. A partir dessa experiência dos barbeiros, teriam surgido vários grupos e bandas que acompanhavam o calendário religioso da cidade.

Em suma, o que desejo demonstrar aqui é que as mesmas polcas dos salões da corte imperial circulavam, com instrumentação e sotaque diferentes, pelas salinhas das camadas populares, o que atribuía a elas o caráter de *medium* cultural. O rendimento interpretativo dessa idéia será desenvolvido nos próximos capítulos deste trabalho em direções que se mostram complexas e que, portanto, exigem maior cuidado no trato: a) a literatura de Machado de Assis diagnosticando o problema (capítulo 2); b) os pressupostos ideológicos da historiografia musical brasileira na discussão sobre os gêneros musicais urbanos em formação nos fins do século XIX (capítulo 4); e c) O lugar *versus* o *não*-lugar da música de Nazareth na cultura musical brasileira (Epílogo).

Voltando ao caso específico do jovem Nazareth, vimos que o piano e o seu repertório derivado da cultura musical romântica européia – tanto nas formas pequenas para dança como a polca, o *schottisch*, a mazurca e a valsa, como nas formas grandes para contemplação, como a sonata, a sinfonia e a ópera – foram o passaporte que permitiu o livre trânsito do jovem compositor pela elite imperial e ao mesmo tempo serviu de mote para a criação de uma música original e singular. Se invertermos o ponto de vista, constataremos que a polca tocada e dançada nos setores populares era compreendida de modo desassociado ao repertório romântico europeu. Vejamos o que o "Animal", apelido do nosso carteiro-cavaquinista-memorialista, dizia sobre as polcas:

AS POLKAS

A polka é como o samba, – uma tradição brasileira. Só nós o que Deus permitiu que nascessem debaixo da constelação do Cruzeiro do Sul, a sabemos dansar, a cultivamos com carinho e amor.

A polka é a única dansa que encerra os nossos costumes, a única que tem brasilidade.

Do mesmo modo que os argentinos cultivam o tango e os portuguezes não deixam morrer a "canna verde", nós os brasileiros havemos de aguentar a polka, havemos de mantel-a através dos séculos, como tradição dos nossos costumes, como recordação dos nossos antepassados e como herança as gerações vindouras.

A polka foi, é e continuará a ser o A. B. C. dos dansarinos.

Qualquer que seja a modalidade da dança que os modernos ou futuristas possam inventar, tem que forçosamente que cahir no passo da polka, tem que obedecer a sua cadencia do mesmo modo que nenhuma palavra se forma sem recorrer as letras do abcedario. [...]

A polka cadenciada e chorosa ao som de uma flauta, fosse o flautista o Viriato, o Callado, o Rangel ou seja o Pixinguinha, o João de Deus ou o Benedito Lacerda; um violão dedilhado outr'ora, por Juca Valle, Quincas Laranjeira, Bilhar, Néco Manduca do Catumby e hoje por Felizardo Conceição, José Rebello, Coelho Grey, Donga, João Thomaz etc.; um cavaquinho parelhetado ontem por Mario, Chico Borges, Lulú Santos, Antonio Piteira e hoje pelos mestres dos mestres Galdino Barreto, Nelson, João Martins – foi, é e continuará a ser a alma da dansa brasileira, com todo o seu explendor de melodia e a sua beleza buliçosa, attrahente e as vezes convidativa aos repuxos do maxixe…

Sim, do maxixe, essa modalidade somente nossa e hoje officialisada nos grandes centros norte-americanos, onde foi resolvida a exclusão do fox e outras danças.

A polka, a brasileiríssima polka ainda é a delicia dos namorados, dos apaixonados ou approximações de dansarinos arrufados.

Quantas vezes dois entes que se querem, mas que se acham separados, aproveitam a cadencia da polka, para os segredinhos da pacificação.

A polka, com toda a sua beleza, com todos os requisitos de elegância e com todas as tentações que sua execução provoca, jamais poderá desaparecer dos nossos salões e salinhas, como um preito de homenagem aos nossos bisavós e como respeito às nossas tradições.[37]

Apesar de longo, o trecho é valioso para o assunto de que venho tratando. Aliás, o próprio carteiro assumia que seu texto era pobre de literatura, porém rico em recordações. Mais do que um olhar analítico, o memorialista traz consigo o depoimento da experiência de quem vivenciou aquilo que é narrado. Assim, pelo modo como é apresentada, a polca revela-se como artigo genuinamente nacional. O livro, escrito na década de 1930, situa o autor num momento da cultura musical brasileira em que a síncopa, decantada como *entidade rítmica absoluta*, tornou-se sinônimo de brasilidade sob o gênero do samba. É nesse período, por exemplo, que a divisão sincopada ganha o apelido de *brasileirinho*. A polca seria, desse ponto de vista, uma forma arcaica do samba. É o próprio memorialista que liga a tradição musical da polca com o samba, ou, explicitando aquilo que não é explícito, à tradição dos gêneros sincopados. Esse documento reforça aquela idéia de que a estrutura musical da polca será a base da moderna música popular urbana destinada a camadas amplas e indeterminadas: a polca, que cumpria uma função de *medium* cultural na sociedade do Segundo Império, será o protótipo do samba, música de *mídia* na chamada cultura moderna do século XX. A idéia de mediação permanece nos dois casos. E, por contigüidade à polca, também na perspectiva do carteiro, Nazareth parece concentrar esse papel de mediador cultural:

ERNESTO NAZARETH

Ernesto Nazareth, espírito superior de aprimorada educação, musica de primeira água, foi brilhante sem jaça, que bem poucos o iguariam no seu saber.

As harmonias feitas por elle eram um hymno do céo.

Tocou em grandes e nobres salões, onde sabia portar-se como *gentleman* dotados da família, onde tocasse fazia logo camaradagem, ficando logo intimo, como se fosse de um co-

---

37. PINTO, Alexandre Gonçalves. *Op. cit.*, pp. 115-116.

nhecimento longo. Tocou em muitas festas, em que tambem se achavam os grandes chorões como elle, que também fizeram seus explendores nos bailes desta capital como seriam: J. Christino, Costinha, Chiquinha Gonzaga, já por nós descriptos, Paulinho Sacramento, e todos os outros que não me vêm à mente, pois foram em grandes quantidades destes chorões da velha guarda, que infelismente já não existem.[38]

Aproximação da obra

Na conhecida conferência sobre Ernesto Nazareth proferida na Sociedade Cultura Artística de São Paulo, em 1926, Mário de Andrade tocou num ponto decisivo que diz respeito à contribuição da obra do compositor para a formação dos gêneros modernos de música popular urbana no Brasil:

> [...] seria importante esclarecer a posição de Ernesto Nazaré na organização da musicalidade nacional e na formação histórica do maxixe... Estudar por exemplo a evolução da síncopa, contratempo matemático da música européia, tal como usada tanto por Bach como pela [*sic*] fado português (e ainda no Brasil colônia, como prova a modinha *Foi-se Josino*, registrada por Spix e Martius...) prá síncopa nossa, entidade rítmica absoluta e por assim dizer insubdivisível. Esta evolução está refletida na obra de Ernesto Nazaré.[39]

A sugestão de que na música brasileira a síncopa deixou de ser um "contratempo matemático" entendido como um recurso musical de *exceção*, tal como acontece no contexto da música européia, para se transformar numa "entidade rítmica absoluta", isto é, um procedimento *normativo* na cultura musical nacional, abre portas para algumas perguntas e também para algumas respostas. Quais foram os caminhos musicais que permitiram que a síncopa, tomada como *desvio*, se configurasse como *norma*? Como eleger um fio condutor para reconstruir o complexo tecido histórico e musical em que se dá essa transformação? Sabemos que num momento posterior da cultura musical brasileira, a célula sincopada (♪ ♩ ♪), decantada sob a forma de "entidade rítmica absoluta" nos gêneros considerados nacionais, foi batizada de *brasileirinho*.[40] Quais são as implicações ideológicas e culturais envolvidas nisso? Essas questões rondam este trabalho em vários planos. Proponho, em primeira instância, seguirmos a intuição de Mário de Andrade e procurarmos na evolução da obra de Nazareth as transformações da síncopa.

---

38. *Ibidem*, pp. 43-44.
39. ANDRADE, Mário de. *Op. cit.,* 1963, p. 128.
40. Mário de Andrade chamava essa célula sincopada de *síncopa característica*. Cf. Capítulo 4 deste livro.

Flagrante de um concerto realizado
no Salão do *Jornal do Commercio*
Rio de Janeiro-RJ, 1910
Biblioteca Nacional/
Divisão de Música e Arquivo Sonoro

Ao contrário, porém, do que uma leitura apressada do crítico poderia sugerir, isto é, de que na evolução da obra de Ernesto Nazareth estaria a explicação da normatização da síncopa na cultura musical brasileira, o que se revela quando nos debruçamos sobre as peças do compositor é mais um fino e singular tecido estilístico do que propriamente uma visão linear da evolução da síncopa em seu processo de decantação. Aliás, o próprio Mário sabia da precariedade dos elementos com que se contava para a caracterização do problema:

> [...] confesso que, apesar dos documentos abundantes que estou recolhendo e estudando, muito ponto histórico e mesmo técnico inda ficaria incerto, num terreno virgem em que o próprio nome "maxixe" não se sabe muito bem donde veio. Nada se tem feito sobre isso e é uma vergonha. A musicologia brasileira inda cochila numa caducidade de críticas puramente literárias.[41]

Como sabemos, Nazareth sempre compôs sob a forma dos gêneros musicais mais populares para a dança dos salões do Rio de Janeiro imperial e, posteriormente, republicano. Nesse ambiente, suas músicas variam entre os andamentos *binário* (polcas, *schottischs*, tangos, entre outros) e *ternário* (principalmente valsas). É nas peças escritas para o andamento binário que mais se vê, especificamente, a incorporação da síncopa: primeiramente no gênero *polca* (originalmente europeu e não sincopado), e, posteriormente, o seu uso sistemático no gênero "genuinamente nacional" batizado como *tango brasileiro* (e, mais no fim da sua vida, nos poucos mas brasileiríssimos sambas e marchas carnavalescas, passando pelo norte-americano *fox-trot*).

Nazareth compôs 21 polcas, entre 1878 e 1899, e 98 tangos brasileiros, entre 1892 e 1934 (em meio aos quais aparecem ainda algumas polcas temporãs, como *Apanhei-te cavaquinho*, publicada em 1915, período em que o compositor já era conhecido como o "rei do tango"). Essa trajetória descreve de fato o processo de acomodação da síncopa, como "entidade rítmica absoluta" na cultura musical nacional, identificado por Mário de Andrade na evolução da obra do autor. Porém, nunca é demais insistir que, apesar de escrever sob as amarras e constrições do gênero, Nazareth sempre se mostrou desde o início um compositor singular. Já em sua segunda composição, a polca *Cruz, perigo!* (1879), veremos que o processo de decantação da síncopa já está em grande parte concentrado precocemente na peça, além de guardar os traços estilísticos do futuro compositor. Mas, apesar disso, continuou escrevendo sob a rubrica desse mesmo gênero até 1892, quando publicou seu primeiro tango brasileiro denominado *Rayon d'or* (na realidade caracterizado hibridamente como *polca-tango*). A partir daí, Nazareth consagrou-se como um célebre compositor de *tangos*, canonizado pela historiografia, ao lado de Chiquinha Gonzaga, como o grande sistematizador da música popular urbana genuinamente brasileira.

---

41. ANDRADE, Mário de. *Op. cit.*, 1963, pp. 128-129.

Sendo assim, podemos considerar o ano de 1892, com a publicação de *Rayon d'or*, como o marco da passagem, em suas peças com andamento binário, do gênero polca para o gênero tango brasileiro. De certo modo, poderíamos dizer que durante esses 14 primeiros anos Nazareth foi transformando a rigidez rítmica original desse gênero europeu num novo gênero "nacional", caracterizado pelo uso sistemático da síncopa. No trajeto, a polca *Cruz, perigo!* (1879) e a polca-tango *Rayon d'or* (1892) representam pontos decisivos: a primeira, como síntese singular de um período em que a síncopa se realiza na música do compositor de modo subliminar, agindo, portanto, como a característica formadora de um novo gênero já delineado com clareza em algumas polcas do fim do década de 1880; a segunda, novamente como síntese singular de um novo momento em que a síncopa decantada como gênero assume novas configurações que extrapolam o acompanhamento rítmico e definem um estilo muito particular, inseparável do original tratamento pianístico que Nazareth confere ao gênero. Dentro dessa ordem de problemas, proponho o seguinte movimento: 1) mapear as modalidades de polcas do primeiro Nazareth; 2) identificar a singularidade desses problemas numa única peça, *Cruz, perigo!*, que configura todas as futuras soluções do gênero singularizado no jovem compositor. Seguir, depois, para os desdobramentos literários relacionados ao tema (capítulo 2) e retomar a "evolução da síncopa" na polca-tango *Rayon d'or* como gênero decantado (capítulo 3), sem perder de vista o seu tratamento original e singular.

As modalidades de polcas

Ernesto Nazareth começou a compor muito cedo. Em 1878, aos 14 anos, foi publicada sua primeira polca-lundu, *Você bem sabe!*, pela Casa Arthur Napoleão e Miguez. No ano seguinte, pela mesma casa editorial, foi a vez da segunda polca: *Cruz, perigo!*. Um abismo estilístico separa essas duas peças. Enquanto na primeira notamos, ainda que muito precocemente para um menino de 14 anos, um procedimento de escrita convencional para o gênero polca, na segunda, o gênero é contaminado por planos rítmico-melódicos absolutamente originais. É chocante imaginar que no espaço de um ano o jovem Nazareth pudesse dar esse salto, criando uma peça musical de tal modo singular e ao mesmo tempo funcional para o gênero (isto é, fazer dançar). *Cruz, perigo!* surge, desse modo, como um alerta sobre a precocidade e a originalidade do jovem compositor. Por essa razão, a peça será comentada adiante como um caso especial.

O fenômeno de expansão mundial da polca, como vimos, talvez possa ser explicado pelo fato de sua força musical estar baseada num ritmo de marcha bastante simples, binário, capaz de se adaptar com facilidade às tradições locais. Na Alemanha, virou *Schnellpolka* (polca-galope); na Polônia, polca-mazurca; e no Brasil, polca-lundu, polca-tango, polca-maxixe, polca...[42] O jovem Nazareth passeou por diferentes modalidades de polcas no período em que escreveu sob a rubrica do gênero. A matriz importada (*polca-polca*) ganhou novas configurações com as empostações da cultura do salão (*polca-salão*) e as insinuações da rua (*polca-maxixe*), universos em que tanto a polca como o nosso compositor transitavam como mediadores culturais. Vejamos alguns exemplos.

Polca-polca

Você bem sabe! indica as características da escrita da *polca-polca*, ritmo dançante vindo da Europa Central, e praticado aqui no Novo Mundo. A primeira composição de Nazareth está dividida em três partes, e na repetição da primeira parte existem pequenas variações. Para a descrição analítica, chamaremos as partes de A (e A'), B e C, respectivamente. Cada parte foi escrita sob a forma de oito compassos binários. Soma-se a essa estrutura uma introdução de quatro compassos.

A divisão rítmica característica do acompanhamento da polca é formada por um grupo de uma colcheia somado a duas semicolcheias no tempo forte do compasso e duas colcheias no tempo fraco, podendo sofrer pequenas variações:

O jovem Nazareth, ao invés de começar *Você bem sabe!* diretamente na parte A, apresentando o tradicional sacolejo rítmico "puladinho" característico, criou uma introdução que parece indicar vôos mais densos:

---

42. MAMMÌ, Lorenzo. *Carlos Gomes.* São Paulo: Publifolha, 2001, p. 23.

A linha melódica é harmonizada explorando o salto de oitavas em três regiões (onde cada nota é harmonizada individualmente). Essa introdução é formada por quatro compassos nos quais se configura a tonalidade da primeira parte da peça: ré bemol maior. O artesanato composicional é atípico para uma polca. Enquanto a mão direita toca uma harmonia blocada[43], paralela em direção ascendente (impulsionada pelo motivo melódico que explora três regiões de oitavas), a mão esquerda toca uma linha de baixos oitavados que valoriza o cromatismo descendente. Isso cria uma tessitura ampla, só possível no piano, cuja sonoridade propõe o preenchimento de espaços extensos. O contexto, portanto, parece anunciar algo com a densidade de uma peça de concerto. Mas o que se apresenta na primeira parte é o contrário: surge uma melodia construída sobre o recorte rítmico característico da polca. A grandiosidade melódica anunciada pela introdução não passa de uma pista falsa. Ou, se quisermos, o sintoma primeiro (e ainda não dominado) de uma ambição maior, assim como o índice da mistura de elementos populares e semi-eruditos do repertório de salão. O caráter grandiloqüente da introdução é bruscamente rebaixado quando, em seguida, aparece a singela polquinha. Vejamos a primeira parte de *Você bem sabe!*:

---

43. O sentido do termo "harmonia blocada" ou "harmonia em bloco" refere-se à harmonização individual de cada nota da melodia.

O desenho rítmico da polca está claro. Contudo, ele se divide entre as mãos esquerda e direita. Enquanto a esquerda afirma o tempo forte do compasso com os baixos oitavados, a mão direita cumpre uma dupla função: desenvolve a melodia predominantemente tética e completa o desenho rítmico da polca tocando as figuras do tempo fraco do compasso (as duas últimas semicolcheias do primeiro tempo do compasso e a última colcheia do segundo tempo). Assim, a levada rítmica característica da polca é feita com o movimento pendular da mão direita (variando entre os tempos forte e fraco) em oposição complementar à constante afirmação do tempo forte pela mão esquerda. As demais partes dessa peça (A', B e C) seguem, *grosso modo*, o mesmo esquema rítmico e melódico. Do ponto de vista harmônico, ao contrário da introdução, a condução cadencial da parte A é simples e direta: II-V-I.

Você bem sabe! não apresenta maior diferença, do ponto de vista formal, das demais polcas que eram compostas na época. No conjunto da obra de Nazareth, ela pode ser considerada o protótipo do gênero. E, como tal, faz parte do conjunto de danças do século XIX que se originaram da forma tripartite. Arnold Schoenberg lembra, em *Fundamentos da composição musical*, que:

> [...] esta forma [*tripartite*] pode ter [*sido*] derivada do antigo *Roundeau*, em que os interlúdios eram inseridos entre as repetições do refrão. A repetição satisfaz o desejo de ouvir, novamente, aquilo que fora agradável numa primeira escuta, e, ao mesmo tempo, auxilia a compreensão. Entretanto, o contraste é útil, a fim de se evitar a possibilidade de monotonia. As seções que produzem contrastes de vários tipos e graus são encontradas em um grande número de formas: por exemplo, na pequena forma ternária (formalmente denominada forma-canção ternária); nas formas ternárias mais amplas, como o minueto e o *scherzo*; e nas sonatas ou nas sinfonias.[44]

Ao que tudo indica originada da forma rondó, a polca apresenta, em geral, três partes claramente definidas num formato ABACA. Essas partes, ou seções, são construídas com oito ou 16 compassos binários (dependendo da repetição) e, na maioria das vezes, conclusivas (muitas vezes aparece a indicação "Fim" no final de cada parte). No momento, essas informações são suficientes para prosseguirmos o raciocínio. Adiante,

---

44. SCHOENBERG, Arnold. *Fundamentos da composição musical*. São Paulo: Edusp, 1996, p. 152.

no capítulo 4, veremos mais a fundo o significado dessa forma nos outros gêneros praticados por Nazareth e na cultura musical do período.

Mas já há, nessa primeira peça, um traço indicativo de uma busca de singularidade: o nosso protótipo torna-se original no momento em que focalizamos o contraste, já comentado, entre a introdução e a primeira parte da polca (cuja incongruência, aliás, é o próprio sinal do desejo de uma outra coisa).

Outros exemplos mais regulares de *polca-polca* são: *Gracietta* (1880), *Não caio n'outra!!!* (1881), *Não me fujas assim* (1884), *Marietta* (1894) e *Quebradinha* (1899).

Um parêntese: a *polca-polca Não caio n'outra!!!* contém, além das características da polca matriz européia, um perfil melódico que indica um discurso musical diferente de *Você bem sabe!*. Nesta, a frase musical é construída sob uma *célula rítmico-melódica*:

Em *Não caio n'outra!!!*, a frase musical apóia-se num motivo cuja construção é *estrófico-discursiva*:

Podemos pensar em dois princípios de composição, um *celular*, formado por motivos condensados baseados num elemento gerador reiterante, e outro *estrófico-discursivo*, formado por um motivo com maior inflexão melódica, mais próximo da oralidade. Mário de Andrade já havia observado esse aspecto:

> Em geral as composições dançantes baseiam a sua vulgarização no imitarem o coro orquestico popular. As danças do povo são na sua maioria infinita danças cantadas. De primeiro foi sempre assim, e os instrumentistas-virtuoses da Renascença, quando transplan-

taram as gigas, as alemandas, as sarabandas, do cantor por instrumento, tiveram que fazer todo um trabalho de adaptação criadora. Esta adaptação consistiu em tirar das danças cantadas a essência cancioneira delas e dar-lhes caráter instrumental. Substituíram o tema estrófico pelo motivo melódico, a frase oral pela célula rítmica. Embora ainda com reservas, pelo estado atual dos meus conhecimentos, antevejo que o maxixe teve origem imediata instrumental. Porém, ele como o tango argentino e o foxtrote, pra se popularizarem, viraram logo cancioneiros, se tornaram danças cantadas. Esta feição cancioneira, a gente percebe mesmo nos mais admiráveis músicos coreográficos, como John Philip Souza ou Johan Strauss, pela norma estrófica e não celular de invensão. Se sente a melodia cantada, se sente o verso oral. Pois Ernesto Nazaré se afasta dessa feição geral dos compositores coreográficos, por ter ausência quasi sistemática da vocalidade nos tangos dele. É o motivo, é a célula melódica ou só rítmica que lhe servem de base prás construções.[45]

No caso de Nazareth não podemos concordar inteiramente com o crítico, como o próprio exemplo de *Não caio n'outra!!!* nos mostrou. Mas, de fato, os motivos *estrófico-discursivos* aparecem em menor quantidade nas peças do nosso compositor em relação aos *celulares*. O tango *Brejeiro* (1893), por exemplo, tem um tema *celular* na parte A e *estrófico-discursivo* na parte C. Nazareth costuma jogar com essas modalidades para criar contrastes no interior de uma mesma peça.

Polca-salão

A introdução de *Você bem sabe!* já nos indicou a atração do jovem Nazareth pela cultura semi-erudita do salão. Em outras polcas, o compositor demonstrará o domínio completo dessa empostação. Como vimos, a sua principal característica é uma certa grandiloqüência, que se traduz musicalmente na utilização do piano como uma grande caixa de ressonância, de onde surgem, por exemplo, temas oitavados ou arpejados numa ampla tessitura. *Fonte do suspiro* (1882) e *Beija-flor* (1883) são exemplos de *polcas-salão*. Vejamos a primeira:

---

45. ANDRADE, Mário de. *Op. cit.* 1963, pp. 122-123.

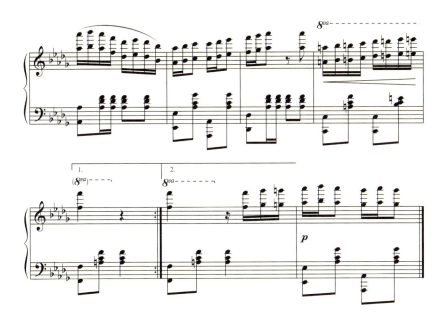

O motivo *estrófico-discursivo* executado pela mão direita é construído em oitavas, assim como a marcação da mão esquerda dos tempos fortes dos compassos. O contorno melódico segue uma linha ascendente em direção a uma região bastante aguda do piano, atingindo, no final da seção, uma oitava acima do início. Como a indicação sugere, o gesto do pianista exige *ímpeto*. Num registro menos grandiloqüente, mas de todo modo pianístico ornamental e encorpado, *Beija-flor* explora os acordes em *staccato* e a ressonância dos arpejos:

O motivo *celular* da polca é emoldurado pela condução harmônica arpejada que se aproveita da sustentação do pedal para manter uma progressão contínua. Curiosamente, o jovem Nazareth contrasta o *continuum* harmônico-melódico da mão esquerda com o gesto *staccato* do motivo *celular* da mão direita. Isto é um pequeno indício daquilo que no futuro se transformará na marca do seu estilo: o contraste entre diferentes planos expresso numa textura singular.

Polca-maxixe

Até agora vimos o jovem Nazareth exercitando o gênero *polca* em duas inflexões parecidas: o que diferencia a matriz européia da *polca-polca* da prática nacional da *polca-salão* são essencialmente os recursos pianísticos ornamentais escritos sob o registro do discurso musical grandiloqüente. Aliás, os próprios títulos das *polcas-salão* sugerem esse universo: *Fonte do suspiro* ou *Beija-flor* (esta dedicada ao comendador Bernardino José de Souza e Mello).[46] Contudo, nessas modalidades de polcas ainda não aparecem síncopas ou mesmo insinuações de acentuações do tempo fraco do compasso. Será em duas polcas do início da década de 1880 que vão retornar as primeiras intenções de sincopação: *Gentes! O imposto pegou?* (1880) e *Os teus olhos cativam* (1883), que já se insinuavam estruturalmente, como veremos adiante, na pioneira *Cruz, perigo!*. No final dessa década, aparecerá uma série de polcas em que a figura da *síncopa característica* (brasileirinho) já se encontra decantada no acompanhamento rítmico, configurando, portanto, um novo gênero ainda não nomeado (somente após 1892 Nazareth o chamará de *tango brasileiro* e, por diversas razões, recusará o nome *maxixe*). Entretanto, nessas peças não é possível enxergar o estilo característico de compositor que vamos encontrar em peças publicadas depois da polca-tango *Rayon d'or* (1892). Isso nos faz pensar que, no final da década de 1880, o jovem Nazareth escrevia polcas sincopadas (*polcas-maxixe*) em que possivelmente estava exercitando um novo gênero com as características comuns ao seu período de decantação: essencialmente, a incorporação da

---

46. No tópico "Crônica dos títulos", do capítulo 6 deste livro, há um comentário específico sobre o tema que envolve a relação dos títulos com o conteúdo musical nos tangos de Nazareth.

síncopa no acompanhamento. Portanto, o jovem Nazareth escrevia *polcas-maxixe* como um *gênero-gênero*, diferente do que ocorrerá em *Rayon d'or*, na qual, como veremos no capítulo 3, a sua escrita musical específica se configurará como um *gênero-singular*. Passemos aos exemplos para dar concretude ao comentário.

A polca *Gentes! O imposto pegou?* (1880) contém em sua melodia intenções de sincopação:

O acompanhamento da mão esquerda segue rigorosamente a marcação regular da *polca-polca*. A mão direita toca uma melodia em anacruse cuja frase contém, além da figura rítmica da *síncopa característica*, uma intenção que pontua as acentuações do tempo fraco do compasso. As três partes da polca seguem, *grosso modo*, esse mesmo perfil.

A bella Melusina (1888) e *Atrevidinha* (1889) são exemplos de *polcas-maxixe* escritas como *gênero-gênero*:

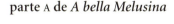

parte A de *A bella Melusina*

parte A de *Atrevidinha*

As duas *polcas-maxixe* têm um aspecto geral muito parecido: a mão direita toca um motivo melódico *estrófico-discursivo* enquanto a mão esquerda executa o *brasileirinho* (*síncopa característica*) como acompanhamento. A construção musical orienta-se por uma lógica homofônica, isto é, uma melodia acompanhada. Essa era a prática comum que pode ser vista nas peças dos compositores que participaram, junto com Nazareth, desse processo de acomodação do gênero sincopado: Joaquim Antônio da Silva Calado, Chiquinha Gonzaga ou Anacleto de Medeiros, entre outros anônimos que, por não dominarem a escrita musical, não deixaram suas músicas como documentos desse processo. É preciso dizer, porém, que a atmosfera, por exemplo, dos trios de *pau-e-corda* da cultura dos chorões foi incorporada e singularizada pela escrita pianística de Ernesto Nazareth.[47]

O enigma de *Cruz, perigo!*: *polca-textura*

O mapeamento das modalidades das polcas exercitadas pelo jovem compositor ajuda-nos a visualizar o complexo processo de construção e decantação do novo gênero. Nesse quadro, a segunda polca composta por Nazareth, *Cruz, perigo!*, surge como um verdadeiro enigma, porque concentra precocemente esse processo, ao mesmo tempo em que indica as características do futuro estilo do compositor. Como já dissemos, um abismo separa a escrita de *Cruz, perigo!* e a da *polca-polca Você bem sabe!*. Nazareth tinha apenas 16 anos de idade quando publicou sua segunda composição em 1879. Vejamos a primeira parte:

---

47. Cf. tópico "Clássicos", do capítulo 6 deste livro.

Aparentemente trata-se de uma *polca-polca* regular. Mas, se olharmos com atenção, veremos que ocorrem *três acontecimentos* diferentes: enquanto a mão esquerda executa a divisão da *polca-polca*, a mão direita toca um motivo *celular*, que se divide em dois planos separados pelo intervalo de oitava. Esse motivo da mão direita está construído sob a figura rítmica de semicolcheias que repetem a mesma nota, *repicada* e *rebatida*, já que a terceira semicolcheia de cada grupo é tocada na sua oitava superior. O primeiro plano é feito pelo *rebatimento* das oitavas entre a primeira e terceira notas do grupo de semicolcheias, que acentuam, respectivamente, um tempo forte e um tempo fraco, numa duração rítmica que, vista separadamente, é representada por duas colcheias. O segundo plano é formado pelas notas da mesma oitava *repicadas* no espaço deixado pela nota oitavada do terceiro tempo do grupo das semicolcheias, cuja duração rítmica, isolada, desenha a figura da síncopa característica (*brasileirinho*). Juntos, os dois planos formam o grupo regular de semicolcheias que vemos escrito na partitura.

A sensação de sincopação ocorre por causa das acentuações. Esse desenho rítmico é análogo ao movimento do pandeiro que, nas rodas de choro, conduz o ritmo em semicolcheias, escolhendo as acentuações do tempo fraco. É o que poderíamos chamar de um movimento de *síncopa cheia*, no qual a subdivisão do compasso binário é completamente preenchida, e a síncopa não surge do prolongamento dos tempos fracos, mas do contraste de acentuações. O gráfico abaixo representa o motivo formado pelo grupo de semicolcheias de *Cruz, perigo!* decupado em planos:

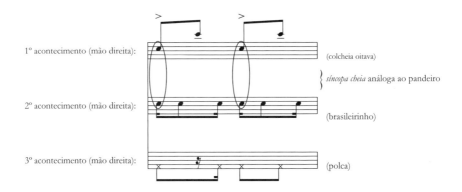

O resultado desse quebra-cabeça rítmico é a escuta simultânea do ritmo característico da polca na mão esquerda, que afirma os tempos fortes do compasso, e de outro, que acentua os tempos fracos, na mão direita, rebatido ainda pelas oitavas na mesma mão direita (três acontecimentos simultâneos). O jovem Nazareth conseguiu criar uma peça musical em que é possível ouvir dialeticamente o gênero da polca, a sua negação, e já sua síntese numa curiosa "dialética positiva" que resulta da própria textura. Portanto, a sugestão da incorporação do acento permanente no tempo fraco está toda aí na forma de uma síncopa subentendida (ou da *síncopa cheia*). Na segunda parte da peça, essa sugestão se mostra como realização explícita, visível, como se fosse desentranhada da textura anterior. Vejamos:

Nessa seção, Nazareth introduz um motivo *celular* acéfalo, que cria um espaço vazio no tempo forte. O resultado é, agora, caracteristicamente "amaxixado". A notação indica que devemos acentuar a última colcheia do compasso (tempo fraco). Embora a mão esquerda continue executando a rítmica da polca, a atmosfera geral dessa seção é de um balanceio entre a afirmação e o deslocamento do tempo forte.

Na terceira parte de *Cruz, perigo!*, os motivos *celulares* cedem lugar a um motivo *estrófico-discursivo* cuja frase desafoga amplamente num arpejo:

Aqui, o jovem Nazareth parece flertar com a empostação da *polca-salão*. Embora apareçam síncopas (no segundo e do quinto para o sexto compassos do exemplo acima), o discurso musical traz certa pacificação do seu uso sistemático, do modo como vimos na parte anterior, e da intricada trama de planos rítmicos da primeira parte.

O procedimento composicional a partir da construção de planos que resulta numa *textura* específica será, como veremos, a principal característica do estilo do nosso compositor.[48] É nesse sentido que, dentro das modalidades de polcas, devemos compreender *Cruz, perigo!* como uma *polca-textura*: diferentemente das *polcas-maxixe*, nas quais a incorporação da síncopa ocorreu como figura rítmica de acompanhamento (configurando-se como um *gênero-gênero*), *Cruz, perigo!* traz na *síncopa cheia* uma textura original ao gênero (*gênero-singular*). A peça *Os teus olhos cativam* (1883) também deve ser compreendida como um caso de *polca-textura*: na primeira parte, as mãos esquerda e direita dividem-se em dois acontecimentos diferentes; enquanto a primeira executa o ritmo da polca, a segunda toca um motivo *celular* acéfalo sincopado, análogo ao da segunda parte de *Cruz, perigo!*. Mas a malha resultante de sua textura é mais aberta, explícita, diferente desta última, que concentra uma trama mais fechada e complexa.

Em suma, no começo da década de 1880 vimos que surgiram as primeiras *polcas-maxixe* (*Gentes! O imposto pegou?*, 1880) com uma insinuação de sincopação na melodia e, no fim da mesma década, surgiram outras *polcas-maxixe* com o *brasileirinho* decantado no acompanhamento (*A bella Melusina* e *Atrevidinha*, 1888 e 1889, respec-

---

48. Cf. capítulo 5 deste livro.

tivamente). Curiosamente, a *polca-textura Cruz, perigo!* (1879) já concentrava em potência a realização dessas duas, digamos, etapas do processo de acomodação da síncopa. É como se nela pudéssemos enxergar um processo musical, mais amplo, que ocorreu lentamente na cultura musical urbana do Rio de Janeiro durante as últimas duas décadas do século XIX: na primeira parte, surge uma singular polca compactada em três planos que formam uma textura original, em que ocorrem acentuações sincopadas subliminares; na segunda, aquilo que se escondia por debaixo da textura como sugestão torna-se norma – a síncopa aparece sistematicamente como afirmação explícita. É nesse sentido que *Cruz, perigo!* soa enigmática: constitui-se num mosaico em que circulam os elementos que ganharão depois uma formulação mais consistente em peças textuais de fina complexidade. O enigma está justamente condensado precocemente em *Cruz, perigo!*, antes mesmo de que tudo isso se decantasse como estilo e gênero.

Ao que tudo indica, o fim da década de 1880 parece ser um período-chave para compreendermos a formação dos novos gêneros sincopados na cultura musical brasileira. Atento a tudo isso, Machado de Assis publicou o conto "Um homem célebre" em 1888 e, um ano antes, uma crônica, no periódico *Gazeta de Notícias*, em que comentava sobre as "feições tão mudadas" que a estrangeira polca assumiu por aqui. Esse é o tema que será tratado no próximo capítulo.

Machado de Assis
Marc Ferrez
Rio de Janeiro-RJ, *c.* 1890
Coleção Gilberto Ferrez/Acervo Instituto Moreira Salles

2

Machado de Assis e a síncopa

Comparado à literatura, o esforço do historiador em reconstruir uma cena cultural muitas vezes resulta num gesto canhestro. No capítulo anterior, baseado em um problema musicológico identificado por Mário de Andrade na obra de Ernesto Nazareth, o que serviu de mote para a análise e a caracterização de sua fase jovem, procurei contextualizar o ambiente cultural-musical em torno do precoce compositor sob o signo da polca, entendida como um *mediador cultural* da sociedade fluminense do Segundo Império. No entanto, Machado de Assis diagnosticou esse tema (em diversos pontos de sua obra e, particularmente, no conto "Um homem célebre" e em algumas crônicas) com cores muito mais vivas, complexas e contraditórias do que uma síntese historiográfica pode normalmente dar conta. É por isso que a certa altura a literatura passou a ser uma fonte importantíssima para o historiador da cultura.[1] Porém, recorrer a Machado de Assis como fonte primária supõe revolver uma tradição crítica repleta de camadas complexas. A aproximação exige cautela.

Mário Curvello apontou os limites da leitura psicológica ao tema da alma estéril, que aparece diretamente nos contos "Um homem célebre" e "Cantiga de esponsais", e mais tangencialmente em "Trio em lá menor" e "Dona Benedita". Para Curvello, os críticos Mário Matos, José Guilherme Merquior e Lúcia Miguel Pereira identificaram nas personagens de Pestana e de Mestre Romão a fábula da perfeição inatingível.[2] Antonio Candido enxergou em Pestana a impotência espiritual do homem que tenta libertar-se da sua prisão.[3] Em contraposição a essas leituras, a chave de interpretação do conto "Um homem célebre" seria, para Curvello, a interpenetração cifrada entre a ficção e a história política do país. Nesse sentido, as datas fictícias, que apare-

---

1. "O estudo da literatura conduzido no interior de uma pesquisa historiográfica, todavia, preenche-se de significados muitos peculiares. Se a literatura moderna é uma fronteira extrema do discurso e o proscênio dos desajustados, mais do que o testemunho da sociedade, ela deve trazer em si a revelação dos seus focos mais candentes de tensão e a mágoa dos aflitos. Deve traduzir no seu âmago mais um anseio de mudança do que os mecanismos de permanência. [...] Nesse sentido, enquanto a historiografia procura o ser das estruturas sociais, a literatura fornece uma expectativa do seu vir-a-ser". SEVCENKO, Nicolau. *Literatura como missão – Tensões sociais e criação cultural na Primeira República*. São Paulo: Brasiliense, 1989, p. 20.

2. Cf. CURVELLO, Mário. "Polcas para um Fausto suburbano". *In*: BOSI, Alfredo (org.). *Machado de Assis*. São Paulo: Ática, 1982.

3. CANDIDO, Antonio. "Esquema de Machado de Assis". *In*: *Vários escritos*. 2. ed. São Paulo: Duas Cidades, 1977, pp. 26-27.

cem ao longo do conto, teriam correspondência com as datas reais da história e revelariam uma crítica ideológica, sempre no registro da ironia e do escárnio, que estaria por detrás da prosa machadiana.

O esforço do crítico concentrou-se na decifração. O contexto é claro:

> [...] o cenário histórico de "Um homem célebre" é o Segundo Reinado a partir da década de 70, período em que o país sofre transformações econômicas, ainda que emperradas pelo escravismo. Travava-se no período uma luta entre dois sistemas, pois aquelas transformações eram de natureza capitalista.[4]

Assim 1815 e 1845, nascimento da viúva Camargo e de Pestana, reverberariam o Congresso de Viena e a decretação do *Bill Aberdeen,* momento em que a Inglaterra assumia a liderança européia e colonialista. O ano de 1871, dos primeiros sucessos de Pestana – *Candongas não fazem festa* (título sugerido pelo editor no lugar do título original do compositor, *Pingos de sol,* considerado demasiadamente lírico para o gosto popular) e *A lei de 28 de setembro* –, dialogaria com a Lei do Ventre Livre. E 1875, época em que se discutia o projeto de lei para a libertação dos sexagenários, teria como contradiscurso irônico a publicação da polca *Não bula comigo, nhonhô.* O olhar do crítico, muito atento aos detalhes, deixou escapar apenas uma data: 1888, ano da primeira publicação do conto na *Gazeta de Notícias* (precisamente em 29 de junho). Haveria em Machado alguma intenção em publicar o conto no ano da abolição da escravidão (lei de 13 de maio de 1888)? Talvez a narrativa constituísse um enigma armado pelo escritor cuja decifração revelaria o seu olhar sobre esse momento tão importante para a história do país?

Essa linha de interpretação é sedutora porque busca as motivações e as intenções do escritor. Conhecendo a obra de Machado, sabemos que as referências à história nacional (e à história universal) nunca são gratuitas; e não há como negar as reverberações entre os acontecimentos da vida privada fictícia e os eventos da vida política da história. Por outro lado, surgem dois problemas: *até que ponto é possível destacar a intenção (ou a motivação) do escritor? E, especificamente, no caso, em que medida há intencionalidade na datação insistente?* A dimensão que esses problemas acarretam são enormes e ecoam por todos os textos do escritor. Roberto Schwarz, quando criticou a interpretação de John Gledson, do romance *Casa velha,* refletiu sobre o rendimento literário da questão:

> A vivacidade e o destemor de Lalau, por exemplo, seriam atributos dos anos da Regência? Inversamente, os traços próprios à política do período esclareceriam o caráter da mocinha? Talvez sim, talvez não, pois a densidade dos pontos em comum é insuficiente – salvo melhor juízo para disciplinar a interpretação ou para excluir a interpretação arbitrária.[5]

---

4. CURVELLO, Mário. *Op. cit.,* p. 459.

5. SCHWARZ, Roberto. "A contribuição de John Gledson". *In Seqüências brasileiras.* São Paulo: Companhia das Letras, 1999, p. 110.

Refletir sobre a relação entre o tempo cronológico da história política e a ficção narrativa exige cuidado. Segundo Schwarz, Machado de Assis, quando tentava juntar suas narrativas aos momentos da história nacional, seguia a inspiração do realismo europeu.[6] O crítico apontou que a periodização da história oficial brasileira, convencionada pelos marcos da Independência, Abdicação, Regência, Maioridade, Conciliação etc., seria para Machado o equivalente à periodização da história francesa pós-revolucionária, cujas etapas, nítidas e contrastantes, renderam muito para romancistas como Stendhal e Balzac (o primeiro, por exemplo, queria demonstrar que o amor, sentimento tão eterno, não permaneceu o mesmo antes e depois da Revolução).[7] A questão é que a história oitocentista brasileira é tão confusa, e marcada por uma sucessão de ministérios, que até mesmo os mais detalhistas se atrapalham com a vertiginosa quantidade de mudanças. Schwarz identificou essa característica da cultura política nacional sutilmente absorvida e (re)elaborada por Machado:

> Contudo, não é só a nossa ignorância que bloqueia a vibração das datas no romance machadiano. A incrível estabilidade das relações – ou injustiças – de base do país contribui de modo decisivo para conferir alguma coisa irrisória às datas magnas que registram as mudanças em nossa política. Desse ângulo, o contraste com as periodizações francesas, as quais refletem embates em que está em jogo o ser-ou-não-ser da ordem social contemporânea, é muito eloqüente. O próprio Machado foi se dando conta disso e acabou fixando a *irrelevância* das datas políticas como sendo o dado decisivo de nosso ritmo histórico, num bom exemplo de dialética entre experiência social e forma.[8]

Foi José Miguel Wisnik, no ensaio "Machado maxixe: o caso Pestana", quem trouxe a mais recente contribuição ao assunto. Wisnik redimensionou o "caso Pestana" numa espécie de arqueologia da criação machadiana em que são articulados os fios que se ligam ao tema sob uma perspectiva singular à tradição crítica anterior. O fato é que Machado já vinha trabalhando no "caso Pestana" há pelos menos dez anos desde 1878, no conto "O machete", sob diferentes tons, abordagens e gêneros literários (crônica e conto), até o momento em que é publicado pela primeira vez, em 1888, o conto "Um homem célebre", no periódico *Gazeta de Notícias* e posteriormente no livro *Várias es-*

---

6. "Quando buscava prender as suas fábulas aos pontos de inflexão da história nacional, o romancista seguia a inspiração do Realismo europeu, ou, por outra, tentava confeccionar algo semelhante no Brasil". *Ibidem*, p. 111.

7. Luiz Roncari, numa discussão em mesa-redonda sobre Machado de Assis com Antonio Callado, Alfredo Bosi, Sonia Brayner, Roberto Schwarz, José Carlos Garbuglio, Mário Curvello e Valentim Facioli, comentou, num outro contexto, precisamente essa questão: "Em Balzac, a história está imbricada no destino dos personagens. Os personagens vivem o momento da vida cotidiana, e o movimento da história também. Agora, no Brasil, não... Os personagens vivem o movimento da vida cotidiana e aí a história corre mais ou menos paralela. E se for ver, isso daí é mais ou menos deformação do próprio processo histórico do Brasil. Há duas histórias, não é? Uma história institucional, em que uns poucos homens vivem estas mudanças, e a grande história das relações de produção, que passam mais ou menos à margem dessa história, ou se encontram; nós não sabemos distinguir direito onde se encontram essas duas histórias". BOSI, Alfredo (org.). *Machado de Assis*. São Paulo: Ática, 1982.

8. SCHWARZ, Roberto. *Op. cit.*, p. 112.

tórias, em 1896. A ambivalência de "Um homem célebre" se realiza naquilo que o crítico chamou de logro: o duplo sentido da palavra logro comporta a um só tempo engano, irrealização e êxito. Para Wisnik,

> [...] fracasso e sucesso são aspectos de um mesmo processo, de um *logro complexo* a ser visto em outro nível de análise e sob múltiplos ângulos. Ao focalizar o balanço aparentemente insolúvel do fracasso-sucesso que se constitui para a personagem num doloroso *imbroglio* e, por vezes, num lancinante pesadelo, Machado fez, como veremos, uma curiosa e penetrante análise da vida musical brasileira em fins do século XIX, armando uma equação nada simples, em cujas incógnitas desenham-se precocemente linhas do destino da música popular urbana no Brasil, para dizer pouco. Porque, entre outras coisas, em que se inclui a sinalização sibilina da transformação histórica da polca em maxixe, que então se dava, Machado acaba – se não revelando – resvalando em algo que nunca disse de si mesmo, em lugar nenhum: a condição de mulato.[9]

A envergadura da interpretação de Wisnik é ampla e complexa – este resumo não dá conta das sutilezas envolvidas. Ao mesmo tempo em que esmiúça aspectos particulares do estilo machadiano, insere o problema de Pestana na tradição dos temas de interpretação do Brasil. Para o nosso caso, especificamente, a questão das datas, segundo o crítico, não se mostra literalmente no foco da representação do conto:

> [...] mas na intrincada textura contrapontística implícita, através da qual se sobrepõem e se interferem no conto três ondas históricas de diferentes durações: a cena da crise política em que o sistema escravista brasileiro vislumbrava seu fim sem admitir-se a própria superação, e sem projeto conseqüente para fazê-lo; a emergência irrefreável de uma experiência de fundo, da escravidão e da mestiçagem, ligada a dispositivos inconscientes, recalcados e irradiantes, que se manifesta difusamente na música e toma forma nas polcas amaxixadas; a instauração recente e já voraz de um mercado de bens simbólicos, com vocação totalizante, que visa ao efeito da popularização e da vendabilidade, formatando as manifestações tradicionais da cultura com vistas ao consumo imediato de massa.[10]

É verdade que o conto "Um homem célebre" concentra o seu drama num problema musical, representado no enigma da grande composição cujo limite é o fio da navalha entre a glória e o fracasso, que admite ressonâncias entre a *ambição* e a *vocação* da vida *social* (aristocracia *versus* classes populares), *cultural* (cultura erudita, sob a tradição européia da música de concerto *versus* cultura popular, sob a forma da nascente música de mercado) e *política* (liberalismo burguês *versus* conservadorismo escravagista) brasileira das últimas décadas do século XIX. Entretanto, não esqueçamos que

---

9. WISNIK, José Miguel. "Machado maxixe: o caso Pestana". *Teresa – Revista de Literatura Brasileira*, São Paulo, n. 4-5, FFLCH-USP, 2004, p. 18.

10. *Ibidem*, p. 56.

o assunto deste trabalho é Nazareth, e não Pestana. Todavia, não há como negar as semelhanças biográficas entre os dois, principalmente entre a personagem e o jovem Nazareth. Vimos que a relação entre ficção e história não é simples, e que, portanto, trazer Machado de Assis para o centro da roda pode provocar equívocos ou associações redutoras comuns numa certa tradição da historiografia: a sensação residual de que a literatura é reflexo da história.[11] Contudo, se seguirmos a construção da personagem Pestana em sua vaidade e suas idiossincrasias, e a construção narrativa do conto, talvez consigamos dimensionar mais precisamente o alcance do enigma do homem célebre e suas ressonâncias no nosso precoce compositor, ou o contrário.

Pestana e o jovem Nazareth

A primeira cena do conto transcorre num sarau íntimo promovido pela viúva Camargo em sua casa, na Rua do Areal, onde Pestana é indagado se é ele mesmo o autor da polca *Não bula comigo, nhonhô*. Sinhazinha Mota custa a acreditar que o célebre compositor de polcas de sucesso é aquele homem circunspecto e de aparência sombria. Pestana já estava ao piano interpretando algumas quadrilhas quando a viúva, num "Obséquio mui particular", pediu que ele interpretasse sua famosa polca. Pestana, vexado, iniciou: "Ouvidos os primeiros compassos, derramou-se pela sala uma alegria nova, os cavalheiros correram às damas, e os pares entraram a saracotear a polca da moda".[12] Terminada a polca, Pestana recebeu enfadado os elogios das moças presentes e, alegando dor de cabeça, saiu rapidamente do sarau. No caminho de sua casa ouviu a melodia de sua polca sendo tocada em outra casa por um clarinete e, como se não bastasse, dois homens passaram por ele assobiando, "ruidosos e alegres", a mesma música. Em sua casa, na rua do Aterrado, Pestana refugiou-se da tormenta. Lá, aparece a figura do preto velho que lhe serve café e o deixa sozinho na sala de estudos onde se encontrava seu piano. Sua casa era velha como tudo que estava ali dentro. Na sala de estudos, achavam-se uns dez retratos que pendiam da parede, de um padre "que o educara e lhe ensinara latim e música" (e, "segundo os ociosos", seria o seu próprio pai) e outros de compositores clássicos como Mozart, Beethoven, Bach, Gluck e Schumann. "Os retratos estavam postos ali como santos de uma igreja."

---

11. O historiador Nicolau Sevcenko discute na introdução do seu livro *Literatura como missão* os problemas metodológicos da relação entre história e literatura. Cf. SEVCENKO, Nicolau. *Op. cit.*, pp. 19-23. O tema também é tratado em sua entrevista para o livro: MORAES, José Geraldo Vinci de e REGO, José Márcio (org.). *Conversa com historiadores brasileiros.* São Paulo: Editora 34, pp. 335-362.

12. ASSIS, Machado de. "Um homem célebre". *In: Obra completa.* Rio de Janeiro: Nova Aguilar, 1959, p. 497, v. 2.

Até esse ponto o narrador apresenta as principais características da personagem Pestana. No primeiro momento, no sarau, o ar circunspeto do compositor apresenta-se sob a forma de uma altivez aristocrática que parece não se encaixar no contexto provinciano de uma festa familiar. Pestana carrega consigo o peso, de inspiração romântica, do grande artista. Mas a situação logo se revela o contrário. Seu ar altivo esconde uma vergonha íntima. A situação do sarau se, por um lado, pode parecer provinciana, pelo arranjo íntimo do evento, por outro, sabemos que se tornou o espaço, por excelência, onde se desenvolveu a cultura da elite brasileira na segunda metade do século XIX. Como vimos no capítulo anterior, era ali, por exemplo, que as figuras da política nacional transitavam, assim como nos clubes privados (como o Club Beethoven, o Cassino Fluminense e o Club dos Diários).[13] Lembremos que foi nesse circuito que o jovem Nazareth flertou com o gosto pela "distinção na classe e ascensão de estamento"[14] tocando os "clássicos" e suas polcas para o desfrute da elite imperial. Contudo, é o próprio narrador que desqualifica a aristocracia de Pestana parecendo dar força para o *enigma da busca da sua realização artística*. O tom levemente satírico na descrição do compositor durante o sarau dá lugar ao escárnio no momento em que ele se vê obrigado a refugiar-se em sua casa para livrar-se da sua própria composição. Suas origens sociais também não são muito claras, o próprio distanciamento do narrador não ajuda em nada a localização do seu passado – talvez filho de um padre. Essa possível ascendência, por outro lado, indicaria ironicamente uma referência nobre em Pestana:

> Certo é que [*o padre*] lhe deixou em herança aquela casa velha, e velhos trastes, ainda do tempo de Pedro I. Compusera alguns motetes o padre, era douto por música, sacra ou profana, cujo gosto incutiu no moço, ou também lhe transmitiu no sangue, se é que tinham razão as bocas vadias, cousa de que não ocupa a minha história, como ides ver.[15]

Como apontou Wisnik, a descrição da personagem lembra a figura do padre José Maurício Nunes Garcia (1767-1830), compositor renomado da corte e tido como o pai da música erudita no Brasil.[16] Por outro lado, o narrador estabelece subliminarmente

---

13. Sobre esse assunto, ver os capítulos "Instituições formais da elite" e "O salão e surgimento da alta sociedade". *In*: NEEDELL, Jeffrey D. Belle époque *tropical*. São Paulo: Companhia das Letras, 1993.

14. Retomando a expressão de Raymundo Faoro que vimos aplicada num contexto interpretativo específico sobre a mobilidade social no Segundo Império. Cf. capítulo 1 deste trabalho, p. 21.

15. ASSIS, Machado de. *Op. cit.*, p. 498.

16. "O padre anônimo mostra aqui um valor formativo comparável àquele que já vimos consignado, em 'O machete', na relação de Inácio Ramos com o pai, também ligado à música sacra: embora em dimensões materiais diferentes, porque se trata agora de um verdadeiro cabedal, é ele que passa o seu patrimônio de conhecimentos, posses e motivações ao jovem músico. Mas, como em todos os outros aspectos, essa relação complica-se, definitivamente, em 'Um homem célebre', porque, nesse caso, o padre não é um humilde músico de igreja mas está posto na posição de índice das aspirações brasileiras à música de concerto, e a alusão à paternidade é esquiva, objeto de 'bocas vadias' com as quais o narrador não se compromete e negaceia ironicamente, dizendo sem dizer e deixando o não-dito pelo dito. Indecisa entre o biológico e o simbólico, entre o sacro e o profano, entre a religião e a quebra do celibato, e barrada por um recalque que o narrador glosa ambiguamente, a questão da paternidade é inseparável, aqui, do drama artístico e existencial de Pestana." WISNIK, José Miguel. *Op. cit.*, p. 46.

um contraponto entre a vaidade megalômana do compositor, em seu culto aos retratos dos clássicos ("mal encaixilhados"), e a curiosidade inoportuna de Sinhazinha Mota, quando ela duvida que Pestana pudesse ser o autor da polca da moda. O fato de a casa da viúva Camargo localizar-se na rua do Areal e a de Pestana na rua do Aterrado é, sem querer forçar a interpretação, uma sugestiva ironia que ajuda na caracterização do compositor: como se o sarau da viúva significasse um perigoso atoleiro, já prenunciado pelo nome da sua localização, e o próprio endereço de Pestana evidenciasse o estado de sua alma.

A narrativa segue para o núcleo do problema do compositor. Se os retratos estavam dispostos como santos de uma igreja, o evangelho da noite era uma sonata de Beethoven que estava aberta sob o piano. Pestana, absorto, executou-a por horas. Depois Mozart. E depois Haydn. "Entre meia-noite e uma hora, Pestana pouco mais fez que estar à janela e olhar para as estrelas, entrar e olhar para os retratos."[17] Às vezes voltava ao piano e dava golpes no teclado, como se procurasse alguma idéia.

> [...] Nenhuma imagem, desvario ou reflexão trazia uma lembrança qualquer de Sinhazinha Mota, que entretanto, a essa mesma hora, adormecia pensando nele, famoso autor de tantas polcas amadas. Talvez a idéia conjugal tirou à moça alguns momentos de sono. Que tinha? Ela ia em vinte anos, ele em trinta, boa conta. A moça dormia ao som da polca, ouvida de cor, enquanto o autor desta não cuidava nem da polca nem da moça, mas das velhas obras clássicas, interrogando o céu e a noite, rogando aos anjos, em último caso o diabo. Por que não faria ele uma só que fosse daquelas páginas imortais?[18]

Nessa passagem fica clara a caracterização de Sinhazinha Mota: a consumidora que idolatra e fetichiza o artista de sucesso. Ela prenuncia, num contexto ainda "amador", a moderna cultura das fãs que, na música popular brasileira a partir da década de 1930, será parte integrante (e peça-chave) do mercado consumidor criado pelo rádio e pelo disco.

O drama apresenta-se sob a forma de um enigma. Pestana tem todas as condições para se realizar artisticamente, tem uma sala de estudos, um piano, o interesse e o respeito pelos clássicos (meta a ser atingida), só falta a inspiração. Todavia, a falta de inspiração não é completa nem é propriamente a sua verdade, pois, no dia seguinte, que sucedeu à noite descrita acima, Pestana de saída, já na porta da sua casa, voltou correndo à sala dos retratos e começou a compor algo próprio. "Compunha só, teclando ou escrevendo, sem os vãos esforços da véspera, sem exasperação, sem nada pedir ao céu, sem interrogar os olhos de Mozart. Nenhum tédio. Vida, graça, novidade, escorriam-lhe da alma como de uma fonte perene."[19] Em pouco tempo terminou

---

17. ASSIS, Machado de. *Op. cit.*, p. 253.
18. *Ibidem*, pp. 498-499.
19. *Ibidem*, p. 499.

a nova peça que estava compondo: uma polca. Dias depois, levou-a para seu editor que, entusiasmado e antevendo o sucesso da composição, logo sugeriu um título conveniente ao gosto popular.

> Pestana, ainda donzel inédito, recusou qualquer das denominações e guardou a polca; mas não tardou que compusesse outra, e a comichão da publicidade levou-o a imprimir as duas, com os títulos que ao editor parecessem mais atraentes ou apropriados. Assim se regulou pelo tempo adiante.[20]

A inspiração só aparecia em Pestana sob a forma das polcas. É compreensível que o compositor se animasse com suas criações, e, orgulhoso da realização, tratava-as com o cuidado autoral que mereciam. O compositor parecia estar inebriado pelo estado da criação, pouco se importando com a realização de uma pequena ou de uma grande peça. Talvez o enigma da criação estivesse resolvido. Nesse momento, o editor ou o público estavam alheios ao interesse primordial de Pestana. Impõe-se um estado solar na sua personalidade que se contrapõe ao habitual estado lunar: descendo a rua do Aterrado, Pestana até se regozijou de ouvir um vulto assobiando uma de suas polcas. É importante apontar que, na repetição de situações similares, o narrador estabelece um paralelismo entre os dois estados de ânimo do compositor (no momento anterior Pestana refugiou-se em sua casa para se livrar do desgosto de ouvir suas polcas ecoarem pela cidade). Novamente o tom satírico das cenas cede lugar para o escárnio: "Essa lua-de-mel durou apenas um quarto de lua. Como das outras vezes, e mais depressa ainda, os velhos mestres retratados o fizeram sangrar de remorsos".[21]

Dessa maneira, formou-se um ciclo vicioso: o compositor buscava inspiração nos mestres para compor uma grande peça, mas de suas mãos só saíam "buliçosas" polcas. Frustração, alegria momentânea e novamente frustração. A vida de Pestana resumia-se na alternância desses estados. A certa altura, o compositor atribuiu a esterilidade de sua alma ao celibato. Enamorou-se, em pouco tempo, por uma moça (Maria) quando a ouviu cantar em uma festa de São Francisco.

> Pestana casou daí a dias com uma viúva de vinte e sete anos, boa cantora e tísica. Recebeu-a como esposa espiritual do seu gênio. O celibato era, sem dúvida, a causa da esterilidade e do transvio, dizia ele consigo; artisticamente considerava-se um arruador de horas mortas; tinha as polcas por aventura de *petimetres*. Agora, sim, é que ia engendrar uma família de obras sérias, profundas, inspiradas e trabalhadas.[22]

O casamento do compositor representa um momento revelador na trama do conto. O leitor é informado sobre o evento pelo diálogo entre Sinhazinha Mota e seu

---

20. *Ibidem*, p. 500.
21. *Ibidem*, p. 500.
22. *Ibidem*, pp. 501-502.

tio escrivão. Dessa forma, o narrador prioriza o ponto de visa da mocinha enciumada. Sinhazinha, de início, surpreendeu-se ao saber que a futura esposa de Pestana era viúva, depois quis saber se ela era velha ou moça, bonita ou feia. O tio, para provocar, disse que ela tinha duas prendas: a primeira era o dom do canto; a segunda, que não era rara, mas valia menos, estava tísica. Aos olhos de Sinhazinha, que se guiava pelos padrões de comportamento da elite oitocentista, Maria não se encaixava no papel de esposa do célebre compositor de polcas. Dessa perspectiva, se o problema da esterilidade artística de Pestana era o celibato, então por que ele se casaria com uma viúva, boa cantora, porém tuberculosa, em vez de, por exemplo, casar-se com uma jovem como Sinhazinha Mota, sua admiradora explícita (que reconhecia nele a figura do célebre compositor)? A resposta é um tanto quanto óbvia. A segunda escolha, do ponto de vista de Pestana, representaria o reflexo das suas limitações, pois Sinhazinha admira o compositor da moda, não o candidato à imortalidade. O compositor queria, na realidade, uma *musa* e não uma esposa. Há, em Pestana, traços românticos ironizados pelo narrador. Não é à toa que surge um repertório de palavras vinculadas ao vocabulário romântico no trecho citado acima (em que se narrou o casamento do compositor): "Recebeu-a como esposa *espiritual* do seu *gênio*", "o celibato era, sem dúvida, a causa da *esterilidade...*", "agora, sim, é que ia engendrar *uma família de obras sérias, profundas, inspiradas e trabalhadas*".

Do ponto de vista de Pestana, portanto, Maria tinha todos os atributos necessários de uma *musa* (ou, no caso, de uma esposa): compartilhava a mesma arte do marido – a música – e seu estado tísico, que a trazia próxima da perspectiva da morte, alimentava ainda mais a urgência da grande obra, ao mesmo tempo em que a estimulava. Portanto, a situação armada era perfeita. Pestana não demorou muito a procurar o piano e começar a compor uma grande peça: seria um noturno e já tinha nome, *Ave Maria*. Porém, um dia, não contendo a ansiedade, o compositor tocou um trecho do seu noturno ainda inacabado para a esposa. Maria logo reconheceu: "Não é Chopin?". Novamente a frustração. A peça que Pestana vinha trabalhando era de fato um plágio do célebre compositor polonês. Pestana, entre a "ambição e a vocação",[23] foi obrigado a se contentar com a última, voltou a escrever polcas. Algum tempo depois, Maria adoeceu e acabou morrendo de tuberculose. Sobrou o último desejo de Pestana: comporia um *Réquiem* para a missa do primeiro ano da morte de sua mulher e depois largaria a música, "arte assassina e muda".[24] Chegou a missa e o compositor não terminara seu *Réquiem*. Pelo menos cumpriu sua promessa, largou a música. Tempos depois, veio o editor propor-lhe um contrato: "– Mas a primeira polca há de ser já, explicou o editor. É urgente. Viu a carta do Imperador ao Caxias? Os liberais foram chamados ao poder; vão fazer a reforma eleitoral. A polca há de chamar-se: *Bravos à eleição direta!* Não é política; é um bom título de ocasião".[25] Pestana compôs a primeira polca e, em segui-

---

23. *Ibidem*, p. 502.
24. *Ibidem*, p. 503.
25. *Ibidem*, p. 503.

da, apanhou uma febre iniciando um processo de doença. À beira da morte, recebeu a visita do editor, que ouviu do compositor sua primeira e única ironia: "Olhe, disse o Pestana, como é provável que eu morra por esses dias, faço-lhe logo duas polcas; a outra servirá para quando subirem os liberais".[26]

As últimas palavras de Pestana revelam que o compositor finalmente se rendeu à vocação? Vejamos: a forma como o narrador montou, no início do conto, o enigma que envolve a figura do compositor, vai, no decorrer da história, enfraquecendo-se e chega a ponto de praticamente se dissolver. No primeiro momento, Pestana oscila entre o prazer e a realização no ato de compor, seja lá o que for, e a vergonha, que vem com a força de uma ressaca, do resultado da sua criação. No segundo momento, o mesmo Pestana, o homem de intuição romântica, busca uma *musa* (esposa) para curar a infertilidade da sua alma. No terceiro momento, a morte de sua *musa* é a motivação final para a realização da sua grande ambição. Passadas essas etapas, o enigma que ronda o compositor parece se dissolver na falta de razão de ser. Portanto, a ironia final de Pestana não significa sua redenção à vocação como forma de resolução do seu problema, ou anulação do seu enigma. Sua ironia suspende a questão para um estado de aporia. Mas isso só faz sentido porque o fracasso de Pestana, que vinha da tentativa de escrever uma peça "clássica", estava na mesma proporção das suas originais polcas, que "traziam sempre a mesma nota genial". O narrador mantém em permanente tensão essa ambigüidade no texto, o que nos permite enxergar no fracasso um índice de realização involuntária. Nesse sentido, se aceitarmos essa condição ambígua, a *ambição* e a *vocação* passam a ser o verso e o reverso da mesma moeda. Wisnik formulou o mesmo problema sob a dualidade pendular do *sucesso* e da *glória*:

> [...] o sucesso do compositor de polcas confunde-se inextricavelmente com o fracasso de suas ambições eruditas, e este, ditado ao que parece por uma imperiosa vocação do meio, não deixa de se metamorfosear no sucesso das polcas sempre renovadas, completando o círculo vicioso. O desejo irrealizado da *glória*, categoria ligada à imortalidade dos clássicos, contorce-se num giro perpétuo e torturante do *sucesso*, categoria afeita ao mercado e ao mundo de massas nascente. E aí balanceia o ponto insolúvel dessa singular *celebridade*: o sucesso é inseparável do fracasso íntimo, e tanto maior o seu contrário, já que, afinal, quanto mais mira o alvo sublime mais Pestana acerta, inapelavelmente, no seu buliçoso avesso.[27]

Se a *ambição* do compositor nunca se realizou, o efeito colateral, digamos assim, provocado por ela notabilizou Pestana por tudo aquilo que ele mais queria esconder: sua *vocação*. A *celebridade* fazia parte, sem dúvida, da *ambição* do compositor, o problema é que, do seu ponto de vista, ela só teria valor no momento em que ele estives-

---

26. *Ibidem*, p. 504.
27. WISNIK, José Miguel. *Op. cit.*, p. 15.

se ao lado dos grandes compositores imortais, portanto, realizada como *glória*.[28] Nesse sentido, a *celebridade* de Pestana é justamente o ponto ambíguo entre realização e ir-realização, é *sucesso* mas não é *glória*.

A tensão dialética que se cria, desse modo, entre a *vocação* e *ambição*, ou *sucesso* e *glória*, pode ter um rendimento interpretativo mais revelador do que a decifração lite-ral das datas e da literatura como reflexo da história. Voltando ao início do capítulo, onde comentei sobre os limites da leitura proposta por Mário Curvello ao conto, pen-so que a abordagem do crítico, que se preocupou em buscar a motivação que levou o escritor a estabelecer as relações entre os fatos da história e a ficção, acaba por reduzir tanto as possibilidades interpretativas da ficção como passa a aceitar que a história (que se faz da sucessão dos eventos políticos) seja absorvida e (re)elaborada pelo escritor da mesma maneira como ela se apresenta oficialmente. Com a ajuda de Roberto Schwarz, criticando em outro contexto a interpretação de John Gledson ao romance *Casa velha*, apontei a desconfiança com que Machado de Assis olhava para as datas políticas nacio-nais, como marcos da história, assumindo, nesse sentido, uma atitude que dialeti-zava o discurso formal da história por meio da experiência social. Indo em frente, por-tanto, podemos estabelecer mais algumas mediações baseados no tema da *ambição e vocação* sugerido em "Um homem célebre".

Um ano antes da construção ficcional do conto, Machado já havia esbarrado nes-se tema numa crônica publicada, sob a forma de poema[29], na mesma *Gazeta de Notícias*:

No. 11
20 de Janeiro de 1887

Voilà ce que l'on dit de moi
Dans la "Gazette de Hollande"

Coisas que cá nos trouxeram
De outros remotos lugares,
Tão facilmente se deram
Com a terra e com os ares,

---

28. Antonio Candido, num comentário mais genérico sobre os temas machadianos, traz outra perspectiva para o problema: "Surge então a pergunta: se a fantasia funciona como realidade; se não conseguimos agir senão mutilando o nosso eu; se o que há de mais profundo em nós é no fim das contas a opinião dos outros; se estamos condenados a não atingir o que nos parece realmente valioso – qual a diferença entre o bem e o mal, o justo e o injusto, o certo e o errado?". CANDIDO, Antonio. *Op. cit.*, p. 27. Nesta passagem, o crítico comenta sobre o tema do relativismo em Machado, cuja maior inflexão, aliás, seria o romance *Memórias póstumas de Brás Cubas* (1881) – afinal de contas devemos acre-ditar ou não num autor defunto? No nosso caso, especificamente, a idéia do relativismo ajuda a entender o *movimen-to* pendular do "balanceio" de Pestana, pois, "se estamos condenados a não atingir o que nos parece realmente valioso, qual a diferença entre o bem e o mal, o justo e o injusto, o certo e o errado?". É sob o espírito tenso dessa indiferença entre o justo e o injusto que se caracteriza o estado de aporia da única e derradeira ironia de Pestana.

29. Hábito repisado por autores como, por exemplo, Manuel Bandeira e Carlos Drummond de Andrade, entre outros.

Que foram logo mui nossas
Como é nosso o Corcovado
Como são nossas as roças,
Como é nosso o bom-bocado.

Dizem até que, não tendo
Firme a personalidade,
Vamos tudo recebendo
Alto e malo, na verdade.

Que é obra daquela musa
De imitação, que nos guia,
Muita vez nos recusa
Toda a original porfia.

Ao que eu contesto, porquanto
A tudo damos um cunho
Local, nosso; e a cada canto
Acho disso testemunho.

Já não falo do quiosque,
Onde um rapagão barbado
Vive... não digo num bosque,
Que é consoante orçado,

Mas no meio de um enxame
(É menos mau) de cigarros,
fósforos, não sei se arame;
parati para os pigarros;

Café, charutos, bilhetes
Do Pará, das Alagoas,
Verdadeiros diabretes,
E outras muitas coisas boas.

Mas a polca? A polca veio
De longe terras estranhas,
Galgando o que achou permeio,
Mares, cidades montanhas.

Aqui ficou, aqui mora,
Mas de feições tão mudadas,
Até discute ou memora
Coisas velhas e intrincadas.

Pusemo-lhes a melhor graça,
No título que é dengoso,
Já requebro, já chalaça,
Ou lépido ou langoso.

Vem a polca: *Tire as patas,*
Nhonhô! – Vem a polca: *Ó gentes!*
Outra é: – *Bife com batatas!*
Outra: *Que bonitos dentes!*

– *Ai, não me pegue, que morro!*
– *Nhonhô, seja menos seco!*
– *Você me adora!* – *Olhe, eu corro!*
– *Que graça!* – *Caia no beco!*

E como se não bastara
Isto, já de casa, veio
Coisa muito mais que rara,
Coisa nova e de recreio.

Veio a polca de pergunta
Sobre qualquer coisa posta
Impressa, vendida e junta
Com a polca da resposta.

Exemplo: Já se sabia
Que esta câmara apurada,
Inda acabaria um dia
Numa grande trapalhada.

Chega a polca, e, sem detença
Vendo a discussão, engancha-se,
E resolve: – *Há diferença?*
– *Se há diferença, desmancha-se.*

Digam-me se há ministério,
Juiz, conselho de Estado,
Que resolva este mistério
De modo mais modulado.

É simples, quatro compassos,
E muito saracoteio,
Cinturas presas nos braços,
Gravatas cheirando a seio.

– Há diferença? Diz ela.
Logo ele: *– Se há diferença*
Desmancha-se; e o belo e a bela
Voltam à primeira avença.

E polcam de novo: *– Ai, morro!*
– Nhonhô, seja menos seco!
– Você me adora? – Olhe, eu corro!
– Que graça! – Caia no beco!

Desmancha, desmancha tudo.
Desmancha se a vida empaca.
Desmancha, flor de veludo.
Desmancha, aba de casaca.

O problema apresentado pela crônica é o desdobramento que a importação de idéias e hábitos assume em solo pátrio. Na realidade, essa questão está intimamente relacionada com certo tipo de *vocação* e *ambição* nacional. Parece que "as coisas" que aportam por aqui facilmente se fundem com a paisagem local. Com isso, se por um lado temos o sortilégio da diversidade provocada pela volubilidade da fusão, por outro, "não tendo firme personalidade", o fracasso nos ronda.[30] Fato curioso foi o que ocorreu com a polca, música estrangeira vinda de longe, que tanto se adaptou à terra, fundindo-se profundamente com a nossa cultura, que a paródia da crônica política, estampada em seus títulos, talvez represente, inversamente, um traço mais forte de identidade nacional do que o exercício do poder público: "Chega a polca, e, sem detença/ Vendo a discussão, engancha-se,/ E resolve: *– Há diferença?/ – Se há diferença, desmancha-se./* Digam-me se há ministério,/ Juiz, conselho de Estado,/ Que resolva este mistério/ De modo mais modulado". Entretanto, Machado apontou precisamente como se deu esse processo de adaptação: foi a síncopa ("Já requebro, já chalaça,/ Ou lépido ou langoso"), que deslocou a acentuação dos tempos fortes do compasso binário da polca original. Naturalmente, o escritor não nomeou o processo técnico-musical de sincopação da polca, mas ao seu modo tinha consciência dos efeitos provocados por esse processo. E pode-se enxergar nessa consciência de Machado de Assis a corroboração e a ampliação da intuição de Mário de Andrade sobre o processo de normatização da síncopa na cultura musical brasileira identificado na obra de Ernesto Nazareth, desenvolvida no capítulo anterior. Portanto, o assunto é particularmente pertinente às questões deste trabalho.

---

30. Rodrigo Naves desenvolve esse tema analisando a figura do gravador Oswaldo Goeldi (1895-1961) sob o signo do fracasso na vida brasileira. Cf. NAVES, Rodrigo. *Goeldi*. São Paulo: Cosac Naify, 1999. Devo a José Luiz Herencia a lembrança.

Trocando em miúdos, a crônica, do ponto de vista formal, apresenta-se dividida em quadras que, pelas rimas ABAB, mimetizam o andamento binário ("puladinho") da polca européia (o tema, nesse primeiro momento, circula entre, por exemplo, os hábitos duvidosos do rapagão barbudo do quiosque e a desconfiança dos benefícios que o enxame de quinquilharias provocado pela importação de "parati para todos os pigarros", como charutos, cigarros, fósforos etc., traria para o país). Porém, depois da nona estrofe, quando o gênero musical da polca entra em cena como tema central da crônica, são citados títulos paródicos de polcas que, da maneira como aparecem, provocam um deslocamento rítmico na leitura em relação ao andamento anterior, marcado por acentos definidos (embora sem nunca sair da quadratura poética e musical). Pode-se comparar, no primeiro momento, o andamento binário com o acento tônico regular nas primeiras sílabas de cada verso: "Dizem até que, não tendo/ Firme a personalidade,/ Vamos tudo recebendo/ Alto e malo, na verdade."; com, no segundo momento, o deslocamento desses acentos: "Vem a polca: – *Tire as patas,/ Nhonhô!* – Vem a polca: *Ó gentes!*/ Outra é: – *Bife com batatas!*/ Outra: *Que bonitos dentes!*". Machado termina a crônica com uma última estrofe que apresenta um motivo (temático e rítmico) diferente das demais: "Desmancha, desmancha tudo,/ Desmancha se a vida empaca./ Desmancha, flor de veludo,/ Desmancha, aba de casaca."

A crônica, em sua forma, parece mimetizar o gênero musical da polca, ao mesmo tempo em que, na divisão das suas partes, apresenta o processo histórico de fusão da polca européia com a polca nacional, identificado na incorporação da síncopa. Nesse sentido, podemos pensá-la dividida nas seguintes partes: 1. Parte A (da primeira à oitava estrofe), caracterizada pelo andamento regular da leitura, como no andamento musical da polca européia ("puladinho"), cujo núcleo temático é a desconfiança da importação de hábitos diversos; 2. Parte B (da nona à vigésima primeira estrofe), caracterizada pelo deslocamento do acento tônico da parte anterior no momento em que são citados os títulos das polcas – o gênero musical da polca torna-se então objeto de investigação; 3. Trio (última estrofe), a repetição da palavra "desmancha" no início de cada verso provoca uma fluidez na linguagem, algo como um deslizamento entre as palavras, cujo efeito modulatório produz um contraponto à rigidez e ao deslocamento rítmico das partes anteriores: como se a síncopa incorporada fosse pacificada sob a forma do motivo *cantabile* (que, no contexto da crônica, corresponde à fluidez produzida pela palavra "desmancha"). Parêntese: na forma musical da polca, o trio, em geral, está numa nova tonalidade distante da tonalidade da primeira parte; a segunda parte está, por sua vez, numa tonalidade relativa à tonalidade da primeira parte. Portanto, enxergo na forma dessa crônica a mesma síntese do processo de normatização da síncopa, ocorrido na cultura musical urbana carioca nas duas últimas décadas do século XIX, realizada singularmente pelo jovem Nazareth, como vimos no capítulo anterior, em *Cruz, perigo!* (1879). Mais do que sugerir reflexos entre a ficção e a história, essa observação demonstra que a "nacionalização" da polca extrapola um problema musical. E Machado de Assis já vinha diagnosticando esse problema em sua literatura.

Pois bem, deixando de lado a sofisticação formal da construção da crônica e suas ressonâncias musicais, em seu tema central, que acolhe em um só tempo a desconfiança da importação de hábitos e idéias duvidosos e a transfiguração da polca européia em polca nacional como processo revelador de identidade, ecoam questões-chave do processo de modernização brasileira do fim do Império. Esse assunto já foi amplamente desenvolvido, sob a perspectiva das permanências e transformações históricas, em seus aspectos econômicos e socioculturais, na tradição crítica de Fernando Novais, Roberto Schwarz e Luiz Felipe de Alencastro.[31] Aqui, neste capítulo, tento explicitar, mais especificamente, os paradoxos que encontramos na ficção armada no conto "Um homem célebre" e na crônica jornalística que, por sua própria natureza, tem uma mediação direta com o cotidiano da história. Nesse sentido, o eterno jogo de peteca entre a *ambição* e a *vocação* de Pestana encontra reverberações no complexo processo de decantação dos novos gêneros de música popular urbana no Brasil, que se configuraram singularmente nas últimas décadas do século XIX sob o signo da síncopa.

Luiz Felipe de Alencastro, no ensaio "Vida privada e ordem privada no Império", interpretou na angústia de Pestana o desejo de dar à sua atividade um caráter público, coisa impossível para a época, já que o piano estava confinado ao entretenimento privado. Nessa perspectiva, a história teria corrigido a ficção: "Tomando a modinha a sério, Ernesto Nazareth (1863-1943) e, mais tarde, Villa-Lobos, iriam pôr o piano no seu devido lugar, resolvendo o impasse que atribulava Pestana."[32] Ernesto Nazareth, até onde pudemos constatar, também carrega na sua trajetória o "círculo vicioso" da *ambição* e *vocação* da personagem de Machado. Nesse sentido, o compositor não veio propriamente para resolver, mas para aprofundar a complexa trama paradoxal da cultura musical brasileira, em que o "complexo de Pestana" é reposto com novas formas, em outro nível, solucionando e recolocando os mesmos dilemas.

---

31. "[...] o escravismo não se apresenta como uma herança colonial, como um vínculo com o passado que o presente oitocentista se encarregaria de dissolver. Apresenta-se, isto sim, como um compromisso para o futuro: o Império retoma e reconstrói a escravidão no quadro do direito moderno, dentro de um país independente, projetando-a sobre a contemporaneidade." ALENCASTRO, Luiz Felipe de. "Vida privada e ordem privada no Império". *In: História da vida privada no Brasil*, v. 2. São Paulo: Companhia das Letras, 1997, p. 17.

32. *Ibidem*, p. 51.

Centro do Rio
Marc Ferrez
Rio de Janeiro-RJ, *c.* 1890
Coleção Gilberto Ferrez/Acervo Instituto Moreira Salles

Rayon d'or: o rei dos tangos
(o gênero decantado)

É quase impossível falar a homens que dançam.

Sílvio Romero
Realidade e ilusão em Machado de Assis, 1907

Sob o título "a morte do maxixe", apareceu em 1907 uma crônica sagaz na revista *Fon-Fon!*:

Por ordem superior ordena-se:
1º – As *bandas* porão de lado as musicas que produzem tonturas nas pernas do proximo. *Exemplo unico* – O Maxixe.
2º – Só serão erigidos coretos de diversão musical (?) nos seguintes logares: Cajú, Catumby, S. João Baptista, Maruhy, Inhaúma e outros que hajam cemiterios e, como tolerancia, onde tenham ciprestes.
3º – A ornamentação illuminatoria será feita a vella de cêra pelos caminhos ou quadros.
4º – A decoração do coreto guardará accordo com o acto, podendo haver inscripções abusivas (digo) alusivas á solemnidade.
Parágrapho unico – é permittido rir do caso exposto.[1]

Era um comentário, característico das revistas ilustradas de comportamento que surgiram durante a *belle époque* fluminense,[2] ao decreto que o ministro da Guerra, Marechal Hermes da Fonseca, baixara, proibindo que o gênero do maxixe fosse executado pelas bandas militares. Noutro artigo publicado aproximadamente um mês antes entendemos, de modo mais sóbrio, a possível razão de tal proibição:

---

1. "A morte do maxixe". *Fon-Fon!*. Rio de Janeiro, 11.10.1907, ano I, n. 27.
2. Cf. SALIBA, Elias Thomé. *Raízes do riso*. São Paulo: Companhia das Letras, 2002, cap. 2.

Seriamente incomodado porque nas manobras de Santa Cruz, o adido militar alemão pediu que uma das bandas de música tocasse o *Vem cá, mulata*, o sr. ministro da Guerra resolveu determinar que fôsse banida do repertório das fanfarras tôda a peça de música que tivesse andamento de fandango.[3]

Na mesma *Fon-Fon!* da semana seguinte, foi publicada na capa uma charge em que se vê o poderoso ministro mostrando o olho da rua ao maxixe, com a seguinte legenda:

O MARECHAL HERMES EXPULSANDO O MAXIXE DAS BANDAS MILITARES.[4]

Como se vê, o assunto era quente e se manteve em pauta por pelos menos dois meses. É curioso notar que o maxixe também aparece identificado como ritmo ou andamento de "fandango". Contudo, como veremos no próximo capítulo, a confusão pode ser compreendida como um exemplo a mais que corrobora a idéia da "misturada geral" dos gêneros musicais urbanos no Rio de Janeiro do período, e que, lidos em contexto específico, se mostravam equivalentes: sob o signo da síncopa, esses gêneros eram reconhecidamente inclinados aos requebros afro-brasileiros.[5] Porém, a grande ironia desse episódio é que passados sete anos, em 1914, o Marechal Hermes da Fonseca, ex-ministro da Guerra e a essa altura no seu último ano como presidente da República, ouviu no próprio palácio do Catete a sua segunda esposa, a jovem Nair de Teffé,[6] tocar ao violão o tango-maxixe *Corta-jaca*, de Chiquinha Gonzaga:

Nos salões do palácio do Catete houve no dia 26 do mês passado [*outubro*], uma *soirée* muito fina a que compareceram os representantes do nosso corpo diplomático e da "elite" carioca. Na *soirée*, que era a última recepção dada pelo sr. presidente da República, "fez-se música", como costumam dizer os cronistas mundanos.

"Fez-se música" e em grande escala. Houve piano, bandurra e até violão…

Ao som deste último instrumento tocou-se a festejada e dengosa produção da maestrina Francisca Gonzaga – *Corta-jaca*. [...]

O *Corta-jaca* andou tanto tempo pelos arraiais da pândega e da populaça que se desmoralizou por completo, tornando-se indigno do Palácio das Águias… por muito tempo que as produções de Chiquinha Gonzaga sejam tidas como a essência da música genuinamente indígena.

E tão mal estão a considerar o próprio tango que muita gente acredita ser toda essa crítica uma simples intriga da oposição. [...][7]

---

3. "Bandas de música". *Fon-Fon!*. Rio de Janeiro, 21.09.1907, ano I, n. 24.

4. Capa da revista *Fon-Fon!*. Rio de Janeiro, 28.09.1907, ano I, n. 25.

5. No capítulo 4 deste livro, o tema será amplamente desenvolvido.

6. Nair de Teffé também foi caricaturista sob o pseudônimo de "Rian", anagrama de Nair. Colaborou para diversos periódicos da época como, entre outros, a Revista *Fon-Fon!*.

7. *A Rua*. Rio de Janeiro, 6.11.1914. *Apud* DINIZ, Edinha. *Chiquinha Gonzaga: uma história de vida*. 8. ed. Rio de Janeiro: Record/Rosa dos Tempos, 1999, p. 204.

Não é preciso dizer o reboliço que o acontecimento trouxe à imprensa, à população e aos homens do poder. Tamanho foi o incômodo causado que o senador Rui Barbosa comentou o fato em sessão aberta no Senado Federal:

> Uma das folhas de ontem estampou em *fac-símile* o programa da recepção presidencial em que, diante do corpo diplomático, da mais fina sociedade do Rio de Janeiro, aqueles que deviam dar ao país o exemplo das maneiras mais distintas e dos costumes mais reservados elevaram o *Corta-jaca* à altura de uma instituição social. Mas o *Corta-jaca* que eu ouvia falar há muito tempo, que vem a ser ele, sr. Presidente [*da mesa*]? A mais baixa, a mais chula, a mais grosseira de todas as danças selvagens, a irmã gêmea do *batuque* do *cateretê* e do *samba*. Mas nas recepções presidenciais o *Corta-jaca* é executado com todas as honras da música de Wagner, e não se quer que a consciência deste país se revolte, que as nossas faces se enrubesçam e que a mocidade se ria![8]

De toda essa história, poderíamos tirar algumas observações sobre o contraditório comportamento das elites da Primeira República, as quais, por exemplo, produziram um *imbróglio* tamanho com as esferas pública e privada, que parecem ter fundado um terceiro lugar, inominável, para dizer pouco, sem entrar nos aspectos ideológicos, políticos e culturais envolvidos no tema. Adiante, alguns fios serão retomados. Porém, o que me interessa particularmente para o percurso dessa pesquisa é a observação de que o gênero *maxixe* já estava decantado por completo na cultura musical carioca desde o início do século XX, por mais complexa que fosse sua relação de aceitação ou negação com a elite da *belle époque*. Ora, a essa altura o nosso compositor já era popular, e célebre, reconhecido pelo retumbante sucesso de seu tango brasileiro *Brejeiro*, publicado em 1893.

Mas, para contar o percurso que levou Ernesto Nazareth à celebridade, será preciso voltar aos temas já tratados aqui, como a "evolução da síncopa", partindo do ponto em que se parou no capítulo 1. Neste, vimos como o jovem compositor de polcas incorporou a sincopação em suas peças de modo subliminar (especialmente em *Cruz, perigo!*), conferindo originalidade, desse modo, ao processo mais amplo e genérico da sincopação dos gêneros de dança europeus que ocorreu na cultura musical da época. Retomemos então a periodização proposta: as peças *Cruz, perigo!* (1879) e *Rayon d'or* (1892) foram eleitas como os pontos decisivos na evolução da obra do compositor no contexto das interpretações sugeridas por este trabalho. E também vimos, desta vez no capítulo 2, que o cronista Machado de Assis captou com sagacidade o tema específico da transformação da *polca-polca* em *polca-maxixe*,[9] e ampliou a questão, em sua ficção, na intrincada configuração do "complexo de Pestana". Desse modo, estamos prontos para ir adiante.

---

8. *Diário do Congresso Nacional.* 8.11.1914, p. 2789. *Apud* DINIZ, Edinha. *Op. cit.*, p. 205.
9. Cf. Capítulo 1 deste livro, no tópico "As modalidades de polcas", p. 41.

Biografia do homem célebre

No capítulo 1, havíamos caracterizado o início da carreira do jovem Nazareth sob o signo da polca, entendida como um intermediário cultural numa época caracterizada pela atmosfera social do Segundo Império. O período posterior, marcado pelo advento da República, especialmente nos anos da chamada *belle époque*, será a época em que o compositor se tornará célebre: terá *sucesso* e certa nostalgia da *glória*. Do ponto de vista histórico, é um momento-chave da história do país que permite diferentes modos de aproximação.

Nesse sentido, o maxixe é um bom ponto de partida. Mais do que isso, a dança excomungada, como chamou Jota Efegê, foi o epicentro de uma cultura popular explicitamente combatida e excluída da convivência da metrópole moderna que se formava no Rio de Janeiro do início do século XX. Assim, a cidade dos pianos, da época do poeta Paulo Porto Alegre, e de certo modo africanizada, como Gilberto Freyre bem caracterizou, foi aos pouco ganhando uma fisionomia diferente durante o período que se convencionou chamar de *belle époque*, em torno dos 20 ou 30 primeiros anos do novo regime republicano. Recentemente, surgiu uma tradição historiográfica que, pelo viés cultural, procura expor as contradições do progressista (e homogeneizador) discurso político do período. Nessa perspectiva, o historiador Nicolau Sevcenko sintetizou os matizes da modernização da *belle époque*:

> Quatro princípios fundamentais regeram o transcurso dessa metamorfose, como veremos adiante: a condenação dos hábitos e costumes ligados pela memória à sociedade tradicional; a negação de todo e qualquer elemento de cultura popular que pudesse macular a imagem civilizada da sociedade dominante; uma política rigorosa de expulsão dos grupos populares da área central da cidade, que será praticamente isolada para o desfrute exclusivo das camadas aburguesadas; e um cosmopolitismo agressivo, profundamente identificado com a vida parisiense.[10]

Grosso modo a combinação de uma juventude que se formava no arrivista modelo do burguês argentário, mas que ainda precisava afirmar sua distinção de classe nos valores tradicionais do gentil-homem imperial (por meio de nomeações e favores), e que descobriu na especulação financeira uma forma rápida de fazer dinheiro, somada à penetração intensiva de capital estrangeiro – interesse, como sabemos, dos

---

10. SEVCENKO, Nicolau. *Literatura como missão – Tensões sociais e criação cultural na Primeira República*. São Paulo: Brasiliense, 1989, p. 30. Cf. VELLOSO, Mônica Pimenta. *As tradições populares na* belle époque *carioca*. Rio de Janeiro: Funarte, 1988; OLIVEIRA, Lúcia Lippi. *A questão nacional na Primeira República*. São Paulo: Brasiliense, 1990; e CHALHOUB, Sidney. *Trabalho, lar e botequim – O cotidiano dos trabalhadores no Rio de Janeiro da* belle époque. São Paulo: Brasiliense, 1986.

países industrializados que procuravam mercado para seus produtos –, criou uma situação excepcional na cidade do Rio de Janeiro.[11] É nesse contexto que a cidade torna-se um vórtice de transformações sociais e culturais, um ambiente de conturbadas agitações políticas (foi uma sucessão de crises políticas: 1889, 1891, 1893, 1897 e 1904, para não ir muito longe). A crise financeira do "Encilhamento", entre 1889 e 1891, talvez tenha sido o maior exemplo dos problemas econômicos acarretados para o país, provocados pela euforia que a roda-viva dos papéis e ações futuras despertou nos jovens especuladores da bolsa fluminense: vicissitudes de um país periférico que tinha de se adequar a uma nova etapa do capitalismo europeu.[12] Contudo, é mais uma vez a literatura de Machado de Assis que nos dá a concretude e as cores dessa atmosfera. Vimos que o Machado contista arquitetou um complexo enigma no "caso Pestana", por meio do qual se pode enxergar, para além de um problema musical, traços que caracterizaram o início do processo de modernização brasileira, sob o signo de um originalidade paradoxal no modo de importação e adaptação de certo hábitos culturais estrangeiros (visto também na crônica de 1887 sobre as polcas). Porém, será o Machado cronista que comentará sob a cifra de seus textos os novos rumos da modernização da *belle époque*. Na *Gazeta de Notícias*, Machado publicou anonimamente, entre 1892 e 1897, a coluna dominical intitulada "A Semana", embora todos soubessem que eram escritas pelo consagrado autor. A cena política e social desse conturbado período soa como o baixo-contínuo para crônicas aparentemente triviais. A instabilidade econômica provocada pela imensa quantidade de dinheiro e ações emitidas sem lastro real e as manobras ditatoriais dos primeiros presidentes republicanos (Deodoro e Floriano), que tinham de reger os interesses dos governadores e as rebeliões federalistas em determinadas regiões do país, entre dissoluções do

---

11. "No decorrer do processo de mudança política, os cargos rendosos e decisórios – antigos e novos – passaram rapidamente para as mãos desses grupos recém-chegados à distinção social, premiados com as ondas sucessivas e fartas de 'nomeações', 'indenizações', 'concessões', 'garantias', 'subvenções', 'favores', 'privilégios' e 'proteções' do novo governo. O revezamento das elites foi acompanhado pela elevação do novo modelo do burguês argentário como padrão vigente do prestígio social. Mesmo os gentis-homens remanescentes do Império, aderindo à nova regra, 'curvam-se e fazem corte ao burguês plutocrata'. Era a consagração olímpica do arrivismo agressivo sob o pretexto da democracia e o triunfo da corrupção destemperada em nome da igualdade de oportunidades." SEVCENKO, Nicolau. *Op. cit.*, p. 26.

12. John Gledson auxilia na contextualização: "Numa perspectiva mais ampla, esta crise [*o encilhamento*] faz parte do que John Schulz chama 'a crise financeira da abolição', o ajustamento do sistema econômico brasileiro à mudança da escravidão para o trabalho remunerado, e que foi acompanhado, como no caso da abolição do comércio transatlântico de escravos de 1850, de um momento de euforia e de crença no futuro do país – simbolizadas sobretudo na palavra 'melhoramentos' (na essência, uma tradução do inglês *improvements*) – que o progresso da ciência e do comércio do século XIX trouxera consigo. Esta euforia, é claro, é a causa fundamental destes fenômenos extraordinários, quando uma comunidade inteira parece perder o seu senso de realidade, e pensar que as ruas estão realmente pavimentadas de ouro, como na parábola de *Candide*". GLEDSON, John. "Introdução". *In:* ASSIS, Machado de. *A semana.* Edição de John Gledson. São Paulo, Hucitec, 1996, p. 19. Sobre o assunto existe vasta bibliografia sob diferentes orientações teórico-metodológicas. Na linha dessa pesquisa ver: SEVCENKO, Nicolau. "A capital irradiante: técnicas, ritmos e ritos do Rio". *In: História da vida privada no Brasil*, v. 3. São Paulo: Companhia das Letras, 1998; e CARVALHO, José Murilo. *Os bestializados – O Rio de Janeiro e a República que não foi.* São Paulo: Companhia das Letras, 1987.

Congresso e golpes de Estado, deram o tom do "terror político" do período, como Machado disse abertamente em 8 de maio de 1892.[13]

Entretanto, por mais falso que tenha sido o afluxo de dinheiro provocado pelo "Encilhamento", o aparente florescer econômico somado à novidade do regime republicano trouxe um tempo de alegria e agitação para a cidade do Rio de Janeiro. A ressaca imediata desse período foi o que Machado chamou de "terror político" e do tempo do "acionista moderno". Na sua crônica de 1º de maio de 1892, o escritor comenta sobre a retirada do tapume que cobria o chafariz do largo da Carioca, sob as ordens do prefeito Barata Ribeiro, assunto aparentemente prosaico. O tapume havia sido colocado pela Companhia Metropolitana para esconder o velho monumento, com suas bicas sujas e quebradas. Todavia, essa companhia fora criada durante o período ilusório do "Encilhamento", portanto representava uma época específica para o nosso cronista:

> Mas esse finado tapume faz lembrar um tempo alegre e agitado. Tão alegre e agitado quão triste e quieto é o tempo presente. Então é que era bailar e cantar. Dançavam-se as modas de todas as nações; não era só o fadinho brasileiro, nem a quadrilha francesa; tínhamos o fandango espanhol, a tarantela napolitana, a valsa alemã, a habanera, a polca, a mazurca, não contando a dança macabra, que é a síntese de todas elas. Cessou tudo por um efeito mágico. Os músicos foram-se embora, e os pares voltaram para casa.
>
> Só o acionista ficou, – o acionista moderno, entenda-se o que não paga as ações.[14]

Nesta passagem, Machado indica, de modo indireto, um aspecto importante da atmosfera cultural que marcaria a nossa *belle époque*: perseguição e exclusão social dos grupos populares. A saída dos músicos e dos pares de dançarinos é o principal sintoma. Mas é na crônica de 29 de janeiro de 1893 que a política de higienização e organização social mostra o seu avesso. O assunto é a demolição e expulsão do moradores do grande cortiço Cabeça de Porco, que ficava relativamente próximo da estação Estrada de Ferro Central. Aliás, a fama do cortiço foi inspiração para a composição da polca homônima, escrita pelo chorão Anacleto de Medeiros, hábito comum naquela cultura musical do período, movimento que Machado de Assis captou com precisão em seus textos no fim do Império, como vimos em sua crônica a respeito dos títulos das polcas. A época é a do doutor Barata Ribeiro, médico positivista, nomeado em dezembro de 1892 pelo marechal Floriano para administrar o Distrito Federal. Porém, o cientificista prefeito esteve à frente da cidade somente até maio de 1893, momento em que

---

13. "Entretanto, outra pessoa, sujeita ao *terror político* [*grifo meu*], tem escrito esta semana que alguns Estados, em suas constituições e legislações, foram além do que lhe cabia; que um deles admitia a anterioridade do casamento civil, outro já lançou impostos gerais etc. Assim será; mas obra feita não é obra por fazer. Se o exemplo do Mato Grosso tem que pegar, melhor é que cada pintor já tenha as suas telas prontas, tintas moídas e pincéis lavados: é só pintar, expor e vender. A união, que não tem um território, não precisa soberania; basta ser um simples nome de família, um apelido, meia alcunha." ASSIS, Machado de. *A Semana*. Edição de John Gledson. São Paulo: Hucitec, 1996, p. 55.

14. *Ibidem*, p. 51.

o Senado vetou sua indicação por causa dos problemas políticos que suas medidas sanitaristas vinham causando à cidade. Em pouco tempo, Barata Ribeiro expulsou os camelôs da rua Primeiro de Março e criou dificuldades, por exemplo, para as atividades comerciais dos quiosques que vendiam cachaça, bilhetes de loteria, tabaco e café. Curioso foi o projeto de regulamentação do trabalho doméstico proposto pela prefeitura. Numa cidade onde as tradições coloniais ainda estavam fortemente presentes, o prefeito-cientista determinou que as novas relações civilizadas de trabalho livre fossem feitas por decreto. Machado não deixa esconder o sarcasmo em seu comentário, em uma crônica de 9 de abril de 1893:

> Mas venhamos ao nosso projeto municipal. Tem coisas excelentes; entre outras, o art. 18, que manda tratar os criados com bondade e caridade. A caridade, posta em regulamento, pode ser de grande eficácia, não só doméstica, mas até pública. Outra disposição que merece nota, é a que respeita aos atestados passados pelo amo em favor dos criados; segundo o regulamento devem ser conscienciosos. Na crise moral deste fim de século, a decretação da consciência é um grande ato político e filosófico. [...] Assim, por exemplo, o art. 19 obriga amo e criado a darem parte à polícia dos seus ajustes, sob pena de pagar o amo trinta mil-réis de multa e de sofrer o criado cinco dias de prisão; – isto é, ao amo tira-se o dinheiro, e ao criado ainda se lhe dá casa, cama e mesa. É irrisório; mas pode-se emendar-se.[15]

A demolição do Cabeça de Porco veio no lastro dessas medidas de higienização e organização social, materializando, assim, a sintonia fina de interesses entre o governo federal e a administração do Distrito Federal: a cidade do Rio de Janeiro deveria ter a fisionomia do novo regime republicano. Daí o interesse e a proximidade entre os presidentes da República e os prefeitos cariocas que se seguiram. Mas a dobradinha Marechal Floriano–Barata Ribeiro, nesse primeiro projeto de civilização e soterramento do nosso passado colonial escravista, não foi muito longe. Aliás, foi preciso que se passasse quase uma década para que uma nova dobradinha – Rodrigues Alves–Pereira Passos – realizasse enfim a metamorfose do Centro do Rio de Janeiro, transformando-o num espaço de convivência moderno, burguês e cosmopolita, como as cidades de Paris ou Londres. Nesse sentido, o Cabeça de Porco foi a primeira experiência do "bota-abaixo", prática que se tornaria epíteto do futuro prefeito Pereira Passos. Machado enxerga a necessidade da demolição do cortiço, mas parece deixar dúvidas sobre a direção e a realização de tal operação. Enquanto sua abordagem sobre o projeto de regulamentação do trabalho doméstico tinha sarcasmo explícito, a demolição do Cabeça de Porco foi tratada de modo mais enigmático. No início do texto, o cronista é enfático: "Gosto deste homem pequeno e magro chamado Barata Ribeiro, [...] todo vontade, todo ação". Em seguida, aborda o tema sob o registro do paralelo bíblico: "Como Josué, acaba de por abaixo as muralhas de Jericó, vulgo *Cabeça de Porco*". Nesse momento, cria-se um

---

15. *Ibidem*, p. 222.

distanciamento do autor que, sob a cifra irônica da alegoria bíblica, deixa escapar sutilmente suas dúvidas sobre a operação, apontando suas diferenças:

> Outra diferença. Na velha Jericó houve, ao menos, uma casa de mulher que salvar, porque a dona tinha colhido os mensageiros de Josué. Aqui nenhuma recebeu ninguém. Tudo pereceu portanto, e foi bom que perecesse. Lá estavam para fazer cumprir a lei a autoridade policial, a autoridade sanitária, a força pública, cidadãos de boa vontade, e cá fora é preciso que esteja aquele apoio moral, que dá a opinião pública aos varões provadamente fortes.[16]

Houve maciça cobertura do evento pela imprensa, com grande alarde sobre o ímpeto e determinação da enfática medida tomada pelo doutor Barata Ribeiro.[17] Não há dúvida de que Machado fazia coro àquele "apoio moral, que dá a opinião pública aos varões provadamente fortes". Entretanto, nosso cronista deixa transparecer a sua preocupação com o exagero da força viril (autoridade policial, autoridade sanitária, força pública...) que, ao contrário da ação bíblica, não salvou sequer uma casa. Resignado com tamanha brutalidade, Machado concluiu: "Tudo pereceu portanto, e foi bom que perecesse". A pergunta que fica subliminarmente é: por que tamanha demonstração de força perante uma frágil população de excluídos? Machado, como que se desculpando em trazer à tona tal consciência, esquiva-se de modo enigmático: "Não me condenem as reminiscências de Jericó. Foram os lindos olhos de uma judia que me meteram na cabeça os passos da Escritura". E, tangencialmente, emenda-se com uma saída nostálgica: naquele ano a procissão do santo protetor da cidade, São Sebastião, não fora como antes. Melancolicamente o cronista muda de tom e se fecha em sua memória: "Que diferença entre a procissão de sexta-feira e as de outrora. Ordem, número, pompa, tudo o que havia quando eu era menino desapareceu".

Há quem possa enxergar uma recaída monarquista em nosso autor, mas penso que, nesse contexto, o que afligia Machado era mais o nosso truculento futuro republicano do que o desejo do retorno ao passado. E aqui voltamos àquela impressão inicial do ilustre escritor, na crônica que vimos acima sobre o tapume do chafariz, na qual enxergava tristeza num tempo em que os músicos e dançarinos foram embora para casa como que num passe de mágica. Isto é, eles saíram compulsoriamente do espaço público das ruas, assim como foram expulsos os moradores do Cabeça de Porco, porque a "promiscuidade" das "modas de todas as nações" encarnadas e materializadas no maxixe não condizia com a nova ordem de civilização que os republicanos queriam baixar por decreto, legitimados, é importante frisar, pela eficaz porém insensível lógica de ação positivista e cientificista. Assim, o que não foi dito explicitamente num momento, noutro, é dito com todas as letras: "Tudo isto quer dizer que a legislação, como a vi-

---

16. *Ibidem*, p. 188.

17. John Gledson realizou um cuidadoso trabalho nas notas da edição de *A Semana*, contextualizando as crônicas em confronto com a cobertura dos periódicos da época sobre o assunto tratado.

da, é uma luta, cujo resultado obedece à influência mesológica. Oh! A influência do meio é grande."[18] Essa ambigüidade do dizer irônico e do não dizer melancólico faz parte da dicção machadiana.

Aqui, podemos pensar numa comparação entre o Machado contista, que vimos em "Um homem célebre", e no Machado cronista da *belle époque*. Se no final dos anos 1880, Machado via com certo humor positivo o "complexo de Pestana" (lembremos, por exemplo, do tom jocoso e sagaz dos títulos das polcas do compositor e do distanciamento do narrador, indicando sempre ironicamente as contradições existenciais da personagem), no final da primeira década republicana sentimos, ao contrário, um tom pessimista nas crônicas de *A Semana*. Curioso, e no que diz respeito particularmente a esta pesquisa, é o olhar sensível do escritor para a música. A polissemia de signos que só a música pode carregar (pela sua capacidade singular, em relação às outras artes, de ao mesmo tempo conseguir criar diacronicamente uma linha narrativa e sincronicamente uma textura de vozes, sem falar na mágica encantatória que ronda sua imaterialidade) parece inspirar profundamente o olhar machadiano sobre os mais diversos assuntos.[19] Como vimos, a polca caracterizou-se como um *mediador cultural* do Segundo Império e não foi por acaso que o escritor criou uma ficção sobre um compositor popular com aspirações eruditas para tratar das ambigüidades e dos paradoxos característicos da cultura nacional da época. A polissemia de signos do discurso musical parece, às vezes, impregnar o característico tom do nosso melômano autor: "Questão de meio; o meio é tudo. Não há exaltação para uns nem depressão para outros. Duas coisas contrárias podem ser verdadeiras e até legítimas, conforme a zona."[20]

Porém, o que não foi dito até agora é que os cortiços, como o Cabeça de Porco, eram o espaço privado de convivência da população pobre da cidade e reduto das atividades musicais dessa gente. Era, por exemplo, onde se tocava e dançava o maxixe, entre outros gêneros. Luiz Edmundo lembra, com o verniz que lhe é peculiar, a mistura e a atmosfera dos cantos nesses cortiços:

> [...] são Portugueses expectorando fados: Ó minha mái, minha mái./ Quesada cum mó pai... São mestiças estropiando melodias em voga: A sombra/ De enorme e frondósia/ Manguêra,/ Na bêra da estrada/ Da tarde ao caí... não duram, entretanto, muito, as toadas lúgubres que o realejo açulara, que no pobre, a alegria congênita reage.[21]

---

18. *Ibidem*, p. 222.

19. O modo cifrado de dizer não dizendo e não dizer dizendo, mas que sempre toca no núcleo da questão, lembra, por exemplo, aquela lógica de construção musical a partir do fragmento dos compositores da chamada Geração Romântica, sintetizada precisamente por Charles Rosen: "A forma não está estabelecida, mas é partida ou explodida pelo paradoxo, pela ambigüidade, tal como a primeira canção do *Dichterliebe* [*de Schumann*] era uma forma fechada, circular, de início e fim instáveis – implicando um passado anterior ao começo da canção, e um futuro posterior ao acorde final". ROSEN, Charles. *A geração romântica*. São Paulo: Edusp, 2000, p. 92.

20. ASSIS, Machado de. *Op. cit.*, p. 98.

21. EDMUNDO, Luiz. *O Rio de Janeiro do meu tempo*. Rio de Janeiro: Xenon, 1987, p. 137.

Avenida Central em construção
João Martins Torres
Rio de Janeiro-RJ, *c.* 1905
Acervo Instituto Moreira Salles

Apesar da "congênita alegria" dos pobres, o memorialista insiste em retratar o ambiente lúgubre dos cortiços:

Ninguém ouve, no fundo das baiúcas, em que jazem, os pobres tuberculosos cheios de tosse e de pressentimentos, brancos, magros, tristíssimos, mirando as unhas roxas ou de olhos postos sobre a roupa nas cordas altaneiras, como acenos fatídicos do mundo, em adeuses febris, desenrolada no ar. Lá estão eles por sobre os leitos simples, sacudindo o tórax franzino, cheios de tosse e medo receando a morte.
– Pedroca, de um pulo depressa, na farmácia do seu Quincas, e peça a ele para mandar um tostão de água-de-flor, para tosse. Vá correndo!
Água-de-flor para tosse!
Por causa de misérias como esta é que Manduca da Praia repinica o violão e canta com chiste a solfa gaiata do
Ai ladrãozinho
Esse teu lábio de coral
(Tem dó)
Dá-me um beijinho
Não te pode fazer mal
(Um só!)[22]

Os versos acima relembrados com certa imprecisão por Luiz Edmundo foram escritos por Catulo da Paixão Cearense para o tango *Brejeiro*, de Ernesto Nazareth. E aqui chegamos ao ponto que interessa. Como já disse, *Brejeiro* foi publicado pela casa editorial Fontes e Cia. em 1893 (mesmo ano da demolição do Cabeça de Porco), mas foi em 1894 que a sua reedição alcançou sucesso popular. Não se sabe exatamente quando Catulo escreveu a letra para o tango, rebatizado como *O sertanejo enamorado*, entretanto o cantor Mário Pinheiro, nos primórdios dos registros sonoros no Brasil, gravou-o para a Casa Edison em 1904, o que indica, portanto, que foi escrito em algum momento entre os onze anos que separam a primeira publicação da pioneira gravação. Catulo da Paixão Cearense era três anos mais novo que Ernesto Nazareth e, apesar de temperamentos e personalidades opostas, guardava semelhanças com o nosso compositor. Catulo, tal como Nazareth, transitava tanto pela elite como pelos grupos populares do Rio de Janeiro, caracterizando-se como um *intermediário cultural*, do mesmo modo que, num processo mais genérico, a polca (e por contigüidade o jovem Nazareth) representava para o contexto dos gêneros musicais do fim do Império, como vimos no capítulo I.

Nascido no Maranhão e tendo morado parte de sua vida no sertão do Ceará com seus pais, Catulo chegou ao Rio de Janeiro em 1880, com 14 anos de idade. O pai era

---

22. *Ibidem*, pp. 137-138.

relojoeiro e sua família constituía-se num bom exemplo daquele grupo social que se formava no Rio de Janeiro: a camada média, entre a elite imperial e a população negra escrava, que trabalhava no setor de serviços da cidade. Ainda jovem, após a morte do pai, trabalhou como contínuo na administração do cais do porto e depois como estivador. Conseguiu formar-se no colégio Teles de Meneses, onde, ao que tudo indica, adquiriu o domínio da língua francesa (ferramenta importante para o convívio com a elite da *belle époque*). Como estudante, o futuro poeta circulou pelo ambiente dos chorões, conheceu o flautista Viriato, Anacleto de Medeiros, Quincas Laranjeira e o cantor Cadete, entre outros.[23] Uniu o seu interesse musical com a literatura e acabou se tornando uma espécie de trovador moderno, que circulava pelas elites imperial e republicana cariocas, cantando ou declamando, com dicção parnasiana e empolada, os poemas que adaptava à melodia dos compositores populares célebres. Trouxe a temática sertaneja para a cultura urbana sob o signo do espírito romântico de valorização do universo rural como fonte original de identidade nacional.[24] Catulo era representante daquele estilo que Luiz Tatit chamou de *semi-erudito*: "Desejosos de serem reconhecidos como talentos que ultrapassavam a simples esfera popular, os artistas semi-eruditos carregavam suas obras com indícios de outro registro causando impressão de maior sofisticação."[25]

Mas, ao contrário de Nazareth, que também circulava com suas polcas entre os populares e a elite, Catulo era extrovertido e o centro das atenções nos saraus por onde passava, fazendo justamente disso o seu passaporte para sua "distinção na classe e ascensão no estamento[26]":

> Catulo da Paixão Cearense era um artista muito bem relacionado. Amigo de políticos, escritores, milionários, também mantinha contato com músicos menos famosos, os futuros inventores do samba (tanto que era freqüentador da casa da tia Ciata, na praça Onze, um dos berços da cultura sambista).[27]

Aliás, foi ele quem aos poucos introduziu o violão nos salões da elite republicana, que via no instrumento um caso de polícia, sinônimo de vadiagem. O escândalo, co-

---

23. No perfil biográfico de Alexandre Gonçalves Pinto: "Catullo é o sol que ainda com os seus fulgurantes raios dá vida à modinha brasileira! Pois foi e continua a ser o trovador acclamado em todo o Brasil, e até no estrangeiro, poeta verdadeiro, uma quadra de Catullo, [*sic*] é um poema, as suas letras musicais fizeram época [...]". PINTO, Alexandre Gonçalves. *O choro*. Rio de Janeiro: Funarte, 1978, p. 56. Cf. verbete sobre Catulo em MARCONDES, Marcos Antônio (ed.). *Enciclopédia da música brasileira: erudita, folclórica e popular*. 2. ed. São Paulo: Art Editora, 1998, p. 190.

24. Catulo foi o modelo da personagem Ricardo Coração dos Outros no romance *Triste fim de Policarpo Quaresma*, de Lima Barreto.

25. TATIT, Luiz. *O cancionista*. São Paulo: Edusp, 1996, p. 32.

26. Tomo novamente emprestada a expressão de Raymundo Faoro como vimos no capítulo 1, p. 21.

27. VIANNA, Hermano. *O mistério do samba*. Rio de Janeiro: Jorge Zahar, 1995, pp. 50-51.

mo vimos no início do capítulo, provocado pela interpretação ao violão do *Corta-jaca* pela primeira-dama Nair de Teffé, numa recepção presidencial oficial, indica a porosidade com que as relações culturais ocorriam no período. Nessa situação, salta aos olhos a ambigüidade e o paradoxo entre a *ambição* do primeiro projeto republicano nacional em instaurar um conceito de civilização, conforme o qual são distinguidas claramente a alta e a baixa culturas, e a *vocação* nacional em se deixar levar pela força espontânea da interpermeabilidade que pulsava entre essas culturas diversas. Ao trazer esse paradoxo para a escala doméstica, Gilberto Freyre foi enfático:

> No fim do século XIX era raro, na capital do Brasil, o estudante que não tivesse suas relações com francesa, a quem ensinava a dançar o maxixe e de quem aprendia numerosas sutilezas não só de ordem sexual como artística, literária, social.[28]

Nesse contexto, o arrivismo tornou-se a postura reguladora das relações socioculturais, em vista do qual ser civilizado e ser moderno era sinônimo de ser francês. Nicolau Sevcenko comentando o romance de João do Rio (Paulo Barreto), *A profissão de Jacques Pedreira* (1910), sintetiza bem esse espírito:

> Mais curioso ainda, nessa miscelânea de emblemas que traduzem as novas relações de poder e prestígio, assumem um papel da maior importância as referências ao passado, e quanto mais remoto melhor, como efeito da insegurança crônica de uma nova gente que não tendo história por trás de si, precisa criar uma ilusão dela utilizando símbolos e recursos materiais, comprados num emergente mercado de "títulos honoríficos" e "peças de época". Esse é o caso, por exemplo, desse magnata da nova situação, arrivista por excelência, o personagem do barão de Belfort, lídimo representante e símbolo supremo dos "homens de negócio, a maior ou talvez a única aristocracia do momento". O "negócio" do "barão", amigo íntimo do janota Jacques Pedreira, fique claro desde já, era um só, tráfico de influências, usando uma rede de relações nos cargos decisórios da nova República e definindo o resultado das concorrências públicas com seu talão de cheques. Sua divisa, colada na janela do automóvel, era, se não edificante, pelo menos altissonante: "Esmago tudo e ninguém me vê". Suas duas paixões eram os carro e as mulheres. Para isso mantinha uma *garçonnière*, onde podia receber as cocotes com discrição e luxo.[29]

Entretanto, a personalidade de Nazareth era contrária ao espírito cosmopolita e arrivista que a modernização republicana imprimiu, particularmente, no seu primeiro decênio, e, de modo geral, no período da chamada *belle époque*. Diferentemente de Catulo, Ernesto Nazareth não tinha o temperamento galante e mundano do trovador

---

28. FREYRE, Gilberto. *Ordem e progresso*. 6. ed. rev. São Paulo: Global, 2004, p. 300.
29. SEVCENKO, Nicolau. *Op. cit.*, 1998, pp. 534-535.

de lundus e modinhas. O depoimento recolhido pelo pesquisador Luiz Antônio de Almeida nos aproxima um pouco do espírito do compositor:

> Nazareth era muito pobre, quase nada lucrava com suas músicas. Tímido por natureza, quase humilde, por isso foi tão explorado pelas editoras, vendendo suas composições a "dez réis de mel coado", mal cobrindo suas despesas diárias. Todavia, em contradição, evolava-se de sua pessoa uma austeridade tal, uma personalidade frisante, de vontade própria inquebrável, de circunspecção e respeito. Não permitia a ninguém penetrar-lhe o espírito.[30]

Quando *Brejeiro* tornou-se um sucesso, em 1894, nosso compositor levava uma pacata vida familiar com as instabilidades que sua profissão trazia. Casara-se em 1886 com Theodora Amália Leal de Meirelles, a Dorica, e, dez anos depois, em 1896, nasceu o último filho do casal, Ernesto Nazareth Filho, que, junto com o primogênito Diniz e as intermediárias Eulina e Maria de Lourdes, formava a família Nazareth. O prodigioso jovem, de origem humilde, que aos 16 anos publicou a polca *Cruz, perigo!* e que, apesar de seu talento como pianista, não pôde seguir a carreira de concertista, aos poucos conseguiu penetrar no universo da elite imperial como intérprete de peças do repertório romântico de salão (como romances, elegias, mazurcas ou polcas). Chegou aos 30 anos de idade como um compositor que vivia do trabalho de pianista demonstrador de partituras, nas casas de música do Rio de Janeiro, e como professor particular das jovens da aristocracia. Na realidade, essas eram as duas atividades que lhe rendiam dinheiro para o sustento mensal, porque suas partituras originais eram vendidas por valores ínfimos. *Brejeiro*, que foi o grande sucesso do ano de 1894, foi vendido aos editores por 50 mil réis, numa época em que se pagava quatro mil réis, nas casas de música, por um exemplar novo de um *Noturno* de Chopin. Prova das dificuldades financeiras por que passava foi o cargo de terceiro escriturário no Tesouro Nacional que Nazareth assumiu, em 1907, em caráter interino, com a remuneração mensal de 83.333 réis. Porém, para a efetivação do cargo, exigia-se um concurso público no qual seria testada a habilitação na língua inglesa, o que desestimulou o compositor a fazer as provas, e o fez abandonar o cargo em poucos meses. Essa foi a única função profissional com registro que exerceu.[31]

Mas se, por um lado, Nazareth não tinha a sociabilidade mundana de Catulo, por outro, também não se prestava como compositor de revistas nos teatros populares como Chiquinha Gonzaga. Aliás, a solução que Nazareth encontrou para se diferenciar dos maxixes coreográficos que serviam de base para esse repertório foi a adoção do nome tango para o gênero de suas peças.[32] Entretanto, não foi apenas a alteração da no-

---

30. ALMEIDA, Luiz Antônio de. *Coração que sente.* Manuscrito original, p. 89.

31. LIRA, Mariza. "Ernesto Nazareth – O rei do tango brasileiro". *Revista Pranove.* Rio de Janeiro, ano 1, n. 7, 1938, p. 10.

32. Cf. capítulo 4 deste livro.

meação do gênero sincopado que praticava, mas principalmente o andamento lento na execução de suas peças que trouxe singularidade ao seu universo musical. Nosso compositor fazia questão de tocar vagarosamente seus tangos para que fosse atenuado o caráter coreográfico da música, permitindo, assim, que as síncopas do gênero ganhassem outra expressividade rítmico-melódica e deixassem de ser compreendidas unicamente como um estímulo para o sacolejo.[33] Foi esta *ambição* íntima, projeção de um gesto interno de sua personalidade, que deu singularidade à prática do gênero sincopado em sua obra, que era ao mesmo tempo a sua *vocação* pessoal e a *vocação* musical da sua época. Adiante, veremos no exemplo da peça *Rayon d'or* como isso se dá, concretamente, no universo musical do compositor.

Com as informações sobre a personalidade de Nazareth organizadas até o momento poderíamos nos perguntar, como Mário de Andrade o fez, sobre o enigma que o tornou célebre num contexto absolutamente adverso à sua personalidade. Difícil de responder. A celebridade, mesmo que indesejada, sempre traz um mistério sem explicação. O que nos resta, portanto, é remontar fragmentos da sua biografia para talvez, a partir daí, identificarmos as forças do destino envolvidas na trajetória do nosso compositor. Mas o enigma sempre permanecerá.

Durante a primeira década do século XX, Ernesto Nazareth manteve-se, como já foi dito, entre as aulas particulares, as apresentações nos salões e a função de pianista demonstrador (trabalhava na Casa Vieira Machado & Cia. desde 1894). A senhora Nair de Carvalho, em depoimento colhido por Luiz Antônio de Almeida, relembra as incursões do compositor pelos salões:

> Ernesto Nazareth dava concertos nos salões mais aristocráticos da nossa sociedade. Abrilhantava os festejos da baronesa de Taquara, da fazenda da Bica, onde havia jovens bonitas, saraus das Teixeira Leite, que usavam pedras preciosas bordadas em seus vestidos de baile e eram muito atraentes. De uma feita, Nazareth fundou, em data recuada, um trio, tendo ele ao piano, Nicolino Milano ao violino e Billoro na flauta. Tocavam em vários clubes da elite da época, em concertos que marcavam relevante sucesso, mormente os realizados em salões do Clube São Cristóvão – que era freqüentado pela alta sociedade, na ocasião.[34]

Uma anotação do próprio punho do compositor nos mostra o seu gosto particular sobre o repertório que provavelmente ele interpretava nessas ocasiões:[35]

---

33. Depoimento de Francisco Mignone em vídeo para a Funarte. NOGUEIRA, Luiz (org.). "Ernesto Nazareth – O rei do choro". Rio de Janeiro: LN Comunicação Editora e Informática, s.d. CD-ROM.

34. ALMEIDA, Luiz Antônio de. *Op. cit.*, p. 74.

35. Acervo Ernesto Nazareth/IMS.

"Lista de músicas célebre, notáveis e bonitas"

Mendelssohn – Rondó capriccioso; Concerto em sol menor

Beethoven – Sonata em dó # menor; Sonata pathétique; L'aurore

Weber – Le mouvement perpétuel; Invitation à la valse

Chopin – Scherzo en si b mineur; 5º nocturne em fá # maior; 7ª valsa em dó # menor; 1ª Polonaise; 2ª Polonaise; 4ª Polonaise.

Raff – Rigaudon; Fileuse; Valse favorita; Polka de la reine

Gottschalk – Tremolo; Dernière espérance; Pensée poétique; Printemps d'amour; Banjo; Hymno national; Solitude; Órfa; Le poète mourant; Dernier amour; Favorite (sobre a ópera); Ojos criollos; L'étincelle; Ricordati; Misère du trovatore

Arthur Napoleão – Les étincelles; Romance sans paroles; Idéale (valse)

Chaminade – Pas des écharpes; Automne; Élévation; Air de ballet

Godard – 2ª Mazurka; Au matin; 5ª Valse chromatique

Ravina – Allegro classico; Le délire; Petit bolero; Lisa

Schulhoff – Nocturne

Thomé – Simple amour

Nollet – Danse ancienne

Schmitt – Titania; Les huguenots

Gregh – Les bergers Watteau

4 MÃOS

Cerimele – Il trovatore; Un ballo in maschera; Rigoletto

Vilbac – 3 cautés de Huguenots

Gottschalk – La danse

O documento é importante porque indica a mistura de peças de maior densidade (*5º Noturno em fá # maior*, de Chopin, ou *Sonata em dó # menor*, de Beethoven) com peças típicas de salão (*Tremolo*, de Gottschalk, ou *2ª Mazurca*, de Godard). Traz também algumas peças para quatro mãos. Está claro que Nazareth transitava livremente pelos universos do salão, da música de concerto e dos ritmos sincopados.

Ainda nessa primeira década, é importante registrar a participação de Nazareth na Exposição Nacional, realizada em 1908 para comemorar o centenário da abertura dos portos brasileiros às nações amigas. O grande evento teve a organização da parte musical a cargo de Alberto Nepomuceno, que convidou o compositor para se apresentar em duas sessões. Infelizmente não existem registros sobre o repertório executado.

Mas, na década seguinte, o destino reservará a celebridade a Ernesto Nazareth. Em 16 de agosto de 1909, inaugurou-se no número 137 da avenida Rio Branco, esquina com a rua Sete de Setembro, o cinema Odeon. Como sabemos, as reformas urbanas, lideradas pelo prefeito Pereira Passos e o engenheiro Paulo de Frontin, permitiram um melhor investimento no saneamento básico e na distribuição elétrica no centro da cidade. Com isso, uma série de cafés, salas de espetáculos e cinemas começaram a surgir em torno da rua do Ouvidor e da Avenida Central. O cinema Odeon destacou-se co-

Pianista executando música em casa de venda de partituras e instrumentos
Fotógrafo não identificado
Rio de Janeiro-RJ, c. 1910
Acervo Tinhorão/ Instituto Moreira Salles

mo o mais luxuoso e famoso da região.[36] No ano seguinte, em 1910, Nazareth foi contratado para tocar na sala de espera do cinema para entreter o público entre as sessões. Outro depoimento colhido por Luiz Antônio de Almeida, da senhora Ondina Portella Ribeiro Dantas D'Or, amiga da família Nazareth, indica o interesse que a música do pianista despertava no público:

> Conhecemos Nazareth ao tempo em que ele tocava na ante-sala de um dos tradicionais cinemas da então Avenida Central. Tal era seu fascínio, que não era raro nos deixarmos ficar ali a ouvi-lo, ao invés de penetrar no salão para ver a fita muda. Muito mais tarde o acaso nos fez ter por vizinhos amigos íntimos do artista em cuja casa ia todos os domingos. Depois do jantar, sentava-se ao piano e tocava horas a fio, e não havia sono nem cansaço que nos fizesse arredar da janela, tal o encanto que nos despertavam as suas melodias gostosas, os seus requebros, os seus ritmos sincopados e frenéticos uns, outros de pura nostalgia, tanto mais se escutados na calada da noite. Certa vez, lhe dissemos ter a impressão de que deveria tocar muito bem Chopin, pois nos parecia que algo de semelhante existia entre ele e o compositor polonês. Nazareth respondeu tristemente: "– Também adoro Chopin, mas se tocar aqui [*no salão de espera do cinema*], serei despedido no dia seguinte".[37]

Ainda em 1910, a família Nazareth mudou-se para a rua Sete de Setembro, 81, a poucos metros da sala de projeções Odeon, e o compositor publicou o seu tango *Odeon*, dedicado à empresa Zambelli, proprietária do cinema. Abre-se o período da celebridade popular: o programa dos freqüentadores de cinema não era mais assistir aos filmes mudos, mas ouvir Nazareth na sala de espera. A repercussão de sua personalidade provavelmente atraiu o interesse da Casa Edison em experimentar gravações com o compositor nos seus aparelhos de cilindros mecânicos. Em dezembro de 1912, Nazareth e o flautista Pedro Alcântara gravam dois discos que incluíram os seus tangos *Odeon* e *Favorito* e as polcas *Linguagens do coração*, de Joaquim Calado, e *Choro e poesia*, do próprio Alcântara. A concorrente Columbia Phonograph também gravou, nesse mesmo ano, mas sem a participação do compositor, os tangos *Sertanejo enamorado* (*Brejeiro*), interpretado pelo cantor Mário Pinheiro, e *Você não me dá* (*Bambino*), com o cantor Nozinho, ambos letrados por Catulo da Paixão Cearense, além do registro instrumental do tango *Dengoso* com a Banda Columbia.

Em 1913, Nazareth deixa o Odeon e volta a trabalhar como pianista demonstrador, agora na Casa Mozart, localizada na avenida Rio Branco, 127. Sua neta, Julita Nazareth Siston, comentou sobre o encanto que sua atividade exercia nas casas de música:

> Algumas moças, para receberem dele [*Nazareth*] uma atenção maior, apresentavam-lhe, não apenas uma ou duas novidades para que ele tocasse, mas, sim, calhamaços de partituras, com músicas tanto novas quanto velhas.[38]

---

36. Cf. FREYRE, Gilberto. *Op. cit.*, pp. 290-351; NEEDELL, Jeffrey D. Belle époque *tropical*. São Paulo: Companhia das Letras, 1993, pp. 185-208.

37. ALMEIDA, Luiz Antônio de. *Op. cit.*, p. 101.

38. *Ibidem*, p. 79.

O depoimento é interessante porque essas "moças", que queriam chamar a atenção de Nazareth, lembram a personagem Sinhazinha Mota de "Um homem célebre": todas "protofãs" do compositor de *sucesso*, numa época imediatamente anterior à era do rádio (a partir dos anos 1930), que criaria a cultura do fã-clube.

As suas composições multiplicam-se numa produção vertiginosa: São publicados os tangos *Odeon* (1910), *Perigoso* (1911), *Bambino* (1912), *Thierry* (1912), *Travesso* (1912), *Atrevido* (1913), *Batuque* (1913), *Carioca* (1913), *Cuéra* (1913), *Cutuba* (1913), *Espalhafatoso* (1913), *Fon-fon* (1913), *Mandinga* (1913), *Reboliço* (1913), *Tenebroso* (1913), a polca para o "rancho carnavalesco" *Ameno Resendá* (1913), e as valsas *Eponina* (1913), *Saudade* (1913) e *Electra* (1913), só para ficar nos primeiros anos da década de 1910. Até 1926, ano em que viaja para São Paulo, Nazareth publicou mais de 50 tangos e 30 valsas aproximadamente.

O compositor permaneceu por mais quatro anos trabalhando na Casa Mozart e em 1917 voltou para o cinema Odeon. Mas agora, além de assumir a mesma função de antes, também acumulou o cargo de pianista da pequena orquestra do maestro Andreozzi, na qual Villa-Lobos, àquela altura com cerca de 30 anos de idade, atuava como violoncelista.[39] Além do Odeon, o pianista Nazareth também trabalhou em outro cinema, possivelmente chamado Olímpia, não se sabe exatamente quando, entre, ao que tudo indica, a primeira e a segunda temporada do Odeon. O compositor Brasílio Itiberê lembra o impacto que a figura de Nazareth, que naquele momento era um homem por volta dos 50 anos, lhe causou:

> Eu era menino, já andava estudando piano e tocando sem grande entusiasmo as primeiras Sonatas de Mozart. Um domingo, depois de me ter divertido muito na "Maison Moderne", no antigo largo do Rocio, caminhava a pé pela rua Visconde do Rio Branco, quando parei em frente ao velho cinema Olímpia.
>
> Qualquer coisa de estranho me chamou a atenção. Na sala de espera do cinema, um autêntico pianeiro carioca botava para o ar umas melodias tão novas que eu fiquei inteiramente fascinado.
>
> Quando o homem parou, notei que ele tinha um ar inspirado, usava bigodes à Kaiser e ostentava um enorme solitário de vidro no dedo minguinho.
>
> Um piano de armário incrível, com dois castiçais de metal azinhavrado, enfeitado com cortinas furta-cor e o teclado tatuado e carcomido de pontas de cigarro. Mas daquela arataca velha, transformada em cinzeiro, surgiam melodias tão belas, ritmos tão ágeis – que me deixaram completamente basbaque.
>
> O pianeiro notou o meu entusiasmo de menino, convidou-me para tocar alguma coisa. Eu abanquei, e ali mesmo comecei a tirar de ouvido os primeiros tangos de Nazareth.
>
> Esse pianeiro dengoso, macio, gostoso, por quem as meninas se apaixonavam e que toca-

---

39. VASCONCELOS, Ary. *Panorama da música popular brasileira na* belle époque. Rio de Janeiro: Livraria Sant'Anna, 1977, p. 85.

va a *Dalila* ou improvisava para elas recitarem – é uma tradição que desapareceu. A técnica brutal de percussão de piano de *jazz* deturpou e matou o último pianeiro carioca. Só quem ouviu tocar um Aurélio Cavalcante, o Porfírio da Alfândega, o Chirol, o Garcia Cristo ou o Xandico, pode ter uma idéia bem nítida do que foram esses beneméritos e avaliar a importância da sua função social.[40]

Em 1919, abandonou definitivamente o Odeon e foi trabalhar novamente como pianista demonstrador em outra loja de partituras, a Casa Carlos Gomes, fundada pelo compositor Eduardo Souto e Roberto Donati, localizada na rua Gonçalves Dias. Segundo Ary Vasconcelos, Nazareth recebia 120 mil réis por mês para tocar diariamente do meio-dia às seis da tarde. Permaneceu nesse emprego até 1925. Vasconcelos ainda nos conta que um colega de loja do compositor, o vendedor José de Oliveira, conhecido como Juca, teria dado um depoimento no *Jornal do Commercio* sobre o cotidiano do trabalho do nosso compositor. Infelizmente o pesquisador não citou a data do documento. De todo modo, a riqueza das informações vale a transcrição:

> Naquele tempo, a única maneira de conhecer as novidades musicais era através dos pianistas que as casas contratavam para as "demonstrações". Não havia rádio, os discos eram raros e o cinema, mudo. Isso obrigava o público a fazer música em casa. Quem gostava de música devia fazê-la, comprando-a escrita. Escolhia, ouvindo o pianista da casa. Lembro algumas meninas pretensiosas que gostavam de fazer demonstrações técnicas diante de Nazaré. O mestre era muito exigente e não admitia que suas músicas fossem "maltratadas". Quase sempre mandava suspender as execuções, lançando o seu habitual "assim não se toca Nazaré". Às vezes, Nazaré chegava a perder a paciência e, com ela, a "linha". Mas quando o ouvinte conseguia interessá-lo, dava verdadeiras aulas de interpretação. Insistia muito nos acentos, nas pausas, no fraseado e, tratando-se do *Brejeiro, Odeon,* ou de outras páginas de que ele gostava particularmente, as aulas eram mais demoradas e os exemplos mais repetidos. "Isso é Nazaré" – dizia – e recomendava: "Esta música não se pode tocar de qualquer maneira; é preciso estudá-la." Um dos melhores momentos era o *Apanhei-te, cavaquinho!*, a quatro mãos por Nazaré e Souto... Era de paralisar a rua Gonçalves Dias.[41]

O compositor Francisco Mignone conta que foi nessa época que teria acontecido o encontro entre Nazareth e o pianista Arthur Rubinstein, quando, segundo o compositor, o pianista europeu teria se impressionado com a figura de Nazareth:

> Eu não estive presente. Soube que ele [*Nazareth*] foi à casa de Luigi Chiaffarelli, e o Arthur Rubinstein estava presente e pediu para o Nazareth tocar alguma coisa. Nazareth sentou-se ao piano e começou a tocar Chopin. Ele queria tocar Chopin pro Rubinstein! Foi uma

---

40. ITIBERÊ, Brasílio. "Ernesto Nazareth na música brasileira". *Boletim Latino-americano de Música*. Rio de Janeiro, abril de 1946, pp. 68-69.
41. VASCONCELOS, Ary. *Op. cit.*, pp. 84-85.

luta convencê-lo a tocar os tangos brasileiros. O que nós tocávamos com certo vigor, certo entusiasmo, nele era pacato.[42]

No fim da primeira década do século XX, nosso compositor gozava de prestígio e enorme sucesso na cidade. Era um mestre em sua arte. Circulava tanto pelo centro como pela periferia da nossa contraditória *belle époque*. Os depoimentos que compõem essa narrativa biográfica mostram que Nazareth escrevia uma música original que despertava o interesse tanto dos nossos compositores eruditos como das moças de família, que se divertiam ao piano com a riqueza dos seus ritmos, sem falar das rodas dos chorões. Era, sem dúvida, um sujeito carismático. Mas de algum modo avesso à celebridade popular. Sempre austero, por vezes soturno, e, como narrou um dos depoimentos, parecia esconder um segredo profundo.

Talvez o episódio ocorrido no Instituto Nacional de Música em 1922 ajude a compreender a complexa personalidade de Ernesto Nazareth. Sem saber, Luciano Gallet promoveu um escândalo quando incluiu um grupo de tangos de Nazareth num repertório que deveria abranger 30 compositores brasileiros para o concerto de seus alunos de piano. Um determinado grupo daquela mesma elite arrivista, profundamente enraizada no espírito da nossa frágil, conservadora e contraditória *belle époque*, que, como vimos, tinha uma complexa relação de negação e atração pelo maxixe, protestou simplesmente porque o nome de Nazareth constava no programa. Foi necessário a intervenção policial para que ocorresse o concerto.

Esse talvez tenha sido o episódio que marcou, ironicamente, o início da transformação dos tempos para o nosso compositor. A metrópole moderna começava a se configurar em torno dos novos hábitos que a cultura do disco e do rádio iriam revolucionar na música popular brasileira após a década de 1930. A partir da segunda metade dos anos 1920, os problemas de saúde de Nazareth começaram a se intensificar. A crescente surdez que o acompanhou até o fim da vida começaria a se revelar, nesses últimos anos, como um dos sintomas da sífilis, doença que provavelmente portava de longa data. O outro era a demência, que vinha de modo intermitente na forma de crises nervosas e alheamento do mundo. O jornal paulista *Folha da Noite* traçou, em 1924, sob o título "Flor amorosa de três raças tristes", um perfil dos três maiores compositores populares brasileiros: Ernesto Nazareth, Eduardo Souto e Marcelo Tupinambá. Pelo tom do artigo, os compositores pareciam ser os representantes de uma época que já estava virando passado. Vejamos como o diário caracterizou o compositor:

> Nazareth é surdo. O barbarizo atordoante de fóra, da rua, sonorizada pelas ondas dos passantes e pelo som moido dos realejos dos mendigos, rolava até a pequena sala onde conversamos, difficultando-lhe a participação na palestra. Tambem a timidez não lhe solta a lingua. É regra geral que os surdos fallem baixo, como para demonstrar a terceiros, por

---

42. ALMEIDA, Luiz Antônio de. *Op. cit.*, p. 123.

uma especie de pudor ironicamente inexplicável, que ouvem distinctamente, o que os menos discretos lhes berram aos ouvidos. Nelle, porém, não é só isso o que o obriga a falar
quasi murmurio: é a modestia, a modestia legitima, lavada por uma desconfiança infantil
pelo que possa valer.[43]

O próprio comentário sobre o ruído da rua demonstra que época se abre: o ace-
lerado tempo ruidoso das metrópoles modernas. Talvez o repórter tenha exagerado um
pouco na surdez de Nazareth porque dois anos depois, em abril de 1926, por insistência de um grupo de amigos e admiradores paulistas, Nazareth realizou a sua primeira
viagem para uma série de concertos em São Paulo. Foi a primeira vez que saiu do Estado
do Rio de Janeiro. Estava com 63 anos de idade. A recepção paulista foi calorosa: o compositor apresentou um recital no Theatro Municipal de São Paulo promovido pela
Sociedade Cultura Artística, com direito a conhecida conferência apresentada por
Mário de Andrade. A viagem, que a princípio seria curta, estendeu-se até março de 1927,
com concertos em Campinas, Sorocaba e Tatuí.

Neste ponto, paro intencionalmente a narrativa biográfica sobre o compositor.
Retomarei, na conclusão deste livro, o período final de sua vida: a volta ao Rio de Janeiro,
sua excursão para o Rio Grande do Sul e o Uruguai, suas crises nervosas, a reclusão em
sanatórios e o trágico episódio do seu afogamento em 1934. Precisamos avançar na com-
preensão específica de sua obra antes que se acabe a história.

Rayon d'or: o gênero decantado
sob a forma da síncopa explícita

Se em 1893, *Brejeiro*, o segundo tango de Nazareth, abriu as portas para a celebridade popular, seu primeiro tango, *Rayon d'or*, composto um ano antes, em 1892, guarda as principais características do gênero que ganhou estilo singular nas peças posteriores do nosso compositor. A essa altura o maxixe já estava decantado na cultura
musical nacional, o que vale dizer, mais especificamente, que a *síncopa característica* –
levando em conta a complexidade que envolve o termo, como veremos no próximo capítulo – já era a forma rítmica recorrente da música de dança do período. Portanto,
fosse nos corta-jacas de Chiquinha Gonzaga, nos choros de Anacleto de Medeiros ou
nos tangos de Nazareth, dos "cabeças-de-porco" ao Palácio das Águias, ouvia-se e dan-
çava-se a síncopa cristalizada como gênero em todos os cantos do Rio de Janeiro, an-

---

43. SEM ASSINATURA. *Folha da Noite.* São Paulo, 8.09.1924.

tecipando, ainda num contexto pré-moderno, o *frisson* da cultura de massas que se criaria a partir da década de 1930 com os meios de comunicação modernos solidificados no binômio rádio-disco.

Assim, torna-se sintomático que, no início da década de 1890, o jovem Nazareth teria migrado para um novo gênero, abandonando a polca. Aliás, a "febre das polcas", que tanto marcou a cultura musical da segunda metade do século XIX, sempre esteve associada à importação de hábitos estrangeiros característicos da cultura do Segundo Império. E nada mais natural que, com a chegada do novo regime republicano, esses hábitos se tornassem *démodé*: a *polca-polca* européia havia se transformado na *polca-maxixe*, e, junto com a hispânico-cubana *habanera* (ou tango), figurava entre os gêneros de dança sincopados do período.[44] Lembremos que o maxixe, apesar de sua explícita vocação nacional, criava uma série de problemas para que a *ambição* de civilização do novo regime fosse aceita porque trazia associado ao seu nome uma cultura popular que poderia macular esse ideal. Curioso nisso tudo é que, de certo modo, Nazareth sabia que sua música era singular em relação aos gêneros sincopados contemporâneos e, por isso mesmo, não hesitou em diferenciá-la, sob o batismo do tango, mesmo que com isso revelasse o recalque de uma *ambição* íntima.

Nesse sentido, a migração de gênero do nosso compositor está associada a uma dinâmica cultural e estilística. Vejamos: as suas *polcas-maxixe* do final da década de 1880 já haviam incorporado a síncopa no contexto daquilo que chamei do *gênero-gênero*[45], isto é, no processo genérico que abarcou toda uma geração de compositores vindos de diferentes experiências musicais, como Calado, Viriato Figueira, Henrique Alves de Mesquita, Chiquinha Gonzaga, Anacleto de Medeiros e Patápio Silva, entre outros. As peças de Nazareth, que surgiram após 1892, sob a rubrica do tango, diferenciam-se dos seus contemporâneos porque carregam um estilo original e único, configurando-se, portanto, como um *gênero-singular*. Nazareth poderia tê-las nomeado como maxixe, mas por divisar a cultura arrivista da *belle époque* e por uma *ambição* particular, o compositor preferiu batizá-las de tango. Entretanto, o modo particular como Nazareth desenvolveu o seu estilo é sem dúvida diferente das referências da prática comum de sua época. Enquanto a maioria dos compositores, como Chiquinha Gonzaga ou Anacleto de Medeiros, incorporava a síncopa em sua linguagem musical, principalmente no acompanhamento harmônico rítmico, raciocinando musicalmente, portanto, sob uma lógica de construção homofônica, Nazareth desde o início pensa sob uma lógica polifônica: a síncopa surge em sua música sob um jogo de planos de vozes que formam uma complexa trama de texturas sutis. Esse é o principal procedimento, como veremos no próximo capítulo, do *estilo* de Nazareth.

Entretanto, no período em que o jovem Nazareth compôs as suas 21 polcas, entre 1878 e 1899, nota-se que, na grande maioria, a síncopa característica já havia sido in-

---

44. Cf. capítulo 4 deste livro, p. 107.
45. Cf. capítulo 1 deste livro, p. 17.

corporada no acompanhamento, ou de algum modo em destaque na primeira voz. Portanto, o compositor associava ao gênero da polca o pensamento homofônico de escrita musical, apesar de já dominar a técnica da escrita polifônica (o exemplo de *Cruz, perigo!* pulsa como um antiexemplo da polca, que ao mesmo tempo prenuncia a lógica polifônica do pensamento na construção dos tangos e deixa soar subliminarmente a homofonia característica da polca européia). De certo modo, Nazareth chamou de polca o que os seus contemporâneos chamavam de maxixe ou choro: aquela *vocação* nacional de sincopar o ritmo do acompanhamento harmônico para as alegres e saltitantes melodias da marcial *polca-polca* do velho continente. Assim, o ponto de inflexão do gênero ocorre na obra de Nazareth, em 1892, com *Rayon d'or*, no momento em que o compositor passa a chamar de tango suas composições, nas quais, além do acompanhamento sincopado da mão esquerda (se pensarmos no repertório pianístico), forma-se uma complexa textura de vozes rítmico-melódicas organizadas em planos polifônicos. É importante frisar que essa vocação em costurar linhas rítmico-melódicas sempre existiu em Nazareth e, entre aproximadamente as duas dezenas de polcas que escreveu, surgem invariavelmente o jogo de vozes resultando em texturas polifônicas. Mas nos tangos é que veremos o pensamento polifônico de Nazareth alcançar resultados mais sofisticados e complexos.

Todavia, o meu esforço aqui é, numa obra tão singular (e recorrente) como a de Nazareth, estabelecer parâmetros interpretativos. Não olhemos, portanto, para a diferenciação, em sua obra, entre o pensamento musical homofônico e polifônico como estanques, contraditórios ou definidores de estágios de evolução. Nosso compositor passou a escrever sob o gênero tango para singularizar sua vocação de sincopação polifônica no contexto genérico da sincopação homofônica da sua época. Naturalmente esse pensamento que valoriza as texturas de vozes está diretamente relacionado com a atmosfera de certa tradição dos compositores europeus da chamada geração romântica, como veremos no próximo capítulo. E é nesse sentido, especificamente, que Nazareth revela sua ambição de se tornar erudito, chamando suas peças sincopadas de tangos e não mais de polcas – o termo tango designava para sua época republicana, quando se fazia premente a afirmação de uma singularidade nacional, ao mesmo tempo um gênero, até certo ponto, originalmente americano e diferenciador do maxixe, que tinha tendência mais homofônica e preocupado exclusivamente em estimular o sacolejo coreográfico dos grupos mais populares. Com seus tangos, Nazareth queria mais, queria que fossem ouvidos e contemplados como uma peça de Chopin (porque veremos que tinham acabamento e sofisticação formal), mesmo que tivesse vergonha de tocá-los, por exemplo, para um especialista da obra chopiniana, como o pianista Arthur Rubinstein (porque sabia que, embora fosse um mestre em sua arte, o seu gênero estava na periferia do referencial europeu, de modo que, como a personagem de Machado, Nazareth vexava-se de seus tangos). O piano era, portanto, o instrumento musical no qual essas sutilezas podiam aparecer, diferente da formação de pau-e-corda do maxixe, que pulsava o ritmo sincopado em primeiro plano em detrimento dos jogos das vozes possíveis no gênero. É por isso que Nazareth fazia questão de interpretar seus tangos lentamente, para serem ouvidos e não dançados.

Enfim, olhemos agora para a polca-tango *Rayon d'or*, para enxergarmos musicalmente as características levantadas acima:

A polca-tango *Rayon d'or* concentra essencialmente um caleidoscópico jogo rítmico-melódico. A melodia da primeira parte foi deslocada para a região do baixo enquanto o acompanhamento é feito numa região médio-aguda. O efeito é a inversão da expectativa de uma escuta homofônica, em que a rigor a melodia ganharia destaque na região aguda, ao passo que o acompanhamento daria sustentação rítmico-harmônica nos graves. Somos, portanto, lançados para o universo das referências contrapontísticas. Entretanto, Nazareth brinca com essa expectativa mostrando um contraponto excêntrico, no qual o tema melódico é apresentado como se estivesse de cabeça para baixo, ou como se fosse uma lógica homofônica invertida. Porque, no procedimento contrapontístico regular de uma fuga ou um cânone, por exemplo, as vozes graves e agudas encontram-se e desencontram-se e formam uma textura, sem que haja necessariamente destaque para uma voz principal. Mas aqui, apesar da trama construída, existe sim o destaque da voz solista. Aliás, seu motivo melódico é acéfalo e, por estar na região grave e aparecer depois do ataque tético das vozes que formarão o acompanhamento, sugere uma percepção diacrônica, como se a seqüência dessas notas formasse uma única melodia. Na realidade, penso que essa percepção diacrônica conviva com a percepção sincrônica da melodia acompanhada com seus rebatimentos rítmico-melódicos. Se prestarmos atenção no acompanhamento isoladamente, é possível, por outro lado, identificar uma linha melódica que conduz a harmonia, criando um contraponto com a melodia principal construída na região grave. Engenhosamente, essa linha melódica revela-se como o desenho dos baixos da condução harmônica: 1º compasso (F e F/A); 2º compasso (C/G e C/Bb); 3º compasso (F/A e F/A); 4º compasso (E7/G# e E7/G#); e assim por diante. O movimento pendular da mão direita do pianista desenvolve, com o dedo polegar, a melodia dos baixos dos acordes, marcando regularmente o primeiro e o segundo tempos do compasso, enquanto os dedos restantes pontuam os tempos fracos do compasso. A textura a contrapelo dos automatismos pianísticos produz o efeito de um verdadeiro "nó-cego". A força do movimento harmônico está na cadência de dominantes consecutivas, cujo dínamo propulsor é a resolução do trítono: I – V – I – V/V do VI – V do VI – VI – V/V – V – I (análise harmônica dos oito primeiros compassos). Ouvimos pelo menos três planos simultâneos: a melodia do baixo (região das freqüências graves), a melodia condutora da harmonia (região das freqüências médias, que cumpre a função dos baixos para a harmonia) e os acordes formados pelos intervalos de terça e sétimas diatônicas que picotam ritmicamente o desenho da *síncopa característica* (região aguda, que numa escuta homofônica convencional seria o primeiro plano). Vejamos como Nazareth desenvolve a segunda parte:

Aqui o tema melódico, formado por um motivo celular rítmico, volta para uma região médio-aguda. Mas, ao contrário da melodia destacada da harmonia, ouvimos uma construção textural a partir da harmonização em bloco (em que cada nota da melodia é harmonizada individualmente). Ocorrem três acontecimentos simultâneos: 1) contraste entre o gesto curto *staccato* e a intenção prolongada da *ligadura* da primeira voz (a nota sol tem sua duração estendida até o segundo compasso); 2) movimento de terças descendentes (mão direita); e 3) movimento de terças sincopadas (mão esquerda). A textura polifônica, urdida por uma malha de "negaceios", produz agora o efeito geral de um complexo sacolejo decantado, puro deleite. As idas-e-vindas do movimento musical, que descreveremos a seguir, caracterizam justamente esse "negaceio" – não devem ser entendidas, portanto, como incertezas ou suspensões; ao contrário, aqui tudo soa como o *gênero* quintessenciado. Essa seção do tango é formada por oito compassos que se repetem, com terminações diferentes. O movimento geral do trecho parte de um gesto *staccato* (nos quatro primeiros compassos) que sugere uma tentativa de avanço, logo interrompido pela finalização brusca da frase melódica, marcando *forte* o ponto fraco no segundo compasso (do exemplo acima). Depois de sua repetição, surge uma frase, como resposta, que amplia o movimento "truncado" anterior num caminho certeiro ascensional, marcado pela acentuação de colcheias no tempo fraco, mas que não chega a se desenvolver plenamente e acaba minguando numa dinâmica de *decrescendo* (do quinto ao oitavo compasso). Essa mesma frase, quando repetida para a finalização da seção, é acelerada ritmicamente (no 15º compasso) e direcionada para a região aguda de modo francamente afirmativo, atingindo a nota mais alta da peça. Surge, desse modo, um contraste entre o "vai-não-vai" truncado da frase inicial e a conquista, da frase resposta, pela afirmação das alturas melódicas. Nazareth constrói esse movimento em duas etapas: a) primeiro, pela ressonância dos motivos iniciais descendentes, harmonizados em terças diatônicas e defasados ritmicamente entre as vozes principais e as vozes do acompanhamento (provocando a incerteza harmônico-cromática da possibilidade do caminho ascendente); b) segundo, pela cadência dominante-diminuta que, pela necessidade da resolução do trítono, promove um caminho afirmativo e certeiro quando chega a seu ponto final. O efeito disso é o jogo espelhar de fase e defasagem rítmico-melódico, que sugere uma ambigüidade de discurso, algo como um diz-que-diz-e-não-diz que acaba dizendo, entendido como o próprio "negaceio" característico do *gênero*. O movimento geral sugere, portanto, a ambigüidade inicial de uma textura pontilhista que no final ganha foco e contornos fortes, num saboroso sacolejo finamente tramado.

Na terceira parte do tango, Nazareth parece que brinca em exercitar o gênero: depois das sagazes e singulares inversões anteriores surge uma melodia homofônica convencional apoiada numa fraseologia *estrófico-discursiva*, alternando arpejos ascendentes e motivos por graus conjuntos descendentes. Tudo é escrito no saboroso e grandiloqüente estilo do piano de salão:

Sob a realização de intrincadas texturas sonoras, *Rayon d'or* mostra o mesmo princípio de um pensamento polifônico que já se prenunciava em *Cruz, perigo!*: mas, enquanto nesta polca o *gênero* se mostrava em franco processo de transformação, sugerido em suas síncopas subentendidas, na polca-tango *Rayon d'or*, o *gênero* aparece decantado em sua forma mais original.

Desse modo, fecha-se o primeiro percurso proposto por esta pesquisa, que partiu da sugestão de Mário de Andrade em procurar, na evolução da obra de Ernesto Nazareth, as transformações que levaram a síncopa a se configurar numa "entidade rítmica absoluta" na cultura musical brasileira, singularizada pelo estilo pessoal inconfundível do compositor. No próximo capítulo, veremos que no *tango-característico Batuque* (1913) cruzam-se todas as questões ao mesmo tempo: o *erudito* e o *popular*, a *forma*, os *gêneros* e a *singularidade*.

Sobrecapa de edição brasileira do tango *Brejeiro*,
de Ernesto Nazareth, vendida em Paris
França, *c.* 1909
Acervo Chiquinha Gonzaga SBAT/
Instituto Moreira Salles

4

Sob o signo da síncopa: a misturada geral dos gêneros (o lundu, a polca, o tango brasileiro, o choro e o maxixe)

Say, have you seen the Carioca?
It's not a foxtrot or a polka
It has a litlle bit of new rhythm
A blue rhythm that sighs
It has a meter that is trick
A bit of wicked wacky-wick

Edward Eliscu/Gus Kahn/Vicent Youmans
The carioca, 1933

O compositor francês Darius Milhaud anotou em seu livro de memórias, *Notes sans musique*, uma passagem reveladora sobre o significado da síncopa na música brasileira. A respeito da música que se tocava na cidade do Rio de Janeiro no início do século passado, ocasião em que esteve no Brasil (precisamente em 1917), em missão diplomática como secretário do poeta Paul Claudel, o compositor registrou a seguinte impressão:

> [...] os ritmos dessa música popular me intrigavam e fascinavam. Havia na síncopa uma imperceptível suspensão, uma respiração displicente, uma pequena parada que me era muito difícil de captar. Comprei então uma quantidade de maxixes e tangos; e me apliquei em tocá-los com suas síncopas que passavam de uma mão a outra. Meus esforços foram recompensados e eu pude enfim exprimir e analisar esse "pequeno nada" tipicamente brasileiro.[1]

---

1. "(...) *les rythmes de cette musique populaire m'intriguaient et me fascinaient. Il y avait dans la syncope une imperci-*
tible suspension, une respiration nonchalante, léger arrêt qu'il m'était très difficile de saisir. J'achetai alors une quantité de
maxixes et de tangos; je m'efforçai de les jouer avec leurs syncopes qui passent d'une main à l'autre. Mes efforts furent ré-
compensés et je pus enfin exprimer et analyser ce 'petit rien' si typiquement brésilien." MILHAUD, Darius. *Notes sans musi-*
que. Paris: Julliard, 1949, pp. 80-81 (*tradução minha*).

Milhaud foi direto ao ponto: a presença da síncopa na música brasileira, entre o final do século XIX e o início do XX, surge como um fenômeno ao mesmo tempo singular e recorrente no conjunto dos gêneros dançantes praticados nas três Américas. O fato é que durante o processo de adaptação das danças européias ao Novo Mundo, principalmente a contradança e a polca, ocorreu um processo de deslocamento rítmico comum que resultou na criação de novos gêneros musicais: o *ragtime* na América do Norte, o *danzón* na América Central, e o *maxixe* e os *tangos brasileiro* e *argentino* no Cone Sul, para não ir muito longe nas variações dos novos gêneros americanos. Todos, aliás, sob o signo da síncopa, embora em diferentes modalidades. A primeira hipótese sobre o fenômeno surgiu na historiografia específica também como um fato recorrente: a acentuação do tempo fraco do compasso dos gêneros dançantes europeus, cuja denominação técnica é a síncopa, foi invariavelmente atribuída à influência da cultura musical negra ou africana durante o processo de colonização dessas regiões.

No caso brasileiro, esse tipo de interpretação fundiu-se com o desejo da caracterização de uma identidade musical nacional, a partir da década de 1920. No entanto, a idéia de identidade não dá conta dos modos de manifestação complexos da música desse período, se pensarmos que identidade é um termo que tem por núcleo a permanência do mesmo, aquilo que se reconhece por continuar igual. Vimos, no capítulo 1, que a singularidade do jovem Nazareth no processo de sincopação do ritmo dançante da polca européia trouxe luz própria para um percurso marcado por contradições e descontinuidades: a polca adquiriu sotaque diferente por aqui, num contexto formado por uma trama complexa de mediações entre as chamadas culturas erudita e popular. Assim, a idéia de singularidade traz a marca do que é diferente, peculiar, sem carregar demais no peso "genético" da identidade, que privilegia mais o estável do que o improvável. Indo além, a noção de singularidade carrega consigo ao mesmo tempo a definição de mutabilidade e a disposição (positiva ou negativa) para a transformação, o que parece descrever com mais precisão o espaço contraditório e complexo da cultura musical brasileira do que o conceito de identidade, o qual costuma supor uma essência primordial originadora da cultura.

É dentro dessa ordem de problemas que proponho olharmos para os significados que a síncopa vem assumindo para a cultura musical brasileira. Não é à toa que em 1962, no I Congresso Nacional do Samba, a síncopa tenha sido definida como o elemento de identidade do samba, gênero musical que naquela altura já havia se tornado sinônimo de Brasil. Mais do que uma definição da musicologia, a síncopa caiu na boca do povo sob o apelido de "brasileirinho", "teleco-teco", "ziriguidum", enfim, tudo que dê a idéia de molejo ou requebro. A expressão "samba sincopado" tornou-se corriqueira, não é preciso ser musicólogo para compreendê-la.

O fato é que, se enxergamos a síncopa como um signo de identidade cultural, caímos na armadilha da descrição de um fenômeno genérico e uniforme. E perdemos de vista aquele "pequeno nada" observado por Milhaud que nos identifica ("tipicamente brasileiro") e nos distingue: nossa singularidade, o seu modo irredutível. Singularidade que só é possível graças à pluralidade, como veremos.

Ruim esquisito: um não-sei-quê indefinível

Em 1940, num artigo publicado em *O Estado de S. Paulo*, Mário de Andrade volta a desenvolver a mesma idéia sobre o enigma da celebridade de Ernesto Nazareth, que já havia sugerido na conferência de 1926. Agora o contexto é um pouco mais genérico, o crítico comenta o termo "pianeiro", cunhado por Brasílio Itiberê para descrever os músicos que interpretavam ao piano o repertório da música coreográfica "nos assustados da pequena burguezia e em seguida na sala de espera dos primeiros cinemas".[2] Tentando caracterizar melhor esses "pianeiros", Mário acaba indicando a relação entre os gêneros musicais de dança praticados durante o século XIX no Rio de Janeiro:

> Gente semiculta, de execução muito desmazelada como caracter interpretativo, foram na realidade esses pianeiros os fautores daquella enorme misturada rhytmico-melodica em que lundús e fados dansados das pessoas do povo do Rio de Janeiro do Primeiro Império, contaminaram as polkas e havaneiras importadas. Como resultado de tamanha misturada, surgiram os maxixes e tangos que de 1880 mais ou menos foram a manifestação característica da dansa carioca, até que o novo surto do samba dos morros os desbancou, com muito maior caracter e verdade popular.[3]

Tanto Brasílio Itiberê como Mário de Andrade viram nos pianeiros o caldo cultural de onde surgiu Nazareth. Mas os dois críticos deixaram claro que o nosso compositor extrapolava essa caracterização:

> Proveniente da arte semi-erudita dos 'pianeiros' dos assustados, mais estudioso e mais culto que elles, familiar de Chopin, Ernesto Nazareth quintessenciou, nos seus tangos admiráveis, a arte dos pianeiros cariocas.[4]

Entretanto, o que nos interessa nesse momento é a "tamanha misturada" dos gêneros do século XIX. Mário de Andrade focalizou bem o problema: lundus e fados misturados com polcas e "havaneiras" parecem ser a origem dos tangos e maxixes. Mais do que uma equação linear, surge daí um problema terminológico. E da necessidade de dar nome às coisas passa-se inevitavelmente para o *topos* da identidade. A reflexão sobre a formação de uma música nacional vinha ocorrendo de forma difusa entre os próprios compositores (de música escrita) do Segundo Império. Contudo, é no início da Primeira República que os gêneros populares-eruditos praticados desde a segunda metade do século XIX tornaram-se um problema de terminologia para a nascente musicologia nacional. No momento em que se buscava uma idéia de nação moderna pa-

---

2. ANDRADE, Mário de. "Ernesto Nazaré" (1940). *In Música, doce música*. São Paulo: Martins, 1963, p. 321.

3. *Ibidem*.

4. *Ibidem*, p. 323.

ra o Brasil republicano, enxergou-se na rica música coreográfica de tradição urbana do Rio de Janeiro traços que poderiam caracterizar nossa identidade como uma nação nova e original na ordem mundial. Mas como eleger *aquilo* que é nacional? Como identificar *aquilo* que é genuíno? Foi sob o eco desses problemas que o pioneiro Guilherme Theodoro Pereira de Mello publicou *A música no Brasil*, em 1908; o italiano Vicenzo Cernichiaro, a *Storia della musica nel Brasile*, em 1926; e Mário de Andrade, o *Ensaio sobre a música brasileira*, em 1928. Na realidade, quem atacou o problema de frente foi Mário. Os críticos anteriores somente mapearam os eventos musicais nacionais distinguindo, sob a orientação metodológica da musicologia européia do século XIX, a alta cultura (música erudita) e a baixa cultura (música popular/folclórica), sendo esta praticamente descartada da história.

Porém, já em 1928, Mário de Andrade abordou o tema de modo específico:

> Na obra de José Maurício e mais fortemente na de Carlos Gomes, Levy, Glauco Velasquez, Miguez, a gente percebe um não-sei-quê indefinível, um rúim que não é rúim propriamente, é um *rúim exquisito* pra me utilizar de uma frase de Manuel Bandeira. Êsse não-sei-quê vago mas geral é uma primeira fatalidade de raça badalando longe. Então na lirica de Nepomuceno, Francisco Braga, Henrique Oswald, Barroso Neto e outros, se percebe um parentesco psicológico bem forte já. Que isto baste prá gente adquirir agora já o critério legítimo de música nacional que deve ter uma nacionalidade evolutiva e livre.[5]

Parece que a sina do indefinível nos persegue (a expressão "ruim esquisito", a propósito, foi usada por Manuel Bandeira para avaliar a própria poesia do jovem Mário). Contudo, Mário assume esse não-sei-quê vago (um "ruim esquisito") como critério legítimo para a caracterização da música nacional. É no mínimo surpreendente a afirmação do crítico para a época, mas vimos que o estrangeiro Darius Milhaud compartilhou, em outro contexto, mas em período próximo, a mesma impressão: o pequeno nada que a nossa síncopa esconde nos tangos e maxixes era, para o compositor, um traço tipicamente brasileiro. De certo modo a síncopa brasileira soava para o compositor europeu paradoxalmente como algo vago e característico, talvez um "ruim esquisito". Sem dúvida, Milhaud não fazia parte daqueles estrangeiros que Mário identificava como caçadores de "exotismo divertido":

> Como a gente não tem grandeza social nenhuma que nos imponha ao velho mundo, nem filosofica que nem a Ásia, nem economica que nem a América do Norte, o que a Europa tira da gente são elementos de exposição universal: exotismo divertido. Na música, mesmo os europeus que visitam a gente perseveram nessa procura do exquisito apimentado. Si escutam um batuque brabo muito que bem, estão gosando, porém se é modinha sem síncopa ou certas efusões líricas dos tanguinhos de Marcelo Tupinambá, *Isso é música italiana!* Falam de cara enjoada.[6]

---

5. ANDRADE, Mário de. *Ensaio sobre a música brasileira.* São Paulo: Martins, 1972, p. 17.

6. *Ibidem*, p. 15

Essa diferença entre os olhares estrangeiros é exemplar para compreendermos a complexidade das forças envolvidas que giram em torno do *topos* da identidade nacional da música brasileira. Também indica aquilo que já sabemos: o pensamento de Mário de Andrade é contraditório e complexo demais para se prestar a reduções simplificadoras (ao contrário, por exemplo, de Oneyda Alvarenga ou Renato de Almeida). Dito isso, podemos seguir adiante no *Ensaio sobre a música brasileira*:

> Um livro como êste não comporta discussão de problemas gerais do ritmo. Basta verificar que estamos numa fase de predominancia ritmica. Neste capítulo o principal problema para nós é o da síncopa.[7]

Mário entendia que a síncopa, do modo como ela se dava aqui, muitas vezes descrevia movimentos rítmicos diferentes dos do conceito tradicional de síncopa européia. Em primeiro lugar, ocorreu uma padronização da síncopa nacional no acompanhamento dos gêneros de música de dança impressa, durante o século XIX, que a fixou sob o signo de *característica*:

Lembremos que, dois anos antes do *Ensaio...*, em 1926, Mário já tinha definido o seu uso sistemático na cultura musical brasileira como uma "entidade rítmica absoluta", em sua conferência sobre Ernesto Nazareth, como vimos no capítulo 1. Para ele, a síncopa européia transformara-se, de um simples "contratempo matemático" – um recurso de exceção –, em uma entidade com "personalidade" aqui nas Américas, traduzindo-se, desse modo, em norma de escrita. Porém, o foco de atenção do crítico nesse momento não era a síncopa característica do acompanhamento rítmico, mas as suas nuances melódicas. Mário lançou a hipótese de que a singularidade da síncopa brasileira estaria no encontro das prosódias portuguesa, ameríndia e africana:

> Me parece possivel afirmar que se deu um conflito grande entre as nossas tendencias e a ritmica já organizada e quadrada que Portugal trouxe da civilização européia para cá. Os amerindios e possivelmente os africanos tambem se manifestaram numa ritmica provinda diretamente da prosodia, coincidindo pois em muitas manifestações com a ritmica discursiva do gregoriano. [...] Ora êsses processos de ritmica oratoria, desprovida de valores de tempo musical contrastavam com a música portuguesa afeiçoada ao mensuralismo tradicional europeu. Se deu pois na música brasileira um conflito entre a ritmica diretamente musical dos portugueses e a prosodica das músicas amerindias, tambem constante nos africanos aqui.[8]

---

7. *Ibidem*, p. 29.
8. *Ibidem*, pp. 30-31.

A hipótese é checada com alguns exemplos que no fundo demonstram o abismo que separava a síncopa escrita da síncopa executada ao vivo na nossa música. Mais do que concordarmos ou não com a hipótese histórica de Mário, o que nos importa é a percepção que levou o crítico a especular sobre esse tema. Mário estava tentando explicar aquele "pequeno nada" que tanto dificultou o entendimento da nossa síncopa, por exemplo, para o europeu Darius Milhaud. Acontece que a síncopa que Milhaud ouvia nas ruas, ou nas salas de espera de cinemas, não era a mesma que estava escrita nas partituras dos gêneros dançantes que circulavam pelo Rio de Janeiro do início do século XX. Daí vem a precisa intuição de Mário de Andrade: embora decantada sob o signo de *característica*, a síncopa brasileira traz consigo uma displicência arredia ao mensuralismo da quadratura rítmica européia que definia a forma dos gêneros dançantes (a polca, a mazurca, a valsa, o *schottisch*, o tango e, por contigüidade, o maxixe). E aqui Mário parece acertar o tiro enxergando na prosódia nacional uma cultura singular do uso da síncopa, que se estende para a música instrumental:

> O cantador aceita a medida ritmica justa sob todos os pontos-de-vista a que a gente chama de *Tempo* mas despreza a medida injusta (puro preconceito teórico as mais das vezes) chamada *compasso*. E pela adição de *tempos*, talequal fizeram os gregos na maravilhosa criação ritmica deles, e não por subdivisão que nem fizeram os europeus ocidentais com o compasso, o cantador vai seguindo livremente, inventando movimentos essencialmente melódicos (alguns antiprosodicos até) sem nenhum dos elementos dinamogenicos da síncopa e só aparentemente sincopados, até que num certo ponto (no geral no fim da estrofe ou do refrão) coincide de novo com o metro (no sentido grego da palavra) que pra êle não provêm duma teorização mas é de uma essencia puramente fisiologica. Coreográfica até. São movimentos livres determinados pela fadiga. São movimentos livres *desenvolvidos* pela fadiga. São movimentos livres especificos da moleza da prosodia brasileira. São movimentos livres não acentuados. São movimentos livres acentuados por fantasia musical, virtuosidade pura, ou por precisão prosodica. Nada tem com o conceito tradicional da síncopa e com o efeito de contratempado dela. Criam um compromisso subtil entre o recitativo e o canto estrófico. São movimentos livres que tornaram-se especificos da música nacional.[9]

A idéia de que a síncopa brasileira ocorre por um processo de adição de tempos e não pela divisão, como na estrutura rítmica européia tradicional, talvez seja a mais importante contribuição de Mário sobre o assunto. Mas ele sabia, e disse explicitamente no *Ensaio...*, que a música brasileira sincopada se realiza no frágil equilíbrio entre a vocação da síncopa tradicional (divisão de tempos) e a vocação da síncopa "livre" (adição de tempos). É como se a música brasileira fosse construída sob uma estrutura rítmica movediça que ao mesmo tempo contradiz e fascina a teoria musical européia. Entretanto, esse é um problema para os musicólogos, isto é, um problema de nomeação. Porque no cotidiano, para quem praticava essa música, as variações da síncopa eram

---

9. *Ibidem*, p. 36.

legítimas e reconhecíveis. Acontece que a padronização da síncopa característica pelas casas editoras de partituras do final do Oitocentos criou uma equivalência entre os gêneros sincopados sob o signo nacional. Na coleção de partituras da Biblioteca Nacional, no Rio de Janeiro, existem fartos exemplos de coletâneas de peças (lundus, tangos brasileiros e polcas) para piano que circulavam entre a elite fluminense em seus saraus particulares. O contexto é o mesmo que vimos nos capítulos anteriores sobre o jovem Nazareth e da personagem Pestana, de Machado de Assis: é como se as polcas européias fossem envenenadas involuntariamente por uma sincopação irresistível. Nesse sentido, a síncopa *característica* estava domada pela forma européia da música de salão, escrita para o desfrute da elite imperial-nacional.

É por essa razão que Mário de Andrade descarta essa síncopa como objeto de análise para o entendimento da singularidade da dicção musical nacional. Mário enxergou na síncopa que aparecia principalmente nas melodias da tradição do lundu e da modinha a assimetria que contradizia a lógica da rítmica européia.[10] E aí está o nó e o xis do problema:

> Ora pois, se nos faltam dados positivos de fórmulas de datas como estabelecer prioridade de criação de imposição na América e no Brasil, de certas manifestações rítmicas e melódicas já agora definitivamente nossas? Quem foi o influenciador? Quem o influenciado? Ou se deu apenas coincidências de fórmulas lusas e africanas que contaminaram-se e deram por isso origem a fórmulas que nasceram sob os auspícios da América [*que*] podemos chamar americanas? Esta última hipótese, nem o é. A contaminação se deu e por ele se criaram fórmulas de cantar já especificamente americanas. Porém esta afirmativa não basta. O problema das origens permanece intricado e sem bases atuais com que possa ser resolvido.[11]

Apesar do exemplar cuidado de Mário no trato com o tema, a tradição da musicologia nacional assumiu de forma simplista e genérica a síncopa *característica* como uma influência direta da cultura africana na formação do nosso *ethos* musical. Esse pensamento aparece explicitamente em Renato de Almeida e Oneyda Alvarenga, e indiretamente em Andrade Muricy, Luiz Heitor Corrêa de Azevedo, Vasco Mariz, Mozart de Araújo, Brasílio Itiberê, Baptista Siqueira, sobrando ecos até mesmo em José Ramos Tinhorão, cuja abordagem se propõe menos técnico-musical e mais sociológica.[12]

---

10. Sobre a sincopação das modinhas, ver: LIMA, Edilson. *As modinhas do Brasil*. São Paulo: Edusp, 2001, pp. 45-46.

11. ANDRADE, Mário de. *Dicionário musical brasileiro*. Belo Horizonte/Brasília/São Paulo: Itatiaia/Minc/IEB/Edusp, 1989, p. 477.

12. Cf. ALMEIDA, Renato. *História da música brasileira*. 2 ed. Rio de Janeiro: F. Briguiet, 1942; ALVARENGA, Oneyda. "A influência negra na música brasileira". *Boletim Latino-Americano de Música*. Rio de Janeiro, ano VI, n. 1, 1946, pp. 357-407; MURICY, José Cândido de Andrade. "Ernesto Nazareth". *Cadernos Brasileiros*. Rio de Janeiro, ano 5, n. 3, 1963; AZEVEDO, Luiz Heitor Corrêa de. *150 anos de música no Brasil (1800-1950)*. Rio de Janeiro: José Olympio, 1956; MARIZ, Vasco. *História da música no Brasil*. Rio de Janeiro: Civilização Brasileira, 1994; ARAÚJO, Mozart de. "Ernesto Nazareth". *Revista Brasileira de Cultura*. Rio de Janeiro, ano 4, n. 14, 1972; ITIBERÊ, Brasílio. "Ernesto Nazareth na música brasileira". *Boletim Latino-Americano de Música*. Rio de Janeiro, abr. 1946; SIQUEIRA, Baptista. *Ernesto Nazareth na música brasileira*. Rio de Janeiro: Edição do autor, 1967; e TINHORÃO, José Ramos. *Os sons negros no Brasil*. São Paulo: Art, 1988.

Recentemente, Carlos Sandroni[13] acrescentou uma importante contribuição para o assunto trazendo a sua experiência em etnomusicologia. Para o pesquisador, já que não existem as fontes materiais para reconstrução histórica da influência africana na música americana, e especificamente brasileira, pode-se pelo menos questionar o conceito europeu da síncopa quando utilizado fora do seu sistema. Na realidade, Sandroni demonstra, apoiado na musicologia africanista moderna, aquilo que Mário de Andrade já tinha observado de modo não sistematizado sobre a nossa música: a convivência de um modelo rítmico que se faz por adição de tempos (suposta tradição africana) com outro que se realiza pela divisão dos tempos (tradição européia). A discussão ganha nova perspectiva com os conceitos de "cometricidade" e "contrametricidade" de Mieczyslaw Kolinski trazidos à baila por Sandroni. A concepção de divisão dos tempos da música européia trata como exceção toda articulação rítmica que não ocorra dentro de uma divisão binária do compasso (por isso o conceito da divisão de tempos, pois o compasso está sempre estruturado num tempo par que pode ser subdividido, a rigor, infinitamente). Kolinski (e Simha Arom) demonstrou que na música centro-africana a estrutura rítmica é pensada com base em um fundo métrico único que permite, pelo processo da adição, a sobreposição de tempos ímpares e pares, cujo resultado é a criação de ciclos rítmicos com diferentes tamanhos. Portanto, os ritmos podem confirmar ou contradizer o fundo métrico constante, isto é, podem ser "cométricos" ou "contramétricos", criando, desse modo, um complexo jogo de "paridades" e "imparidades" rítmicas. O ganho imediato com esses conceitos é a neutralidade em relação à idéia de normalidade e exceção implícitos na teoria musical européia. Como na musicologia africanista, poderíamos excluir do nosso vocabulário técnico-musical o termo síncopa; pois, se no caso da cultura musical brasileira a síncopa é constantemente presente como uma "entidade rítmica absoluta", seria um equívoco descrevê-la com um conceito europeu que lhe atribui a idéia de exceção. Porém, sabemos que a cultura musical do período caracterizava-se principalmente pela diversidade, em que elementos da cultura européia, negra africana e ameríndia formavam uma imbricada e complexa trama de relações. Portanto, se, por um lado, o sacolejo sincopado que as polcas foram ganhando no final do século XIX talvez faça parte, digamos, de um inconsciente rítmico africano que se manifestou de modo residual na música americana, por outro, ele se realizava em uma forma européia (cuja origem está, por exemplo, no rondó clássico-barroco, como vimos no capítulo 1). Mário de Andrade já havia advertido sobre isso, e Carlos Sandroni corrobora a consciência do crítico de que banir do vocabulário da musicologia brasileira a palavra síncopa seria, no mínimo, perder metade da nossa cultura musical. Em suma, Mário abriu e encerrou o assunto:

> Tal como é empregada na música popular não temos que discutir o valor da sincopa. É inútil discutir uma formação inconsciente. Em todo caso afirmo que *tal como é realizado* na execução e não como está grafado no populario impresso, o sincopado brasileiro é rico.[14]

---

13. Cf. SANDRONI, Carlos. *O feitiço decente – Transformações do samba no Rio de Janeiro* (1917-1933). Rio de Janeiro: Jorge Zahar, 2001.

14. ANDRADE, Mário de. *Op. cit.*, 1972, p. 37.

Batuque: todos os gêneros num só ou o lugar nenhum

Em 1901, Ernesto Nazareth compôs o *tango característico Batuque*, publicado somente em 1913 pela Casa Sampaio Araújo e Cia. Como venho demonstrando, no início do século XX a síncopa já estava decantada na cultura musical brasileira de tal modo que dois novos gêneros musicais haviam surgido sob o seu signo: o tango brasileiro e o maxixe. Nesse sentido, do ponto de vista estritamente musical, enquanto o maxixe e o tango brasileiro demonstrariam certa equivalência e reversibilidade, em suas representações socioculturais serão opostos: o primeiro estará associado à cultura periférica da Cidade Nova, tocado, dançado e ouvido pelos pobres; o segundo terá passaporte livre para transitar pela elite fluminense da *belle époque* – na sala de espera dos cinemas, nas operetas ou nos saraus particulares, mas no espaço público destinado aos concertos sua entrada será mais problemática.[15] Contudo, o ponto em comum entre os dois gêneros será a síncopa e sua forma musical (na forma ABACA), que continuará européia, não se distinguindo em nada da estrutura tripartite da polca. Forma-se, desse modo, sob o signo da síncopa aquela "misturada geral", a que Mário de Andrade se referia: no fundo, tanto o maxixe quanto o tango serão, do ponto de vista cultural, representações de imagens do universo afro-brasileiro, mas, cada um, sob a perspectiva de seu estrato social. Nessa perspectiva, tanto faz que fossem maxixes, tangos brasileiros, polcas, lundus ou choros, porque, na realidade, eram gêneros permeáveis, difusamente confundidos, com fronteiras pouco definidas e com variações de inflexões sociais e instrumentais (em sua prática e difusão).

Veremos como tudo isso se manifesta numa peça exemplar: em cada uma das partes de *Batuque* desfilam as diferentes inflexões dos gêneros em questão, escritas num refinado estilo pianístico de concerto. Este *tango característico* será, portanto, o nosso guia e porto seguro no intricado debate sobre o assunto. Aliás, durante a colonização, o termo "batuque" designou de forma genérica os ritmos praticados pelos negros. Não é à toa que Nazareth chamou o seu *Batuque* de *tango característico*. Queria dizer que era mais do que um tango brasileiro, gênero que vinha praticando desde 1892 iniciado com *Rayon d'or*. E parece que, para o compositor, o batuque seria um traço singularizador dessa característica. De seus 98 tangos, somente cinco foram batizados sob a rubrica do gênero *característico*: *Turuna* (1899), *Batuque* (1913), *Mesquitinha* (1914), *Sustenta a... nota...* (1919) e *Digo* (1922).

O título *Batuque* já havia sido usado por pelo menos dois compositores anteriores a Nazareth: Henrique Alves de Mesquita (1830-1906) compôs na década de 1870 o tango para piano *Batuque*, que se transformou numa peça obrigatória no repertório dos chorões da *belle époque*; e Alberto Nepomuceno (1864-1920) compôs, também pa-

---

15. Lembremos daquele episódio em que certos setores da elite protestaram, em 1922, quando Luciano Gallet incluiu tangos de Nazareth num concerto dos seus alunos no Instituto Nacional de Música do Rio de Janeiro. Cf. capítulo 3 deste livro, p. 97.

ra piano, a peça "dança dos negros" em 1888 (que depois seria incorporada como *Batuque*, na "Série brasileira" para orquestra, escrita em 1891)[16], dando início, junto com Alexandre Levy (1864-1892), à criação de um repertório pianístico com características singulares (atribuída pela historiografia como "nacionais") em relação ao modelo da estética romântica européia. Mesquita foi um dos primeiros compositores que tiveram bolsa do imperador d. Pedro II para o aperfeiçoamento na Europa. Dedicou-se principalmente à criação de operetas sincopadas (escritas sob a influência da *habanera* cubana) e, em 1871, grafou pela primeira vez como tango o gênero de sua peça *Olhos matadores*.[17] Nepomuceno, também com formação européia, transitou exclusivamente pelo ambiente erudito, tornando-se um compositor de destaque da chamada primeira geração nacionalista da música erudita brasileira. Com temperamento enérgico, arrumou conflitos com setores da elite nacional "ao criar em 1895 seu famoso lema: 'não tem pátria um povo que não canta em sua língua'".[18] O contraponto entre os dois compositores é indicativo: o tema "batuque" já havia despertado interesse tanto no ambiente popular dos teatros de operetas quanto no europeizado espaço das elites das salas de concerto. E, tanto lá como cá, os batuques foram escritos sob o signo da síncopa. Nesse sentido, o escorregadio universo afro-brasileiro que envolve a palavra batuque lança um tema complexo e delicado, vindo de diferentes "lugares" e interesses sociais, que aponta, ainda de modo difuso, para a busca da "identidade nacional" na música brasileira no período.[19]

Curioso nisso tudo é o fato de *Batuque* de Nazareth ser dedicado ao compositor Henrique Oswald, companheiro de geração de Nepomuceno no circuito da música erudita brasileira do período. Mas, diferente deste, Oswald não se preocupava em pesquisar uma linguagem especificamente nacional, era um compositor que sempre se orien-

---

16. CORRÊA, Sérgio Alvim. *Alberto Nepomuceno – Catálogo geral*. Rio de Janeiro: Funarte, 1996, pp. 11 e 44.

17. Cf. verbete "Henrique Alves de Mesquita". *In*: MARCONDES, Marcos Antônio (ed.). *Enciclopédia da música brasileira: erudita, folclórica e popular*. 2. ed. São Paulo: Art Editora, 1998, p. 507.

18. CORRÊA, Sérgio Alvim. *Op. cit.*, p. 9.

19. O campo que envolve "identidade nacional", "cultura popular" e "cultura erudita" nesse período histórico é complexo e problemático. Mas, de todo modo, é indicativo de um processo similar que se torna um pouco mais claro na década de 1930, e lança luz sobre o período anterior, com o gênero *samba*, por exemplo. Sobre o assunto, Hermano Vianna enxergou em *O mistério do samba* o enigma da transformação desse ritmo originalmente segregado (literalmente um caso de polícia) em símbolo absoluto da nacionalidade brasileira. Um dos caminhos apontados pelo antropólogo para a solução desse enigma estaria na mudança do pensamento da elite nacional, que passou, a partir da obra de Gilberto Freyre, a encarar a figura do mestiço como uma contribuição cultural positiva na formação da nossa nação. Acontece que antes dessa legitimação, digamos, antropológica, os ritmos relacionados com o universo afro-brasileiro já vinham sendo apropriados pela classe dominante desde pelo menos o Primeiro Império. Mário de Andrade demonstrou que o lundu, originalmente um gênero musical sincopado possivelmente introduzido pelos escravos de Angola, foi incorporado pela cultura dos salões imperiais e, misturando-se com a modinha, ganhou a forma canção. Criou-se, desse modo, o gênero que Mário chamava anacronicamente de "lundu burguês". Com a chegada da polca no Segundo Império, vimos com Machado de Assis que rapidamente esse gênero de dança com espírito marcial foi ganhando sincopação e requebros a ponto de ser considerado artigo genuinamente nacional. Portanto, a idéia de uma imagem nacional projetada num ritmo com forte presença negra africana sempre existiu. O problema é como a classe dominante nacional, moldada por um ideal de civilização européia, articulou a sua retórica para justificar esse fato dentro do seu próprio discurso.

tou pelos padrões estéticos europeus.[20] *Batuque* é uma peça que se destaca das demais de Nazareth. À primeira leitura, talvez o compositor quisesse, imbuído do "espírito nacionalista", nos moldes de Nepomuceno, alçar vôos mais altos, escrevendo uma peça "erudita" a partir de temáticas do "folclore urbano" (os ritmos sincopados). A dedicatória seria a legitimação dessa *ambição* (mesmo sendo para Henrique Oswald, porque, de todo modo, ele representava a produção da música erudita nacional da época, assim com seus colegas "nacionalistas", Levy e Nepomuceno). Porém, o depoimento do cronista Gastão Penalva sobre o momento em que Nazareth dedicou a peça desfaz essa impressão, ou melhor, traz uma camada a mais na complexa relação entre a *ambição* e a *vocação* do compositor. Penalva, como outras figuras da sociedade da *belle époque* carioca, costumava apreciar Nazareth tocando piano na sala de espera do cinema Odeon, portanto o evento relatado deve ter ocorrido entre 1910 e 1913, período em que trabalhou para a empresa:

> Um dia, quando cheguei, avistei um senhor de idade, de pé junto ao piano, embevecido na contemplação do artista. Nazareth executava com mais cuidado e mais alma. Quem seria ele? De certo um "diletante" ilustre, um mestre, um crítico de nomeada. Apresentou-me. Era Henrique Oswald. O fino compositor de *Il neige*. Já lá estava há uma hora a deleitar-se com o mágico do *Batuque*. Saímos juntos. Ernesto havia acabado de offerecer ao mestre a sua obra-prima.
>
> E Oswald a dizer-me com sua falla macia de quem tem passado a vida nos prados florescentes onde viceja a arte: – É admirável esse moço. Que música elle faz! Eu mesmo seria incapaz de interpretal-a com aquella maestria, aquelle prodígio de rithmo. E aqui, perdido nessa indifferença...[21]

Nazareth não fazia parte do circuito dos compositores eruditos brasileiros, portanto o seu *Batuque* vinha de outra inspiração. Vinha, acredito, da prática de um músico profissional que circulava livremente pelas várias camadas sociais que compunham a *belle époque* carioca. Assim, enquanto o *Batuque* de Nepomuceno é programático, o de Nazareth é espontâneo, mais próximo ao de Henrique Alves de Mesquita. E carrega aquela sincopação, um "pequeno nada tipicamente brasileiro", difícil de se captar pelos músicos eruditos presos ao conceito europeu da síncopa, compreendida como exceção e não incorporada como norma – tanto para o estrangeiro Darius Milhaud como para o erudito (e esteticamente estrangeiro) Henrique Oswald.

A proximidade de Nazareth com Mesquita ocorre também pelo *gênero*. Mas antes disso, é preciso lembrar que Mesquita era mulato e, apesar de ter escrito óperas e missas durante sua estada em Paris, foi como diretor do Teatro Fênix Dramática, a partir de 1869, que se tornou célebre como compositor de operetas. Ali, ele difundiu um rit-

---

20. Cf. Verbete "Henrique Oswald". *In:* MARCONDES, Marcos Antônio (ed.). *Op. cit.*, p. 593.

21. ALMEIDA, Luiz Antônio de. *Coração que sente*. Manuscrito original, p. 89.

mo da moda que concorria com a polca: a *habanera* (ou o tango). Era um ritmo sincopado, diferentemente da polca, que se espalhou pelas Américas e foi utilizado no Brasil sob a seguinte forma de acompanhamento:

Esse ritmo surgiu possivelmente em Cuba, na década de 1830, a partir da contradança européia. Assim como a nossa síncopa característica, apareceu no contexto do cruzamento das culturas afro-americanas. Segundo Alejo Carpentier, *habanera* foi a denominação estrangeira, especialmente atribuída pela metrópole espanhola, para o ritmo crioulo que era praticado nessa colônia, ritmo este também chamado de *danza americana, americanas* ou *tango*.[22] O termo "tango", em especial, teria surgido na Andaluzia espanhola, na época em que a cidade de Cádiz detinha praticamente o monopólio do comércio com as Américas (entre 1717 e 1778). No Brasil, Baptista Siqueira afirma que o tango teria chegado junto com as companhias de zarzuelas espanholas na década de 1850.[23] Como já foi dito, Henrique Alves de Mesquita, em 1871, com o tango *Olhos matadores*, inaugurou o ritmo no Brasil, embora só com o sucesso da sua opereta *Ali-Babá*, apresentada em 1872, que o gênero ganhou maior evidência. O compositor, com sua experiência cosmopolita, talvez tivesse conhecido o tango andaluz ou o tango americano em Paris. Porém, quem o desenvolveu e o rebatizou sob o nome de tango brasileiro foi Nazareth.

Contudo, é neste ponto que começam a surgir as confusões de terminologia. Mário de Andrade, na conhecida conferência sobre Nazareth, de 1926, sugeriu uma idéia que se tornou uma máxima para a tradição musicológica posterior:

> O que o brasileiro chamou um tempo de *tango*, não tem relação propriamente nenhuma com o tango argentino. É antes a *habanera* e a primitiva adaptação brasileira dessa dança cubana. [...] Foi da fusão da *habanera*, pela rítmica, e da polca, pela andatura, com adaptação da síncopa afro-lusitana, que originou-se o maxixe.

A idéia de que a *habanera* é influenciadora do maxixe reverbera outra noção mais ampla, segundo a qual a *habanera* seria o grande ritmo formador das singularidades rítmicas nacionais americanas.[24] Até José Ramos Tinhorão, a nossa musicologia aceitava essa afirmação mesmo sem documentação que comprovasse o fato. Tinhorão foi

---

22. CARPENTIER, Alejo. *Música en Cuba*. Havana: Letras Cubanas, 1979, p. 422.
23. SIQUEIRA, Baptista. *Op. cit.*, pp. 81-82.
24. "*Es difícil suponer, pues, que el famoso tanguillo gaditano haya impuesto su ritmo, en pocos años, a un inmenso sector geográfico del Nuevo Continente, mas manifestando-se con igual pujanza en la bamba mexicana, el merengue haitiano, la música brasilera, el tango argentino etcétera, etcétera.*" CARPENTIER, Alejo. *Op. cit.*, p. 51.

o primeiro crítico a alertar para o fato de que a influência da *habanera* foi historicamente muito mais fraca do que a da polca na cultura musical brasileira.[25] Da nossa parte, vimos no capítulo 1 como a polca estava profundamente enraizada na cultura musical carioca. Sobram, aliás, exemplos que comprovam isso. E Carlos Sandroni, seguindo Tinhorão, esmiuçou o problema a fundo:

> É que o grande argumento dos defensores da *habanera* não é histórico, mas formal: é a presença da fórmula de acompanhamento colcheia pontuada-semicolcheia-duas colcheias. Como esta fórmula é considerada por definição como "ritmo de *habanera*", sua presença passa a ser considerada como prova suficiente da influência em questão. Trata-se do mesmo argumento falacioso que levou Adolfo Salazar a afirmar, como vimos antes, que quase toda música sul-americana derivou do tango andaluz. Atribui-se a "patente" de um determinado ritmo (ou fórmula a que se resume esse ritmo quando anotado em partitura) a certo gênero localizado no tempo e no espaço: *habanera* (isto é, a canção de La Habana), tango *andaluz*. Em seguida, quando se encontra o mesmo ritmo (ou fórmula) em outro lugar, conclui-se pela influência necessária do seu suposto dono.[26]

Parêntese: a essa linha de pesquisa musicológica, que se apega mais à forma do que à história, filiam-se os recentes trabalhos sobre a obra de Nazareth: mais diretamente a pesquisa de Antonio Adriano Nascimento, e de forma mais difusa as de Marcello Verzoni e Paulo Roberto Peloso Augusto.[27]

Sandroni também apresenta vários exemplos de que gêneros como a polca, o lundu, o maxixe, e até mesmo o samba, em algum momento foram chamados de tangos, ou o contrário. A própria obra de Ernesto Nazareth é recheada por polca-tango, polca-lundu, tango brasileiro com estilo de *habanera*, tango estilo milonga, tango-*habanera* e tango carnavalesco. Comprovação maior é a peça inédita do compositor intitulada *Polca para mão esquerda*, em cujo manuscrito está escrito, na segunda página, "Tango para mão esquerda".[28] Portanto, quando aparecia impresso um desses gêneros na capa de qualquer partitura do final do século XIX, o comprador podia ter certeza que encontraria música sincopada, música feita para o requebro, o que representaria certa imagem da cultura afro-brasileira. Nesse sentido, Carlos Sandroni sintetizou com precisão o *imbroglio*:

---

25. TINHORÃO, José Ramos. *Pequena história da música popular (da modinha à canção de protesto)*. Petrópolis: Vozes, 1975, pp. 72-73.

26. SANDRONI, Carlos. *O feitiço decente – Transformações do afro-brasileirismo na música popular*. Tese de doutorado. Universidade de Tours, Tours, 1997, p. 146 (*versão brasileira*).

27. Cf. NASCIMENTO, Antonio Adriano. *A influência da* habanera *nos tangos de Ernesto Nazareth*. Dissertação de mestrado. Escola de Comunicações e Artes da Universidade de São Paulo (ECA-USP), São Paulo, 1990; VERZONI, Marcelo. *Ernesto Nazareth e o tango brasileiro*. Dissertação de mestrado. Departamento de Música da Universidade Federal do Estado do Rio de Janeiro (Unirio), Rio de Janeiro, 1996; e AUGUSTO, Paulo Roberto Peloso. *Tangos brasileiros – Rio de Janeiro: 1870/1920*. Tese de doutorado. Faculdade de Filosofia, Letras e Ciências Humanas da Universidade de São Paulo (FFLCH-USP), São Paulo, 1996.

28. Cf. análise desta peça no capítulo 6 deste livro, pp.153-157.

[...] a recorrência da situação mostra que não se tratava de "erros" ou de "confusões", mas do simples fato de que na segunda metade do século XIX, e até um pouco mais tarde, a *habanera* e todos os outros gêneros mencionados podiam mesmo ser chamados de tangos, de pleno direito e sem que isso implicasse em confusão. Tango, de acordo com os testemunhos da época que temos consultado, era um nome genérico para canção e dança considerados de influência negra ou mestiça, no quadro do mundo ibero-americano [*sic*].[29]

O tema não é simples e musicólogos como Mozart de Araújo deixaram-se enredar pela armadilha da "misturada geral" a que Mário de Andrade se referiu anteriormente, chegando a criar uma árvore genealógica dos gêneros puramente especulativa:

Derivados do mesmo tronco – do tango espanhol, da *habanera*, da polca e do lundu – não é difícil observar que a dosagem de tango e *habanera* é bem maior no tango brasileiro do que no maxixe. Neste, em escala inversa e decrescente, a dosagem preponderante é de lundu, polca, *habanera* e tango.[30]

Revolvido e terraplenado o tema dos gêneros, podemos olhar para a singularidade do *Batuque* de Nazareth.

Nesse tango, o compositor apresentou um desfile de ritmos e gêneros subentendidos de modo absolutamente natural e orgânico. Lembra, de certo modo, o *Álbum pitoresco e musical*, coleção de danças para piano, ilustrado com gravuras, publicado em 1856, no Rio de Janeiro, no qual cada dança estrangeira estava associada a uma gravura que representava um bairro da cidade: Glória, polca; São Cristóvão, *schottisch* (xote); Jardim Botânico, valsa; Boa Viagem, redova (polca russa) etc.[31] Nesse sentido, *Batuque* sugere um passeio pelo Rio de Janeiro da *belle époque*: como se pudéssemos enxergar a complexa configuração sociocultural da cidade em imagens filtradas pela música do compositor. É que *Batuque* tem um forte poder narrativo e imagético. Por essa razão, a sua forma é ampliada: introdução (16 compassos); seção A (oito compassos, com repetição); seção B (oito compassos, com repetição); ponte B>A (oito compassos); repetição da seção A; seção C (oito compassos, com repetição); ponte C>D (quatro compassos); seção D (16 compassos, com repetição); repetição da seção C; ponte C>A (oito compassos); repetição da seção A e coda. Além de ser um atípico tango de quatro partes (com introdução), existem "pontes" de oito compassos que ligam uma seção à outra. As pontes nada mais são do que um recurso formal para o conflito entre as amarras que a rigidez da forma rondó da polca submete o compositor e a potencialidade narrativa do seu discurso musical. Dentro do formato da polca (e do tango), o autor é obrigado a terminar a sua idéia musical, para manter a regularidade da dança, em períodos de quatro, oito, 16 ou 32 compassos. O rompimento disso gera movimentos de expressividade estranhos à prática coreográfica.

---

29. SANDRONI, Carlos. *Op. cit.*, 1997, p. 138.
30. ARAÚJO, Mozart de. *Op. cit.*, p. 25.
31. MAMMÌ, Lorenzo. *Carlos Gomes*. São Paulo: Publifolha, 2001, p. 22.

Contudo, vamos seguir a ampla narrativa que Nazareth propõe em *Batuque* e nos deixar perder em seus labirintos, como quem explora uma cidade, para que as observações ganhem concretude:

Esta introdução é um plácido começo para a narrativa. Dois planos destacam-se com clareza: 1) a mão esquerda realizando um baixo *ostinato* com sincopação *singular*; e 2) a mão direita preenchendo todas as semicolcheias dos compassos, num movimento pendular, cujo resultado é a criação de uma leve textura, pianística por excelência, harmonizada com intervalos que alternam dissonâncias (segundas e quartas) e consonâncias (terças e sextas). A sincopação *singular* da mão esquerda é traduzida numa inflexão que altera a figura rítmica que a musicologia latino-americana convencionou chamar de *tresillo* (♪. ♪. ♪):[32] é um *tresillo* suspenso (ou condensado) com a omissão do último acento (♫). A lógica de construção dessa figura revela um

---

32. Sobre a sincopação do baixo vale uma observação técnica: o *tresillo*, assim como a *síncopa característica* ou o ritmo *habanera*, são sincopações que ocorrem dentro do compasso. Essa é a grande característica das síncopas que surgiram, *grosso modo*, na música popular-erudita das Américas durante o século XIX. Nesse sentido, apesar de serem síncopas, isto é, articulações rítmicas que sugerem suspensão, elas são conclusivas e estão presas à quadratura desses gêneros. Aliás, essa evidência levou o pesquisador Carlos Sandroni a argumentar tecnicamente a equivalência entre os gêneros em questão: na realidade, a síncopa característica e o ritmo de *habanera* são variantes de uma mesma matriz que a musicologia latino-americana convencionou chamar de *tresillo* (colcheia pontuada-colcheia pontuada-colcheia), razão pela qual são intercambiáveis. Nesse sentido, o pesquisador, preocupado em entender as diferenças entre as articulações rítmicas na música popular

caso de *imparidade rítmica*: os oitos tempos do compasso binário subdivididos em semicolcheias (1/8) apresentam-se divididos em dois grupos de figuras ímpares (3+5). A mão direita, ao contrário, tem a subdivisão do seu compasso em dois grupos de figuras pares (4+4), constituindo-se, portanto, num caso de *paridade rítmica*. O contraste entre a *imparidade*, da mão esquerda, e a *paridade*, da mão direita, provoca um paradoxal efeito de levitação e assentamento.

Essa introdução, como num prólogo de uma narrativa, aproxima-se serenamente, cercada de um difuso mistério, do foco central do enredo. Quase um chamamento: como se estivéssemos chegando silenciosamente à cidade do Rio de Janeiro do começo do século XX.

Sob esta atmosfera, a primeira parte apresenta-se *un poco animato*:

brasileira entre a segunda metade do século XIX e a primeira metade do XX, especificamente sob o gênero do samba, propôs a adoção de dois paradigmas: 1) paradigma do *tresillo*, que se caracteriza pela síncopa interna ao compasso, resultado da música coreográfica afro-americana do século XIX; e 2) paradigma do Estácio, segundo o qual a síncopa realiza-se no meio do compasso, resultado, *grosso modo*, de uma gestualidade oral típica da canção do século XX. No caso de Nazareth, não vale a pena pensarmos sob a macro orientação dos paradigmas, pois, como tento demonstrar, o enigma de sua música realiza-se num problema de gênero e singularidade. Portanto, devemos olhar para cada síncopa como um caso à parte, mas que ao mesmo tempo se relaciona dialeticamente com o gênero. Cf. SANDRONI, Carlos. *Op. cit.*, 2001.

Enquanto a mão esquerda segue com a mesma síncopa da introdução em *ostinato* com a função de pedal, a mão direita desenha uma melodia entrecortada acéfala. Embora a rítmica seja aparentemente constante (pela seqüência de semicolcheias), ocorre um movimento similar ao que vimos em *Cruz, perigo!*: a síncopa oculta mostra-se presente por um contraste timbrístico nos saltos de intervalo (de sextas e terças, no primeiro compasso) promovendo um molejo característico, movimentando dialeticamente a relação entre os dois planos dados pela mão esquerda e mão direita. Somente no quinto compasso a harmonia que estava parada caminha junto com a inflexão melódica. Nesse momento, aquele baixo estático que nos dava a sensação paradoxal de suspensão e assentamento parece se acomodar sob a rubrica do ritmo de *habanera*. Mas o movimento é breve, e voltamos em seguida para a repetição do motivo inicial. Os dois últimos compassos da primeira seção, depois de sua repetição, acenam para um movimento que se direciona para uma finalização tensa (ainda suspensiva): a melodia ascende, o baixo desce cromaticamente e ambos se encontram num acorde não resolutivo. Surge, assim, a seção B como resposta:

Acabam as ambigüidades. Melodia e harmonia caminham juntas por motivos celulares. A resposta ao clima difuso da seção anterior é graciosa e realiza-se numa melodia harmonizada por intervalos que nos faz lembrar a introdução. Mas, ao contrário desta, a mão esquerda segue rigorosamente o ritmo da *habanera*, e o caminho melódico é afirmativo e direto. Pensando-se na continuidade da narrativa inicial, aquela aproximação calma, ambígua e misteriosa da cidade cede lugar a um prazeroso passeio "civilizado". A singular síncopa da introdução foi substituída por uma síncopa resolutiva, conhecida e decantada na cultura da *belle époque*: uma síncopa incorporada, "normatizada" e sistematizada em gênero. O cenário é algo como o Rio de Janeiro do prefeito "bota-abaixo" Pereira Passos – o qual reconstruiu o centro da capital da Primeira República sob o mesmo modelo da reforma de Haussmann, na Paris do Segundo Império: grandes bulevares cercados por praças e fino comércio. Aliás, numa sala de espera de cinema ou num café, talvez, o ritmo da *habanera* poderia ser ouvido tanto lá como cá.

A terceira parte surge com uma modulação. A melodia torna-se homofônica e tética e, por esse motivo, o acompanhamento em ritmo de *habanera* ganha destaque. O caráter singelo da melodia colabora para que ouçamos o acompanhamento como uma antiga polca:

A sensação de estarmos ouvindo uma polquinha anacrônica, no contexto da peça, ocorre porque a melodia da mão direita é reta e tem vocação estrófico-discursiva. Como ela não segue ou recorta ritmicamente o acompanhamento, o ritmo de *habanera* deixa de se caracterizar como tal e passa a ser uma simples variante da clássica figura do acompanhamento da polca (colcheia-duas semicolcheias-duas colcheias). Sob a óptica da nossa narrativa, é como se nessa seção o cenário fosse transportado para um teatro onde assistiríamos a um quadro, com sabor algo nostálgico, de uma opereta ou revista. O problema seria achar um bom teatro, porque, nessa época, os teatros do Segundo Império estavam se transformando em cinemas e *music-halls*, em razão do modismo das novas tecnologias. Foi o que aconteceu, por exemplo, com o teatro Fênix Dramática, dirigido, como já falamos, por Henrique Alves de Mesquita na década de 1870, e, após a reforma do centro da cidade, reaberto como cinema na década de 1910.[33]

A passagem para a nova seção (parte D) realiza-se com uma "ponte" de quatro compassos absolutamente misteriosa:

---

33. CRULS, Gastão. *Aparência do Rio de Janeiro*. Tomo II. Rio de Janeiro: José Olympio, 1965, p. 631.

A estranha passagem que se inicia soturna e vai ganhando luminosidade até desembocar na última seção, cuja indicação de intenção é clara: "bem sapateado". Ora, trata-se de um maxixe. O cenário desloca-se para a Cidade Nova. Lá se concentrava parte da população pobre do Rio de Janeiro e, ao que tudo indica, foi onde surgiu a dança do maxixe. O principal e talvez único documento sobre o assunto é o livro de Jota Efegê, *Maxixe, a dança excomungada*.[34]

Mas, voltando para o *Batuque* de Nazareth, nessa última seção, a melodia é novamente harmonizada em bloco. O motivo melódico é simples (caminha sob a repetição da mesma nota em grau conjunto). Há uma inversão em relação à seção anterior: enquanto na polquinha a mão esquerda cumpria a função ritmo-harmônica, agora, no maxixe, ela volta à suspensão da síncopa da introdução, assumindo ainda a função de contraponto na região grave (mimetizando as "baixarias" que o violão fazia no trio de pau-e-corda). A mão direita, como na introdução, cria texturas harmônico-melódicas que pontuam ritmicamente com semicolcheias a síncopa da outra mão. Portanto, o suingue do maxixe realiza-se nessa complementaridade das mãos. É importante apontar, ainda, que essa última seção tem o dobro do tamanho das anteriores, de modo que, no contexto geral da peça, o maxixe final soa como a sestrosa apoteose de "batuque".

Volto a pensar, depois disso tudo, na idéia de que a síncopa particulariza o significado mais geral da *polca* como *intermediário cultural* na música popular-erudita desse período. Sob o seu signo, os gêneros em questão podem ser intercambiáveis e também singulares. Exemplo disso é a complexa relação de Nazareth com o maxixe.[35]

Em suma, Mário de Andrade enxergou no lundu de salão do século XIX a primeira expressão singular de nacionalidade, numa dança que se fazia com pares separados e cujo acompanhamento musical externo apresentava uma sincopação específica que criava um determinado imaginário da herança colonial negra (com temática humorística e alusões aos intercursos sexuais entre senhores e escravos).[36] E essa interpretação do crítico modernista só foi possível porque, antes de Gilberto Freyre, ele já valorizava a mestiçagem como aspecto positivo na nossa formação nacional. No final do século XIX, a polca introduziu a dança européia, com par enlaçado, que em pouco tempo foi ganhando sincopação e, a partir daí, identificação por seus contemporâneos como produto legitimamente nacional (e o exemplo da crônica de Machado de Assis de 1887, como vimos no capítulo 2, mostra a continuidade da temática humorística e se-

---

34. EFEGÊ, Jota. *Maxixe, a dança excomungada*. Rio de Janeiro: Conquista, 1974.

35. Sandroni faz um comentário significativo: "Não é de se espantar que Nazareth não gostasse de ver suas composições chamadas assim [*maxixe*], quando se sabe que, por volta de 1886, o vocábulo servia, entre outros fins, 'para designar qualquer coisa ruim, de má qualidade'. Mas como pretender que 'não teria jamais entrevisto a significação afro-brasileira' de suas composições um autor cuja primeira peça leva indicação do gênero: polca-lundu, e do qual uma das obras-primas se chama *Batuque*? O verdadeiro enigma em torno das indicações de gênero de Nazareth é antes a unanimidade da crítica em negar-lhe a realidade". SANDRONI, Carlos. *Op. cit.*, 2001, p. 79.

36. Cf. ANDRADE, Mário de. *Modinhas imperiais*. São Paulo: Martins, 1964.

xual do lundu). No início do século XX, surge o maxixe como uma dança que, em seu aspecto geral, tem o acompanhamento musical externo similar ao da polca e passa a ocupar o lugar do lundu no imaginário nacional como dança mestiça. Nesse caso, assim como em Machado e a polca, seus contemporâneos estabeleceram uma relação complexa com o assunto. Jota Efegê mostra, na pesquisa em periódicos, como uma parcela da população elegera o maxixe como dança nacional mestiça, enquanto a contraditória burguesia da *belle époque* tratava-o como um caso de polícia, ao mesmo tempo em que se via atraída pelo "batuque" estilizado. No cerne desses problemas, e que nos diz respeito particularmente, está a síncopa, soterrada por camadas sociais, culturais e musicológicas. Tudo isso pulsa como recalque e paixão no *Batuque* de Nazareth. Ou, se preferirmos, como *ambição* e *vocação* do célebre compositor.

Reprodução da partitura de *Floraux*, tango de Ernesto Nazareth
Rio de Janeiro-RJ, c. 1909
Biblioteca Nacional/Divisão de Música e Arquivo Sonoro

Floraux: aspectos do estilo nazarethiano

La polytonalité ici ne résidait plus dans les accords,
mais des rencontres de lignes.

Darius Milhaud
Notes sans musique, 1949

A esta altura, o leitor que vem acompanhando a trajetória desta exposição poderia se perguntar: mas, afinal de contas, tirando-se as espessas e complexas camadas de interpretação histórico-literárias, as idas e vindas biográficas e musicais, onde está a música de Nazareth? De que modo ela pulsa? Quais são suas características essenciais? Nada mais justo para quem teve a paciência de aceitar o desafio da decifração do enigma do homem célebre. E precisamente por se tratar de um enigma e de uma tessitura é que a nossa trajetória não poderia ser linear. Todavia, chega o momento em que é preciso estabelecer parâmetros sistemáticos. Mesmo que sejam provisórios no movediço terreno musical nazarethiano, em que gênero, singularidade, ambição e vocação estão em constante tensão. Nesse sentido, este capítulo propõe um tom diferente do tratamento anterior. Será mais técnico.

Por outro lado, não nos deixemos enganar pela amplitude do título, porque o estilo nazarethiano será tratado a partir das questões levantadas até agora, cujo envolvimento se liga exclusivamente ao universo musical dos gêneros sincopados do compositor (polcas e tangos). Gêneros como a valsa, as marchas (fúnebre ou carnavalesca) ou o concerto (improviso) serão tratados à parte (no capítulo 7), mesmo que guardem características do estilo musical do compositor que serão delineadas aqui. O maior volume da obra nazarethiana está concentrado nos gêneros sincopados (cerca de 20 polcas, 98 tangos *versus* aproximadamente 40 valsas, um estudo de concerto e alguns foxtrotes, entre outros poucos gêneros) e, a esta altura, não é preciso repetir mais sobre sua importância. O que quero dizer, portanto, é que, se existe um estilo próprio em Ernesto Nazareth, ele se expressa sobretudo nos gêneros sincopados, muito mais do que nas incursões do compositor em outros gêneros.

As análises de *Cruz, perigo!* (1879), *Rayon d'or* (1892) e *Batuque* (1911), desenvolvidas nos capítulos 1, 3 e 4, respectivamente, tentaram mostrar problemas mais amplos que se articularam numa interpretação de Nazareth e seu tempo. Contudo, precisamos caracterizar alguns processos únicos do compositor, os quais dizem respeito mais especificamente à linguagem musical de sua obra. Para isso, analisaremos o tango *Floraux*, composto em 1909. É preciso dizer que a idéia de evolução na obra de Ernesto Nazareth, entendida como aprimoramento estilístico, está relativizada desde o início, a partir do momento em que vimos que a polca *Cruz, perigo!* (sua segunda composição, vale lembrar) já continha precocemente grande parte das características que encontraríamos em suas peças posteriores. No movediço terreno no qual estamos pisando, em que *gênero* e *singularidade* se espelham e se confundem, praticamente qualquer peça de Nazareth seria capaz de servir à análise. Por outro lado, apesar do gênero, cada peça é singular em sua motivação e arquitetura composicional específica. Portanto, em *Floraux* buscarei traços gerais daquilo que chamo de aspectos do estilo nazarethiano.

A princípio, estabeleci três categorias que, acredito, podem dar conta da descrição analítica do universo do nosso compositor: 1) aspectos formais: fraseologia, dinâmica e estrutura de compassos; 2) condução harmônica; e 3) pensamento polifônico: texturas sonoras. É importante frisar que essas categorias foram pensadas a partir da convivência e da intimidade com a obra de Nazareth, de modo que, embora em algum momento possam parecer um tanto artificiais, surgiram das observações internas à obra do compositor. Elas não valeriam, por exemplo, para a descrição analítica da obra de Chiquinha Gonzaga.

Sobre *Floraux*

Em 1909, a Casa Mozart publicou a peça *Floraux*, tango de Nazareth oferecido à agremiação de moças da sociedade carioca denominado *Cercle Floraux*. Os círculos, associações, clubes, agremiações ou, de modo geral, os salões eram, como sabemos, o espaço de convivência da elite. Naturalmente, as agremiações eram as instituições formais, e os salões restringiam-se ao espaço familiar privado. Mas os modos e as modas de comportamento eram essencialmente os mesmos. Durante o Segundo Reinado, os salões faziam-se mais presentes em torno da corte política, como nos salões promovidos pelo marquês de Abrantes, pelo barão de Cotejipe ou pelo visconde de Meriti, nos quais a ostentação de riqueza e a sofisticação dos produtos europeus surgiam em proporção direta ao aumento de riqueza da corte, cujo ambiente era partilhado por liberais e conservadores ao mesmo tempo: "Não se faz política sem bolinhos", dizia Cotejipe.[1]

---

1. SALIBA, Elias Thomé. "O monóculo atento de um cronista social – Wanderley Pinho mostra elegância e jogos políticos na corte imperial". *O Estado de S. Paulo*, Caderno 2, 21.11.2004, p. D5.

Já na republicana *belle époque*, os salões ganharam um caráter mais voltado para o entretenimento:

> [...] dos salões mais variados da *belle époque*, apenas um ou dois eram promovidos por políticos importantes (como o de Azevedo ou o de Rui Barbosa). Havia um clima musical e literário deliberado no salão de Inglês de Souza, um toque decididamente artístico no de dona Laurinda, e grande variedade nos salões mantidos por profissionais e homens de negócios urbanos.[2]

Apesar dessas diferenças, os valores culturais permaneceram os mesmos, a saber, profundamente marcados pelo paradigma aristocrático de inspiração franco-inglesa. Mundo esse, como vimos, em que Nazareth circulava como um intermediário cultural.

De certo modo, *Floraux* carrega essa atmosfera dos salões aristocráticos. Mas também carrega, como veremos, o sacolejo do maxixe dos grupos mais populares. Dois universos ao mesmo tempo próximos e distantes que esse tango percorre com a naturalidade técnica característica de Ernesto Nazareth. Do ponto de vista formal, a peça é um atípico tango com quatro partes, cuja exposição, sem contar as repetições internas, apresenta-se da seguinte maneira:

A (16 comp.) / B (16 comp.)
C (16 comp.) / D (16 comp.) / C (16 comp.)
Ponte C > A (8 compassos)
A (16 compassos).

Apesar de suas quatro partes, sente-se que o tango está dividido em dois grandes blocos temáticos. As partes A e B (em cinza claro) contêm um gesto musical diferente das partes C e D (em cinza escuro). E a ligação entre os blocos é feita por uma pequena parte com oito compassos que podemos chamar de ponte (em branco): uma extensão formal necessária para transição das atmosferas díspares. Essa é a macroestrutura da peça. Cada seção está construída numa métrica de 16 compassos que, na realidade, nada mais é do que uma idéia musical de oito compassos dividida em dois períodos (ou quatro frases) que se repetem com terminações diferentes.

Ainda com um olhar mais recuado, observa-se que o primeiro bloco cria um *continuum* de melodias construídas sob uma articulação de dinâmicas que flerta com a linguagem pianística do repertório romântico de salão, enquanto o segundo traz um recorte rítmico e temático característico do maxixe, mas com um acabamento formal estranho ao gênero praticado nas ruas. O que poderia parecer contraditório em Nazareth soa natural e fluido.

---

2. NEEDELL, Jeffrey D. Belle époque *tropical*. São Paulo: Companhia das Letras, 1993, p. 132.

Grosso modo, *Floraux* é um típico tango nazarethiano em que o popular e o erudito pulsam num estilo próprio que ao mesmo tempo se confunde como *gênero* e se distingue dele. É importante frisar que a separação desses universos é sutil porque o estilo de Nazareth é sutil (outro compositor poderia transitar entre as duas linguagens de forma mais grosseira, programática ou padronizada).

Proponho, portanto, que se acompanhe a análise descritiva de *Floraux* com base na comparação dessas duas "forças" que a peça comporta. As características de seu estilo musical vêm inevitavelmente dessas duas fontes que aqui chamarei, especificamente, *música de salão*[3] e *maxixe* para que possamos descartar o genérico e problemático binômio música *erudita* e *popular*.

Aspectos formais: fraseologia, rítmica e dinâmica

Antes de tudo, vejamos a partitura:

---

3. Charles Rosen comenta o termo: "'Música de salão' é geralmente um termo pejorativo e não há dúvida de que uma grande quantidade de música ruim foi tocada nos salões – mas, creio eu, não em casa ou teatro de ópera. Ainda não está claro se há algo que possa ser chamado de 'música de salão', ou se ao menos podemos encontrar alguma definição satisfatória para tal gênero de música. É, no entanto, um termo útil, desde que não tentemos atrelá-lo de uma maneira muito limitada a um significado ou determinar muito meticulosamente quem é seu público". ROSEN, Charles. *A geração romântica*. São Paulo: Edusp, 2000, p. 520.

Na primeira parte de *Floraux* (parte A), o tema melódico é apresentado por dois períodos que desenham movimentos contrários. O primeiro é composto por duas frases tendencialmente descendentes (em graus conjuntos), estruturadas em dois grupos de semicolcheias que repetem a mesma nota, simetricamente paralelas, e separados pelo intervalo de quarta (sem a repetição das notas, o contorno melódico da primeira frase é essencialmente: fá#, ré, dó, fá#; e o da segunda: si, sol, fá#, si). O segundo período é composto por duas frases diferentes, em que a primeira desenha um amplo movimento diatônico, num arpejo também descendente sob o IV grau menor da tonalidade de Si menor, enquanto a segunda frase retoma, com aspecto semelhante, mas omitindo a primeira nota do grupo de semicolcheias, o mesmo motivo das frases do primeiro período, agora ascendente. Todas as quatro frases que formam os dois períodos são disparadas por anacruses.

O contorno melódico é exemplar para compreendermos um aspecto estilístico específico da fraseologia de Nazareth. Sua principal característica se apóia na construção de motivos melódicos curtos que, em geral, tem a terminação da frase no tempo forte do compasso seguida pela repetição da mesma nota (ou fundamental, terça, quinta ou oitava do acorde de repouso) acentuando o tempo fraco:

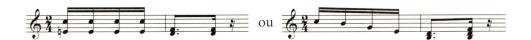

A suspensão que essa sincopação cria é inevitável e pode ser vista em dezenas de polcas e tangos do compositor, caracterizando-se verdadeiramente como um clichê. Outro aspecto importante é a construção melódica que se apóia no princípio do *paralelismo* ou da *seqüência melódica*: uma simples idéia motívica (um salto de intervalo consonante ou dissonante ou a repetição da mesma nota) é modulada ou repete a mesma estrutura (ascendente ou descendente), às vezes seguindo a escala diatônica da tonalidade ou inserindo tensões (principalmente cromáticas). O movimento harmônico costuma acompanhar a idéia motívica valorizando a melodia dos baixos por meio da inversão dos acordes. O motivo melódico também pode sofrer pequenas alterações rítmicas que influenciam, por exemplo, as acentuações do tempo forte ou fraco do compasso:

O jogo entre a afirmação e a negação melódica do tempo forte do compasso talvez seja o procedimento mais característico do compositor. Isso só é possível porque Nazareth escreve sob a forma binária dos gêneros de dança, segundo a qual a regularidade e a periodicidade de eventos é regra essencial. Em geral, o fraseado tem o tamanho de dois compassos, que pode ser estendido (com motivos em anacruses) ou diminuído (com motivos acéfalos) de acordo com a vontade do autor em negar ou afirmar a expectativa regular do compasso binário. Entretanto, esse procedimento ocorre, essencialmente, de dois modos diferentes. Nas seções em que Nazareth dialoga com a linguagem da música de salão, os tempos fortes e fracos do compasso são tratados sutilmente como se estivessem em permanente estado de flutuação, ao passo que nas seções em que o diálogo musical é com o maxixe ocorre uma negação explícita e marcante do tempo forte. Vejamos primeiramente o início da parte A (música de salão) para depois analisarmos um trecho da parte D (maxixe).

Parte A

Como as duas primeiras frases da parte A começam em anacruses, e suas terminações estão nos pontos fracos do tempo, sente-se uma *dilatação* da frase melódica em relação ao andamento binário. O motivo melódico que repete a mesma nota em semicolcheias também contribui para o deslocamento temporal, porque começa antes do tempo forte e acaba depois. Aliás, essa *dilatação* é, no fundo, uma intenção de sincopação sutil, que depende das acentuações do intérprete, um "pequeno nada", que poderíamos chamar algo como uma *síncopa dilatada* (porque não aparece o desenho da figura rítmica tradicional da *síncopa*).[4] Porém, no acompanhamento da mão esquerda, surge explicitamente a *síncopa característica*. A sobreposição de sua intenção oculta, na mão direita, e de sua aparência explícita, na mão esquerda, é um procedimento muito comum em Nazareth: duas síncopas ocorrem simultaneamente em defasagem. O que acontece aqui é uma variação muito próxima do que vimos na parte A de *Cruz, perigo!*, em que ocorria, pela repetição das notas em semicolcheias (como em *Floraux*), uma *síncopa cheia*, resultado do contraste de acentuações timbrísticas.[5] Mas, no caso de *Floraux*, é especificamente na última frase da parte A que ocorre de forma explícita um duplo efeito de contratempo:

Nesta finalização, a melodia sobe em *crescendo*, num desenho rítmico que omite ostensivamente o tempo forte e atinge o ápice resolutivo no ponto mais fraco do compasso binário. Não é por acaso que existe um acento na nota Fá#, reforçada pela sua oitava (abaixo), para dar mais ressonância ao ataque no contratempo. A marcação do tempo forte está somente no baixo e, no tempo seguinte, já se inicia a anacruse motívica para a repetição da primeira frase da parte A. Os baixos localizam com segurança a estrutura binária métrica da peça – estrutura fundamental para que os outros acontecimentos ocorram livremente. Apesar de ser um tango, se tocado lentamente, do modo que Nazareth gostava, o pulso coreográfico dessa seção pode praticamente desaparecer: sentimos uma intenção ternária por detrás do compasso binário, sob a forma do característico "balanceio" nazarethiano entre *paridades* e *imparidades* rítmicas.[6]

A ambigüidade métrica que Nazareth sugere nesse trecho evoca um procedimento da música de salão usado pelos compositores europeus do século XIX, principalmente nas formas expandidas, como nas sonatas ou nos prelúdios. Pelo aspecto intrinsecamente pianístico do compositor, sobram ecos chopinianos no seu tratamento rítmico-melódico. Mas, para não soar simplista, a aproximação exige certa mediação.

Sabemos que a estrutura métrica das polcas e tangos de Nazareth é um desenvolvimento da estrutura métrica da polca européia. Esse gênero, característico pelo tempo

---

4. É o que podemos ver no tango *Sarambeque* (1916), sob uma construção fraseológica diferente.
5. Cf. capítulo 1, pp. 51-52.
6. Cf. capítulo 4, sobre a introdução de *Batuque*, pp. 121-122.

binário com andamento vivo, está organizado cometricamente em períodos de quatro compassos (com terminações masculinas nos tempos fortes do compasso). Vimos que em Nazareth, e na cultura musical ao seu redor, ocorreu o progressivo aparecimento contramétrico das frases melódicas (com terminações femininas nos tempos fracos do compasso), cuja forma se cristalizou na figura rítmica da *síncopa característica*.

Entretanto, a fraseologia melódica dos gêneros binários de dança de salão é uma redução moderna da tradicional métrica quaternária da música ocidental, cuja origem remonta ao longo processo de metrificação rítmica que evoluiu junto com a consolidação do sistema tonal. Contudo, a frase periódica de quatro compassos é uma forma de controlar a grande estrutura métrica, determinando, desse modo, um pulso constante mais lento sobre as pulsações do compasso individual. Pois é justamente dessa regularidade que se faz a expectativa da escuta. O pianista e crítico Charles Rosen colocou em perspectiva histórica essa noção de métrica:

> O sistema de fraseado de quatro compassos já era freqüentemente utilizado nos inícios do século XVIII – os padrões de dança requeriam essa espécie de regularidade; por volta do último quarto do século XVIII, ele dominava em quase todas as composições. O pulso mais lento imposto à música não nos deve enganar: a música do final do século XVIII parece, na realidade, mover-se mais rapidamente do que a do barroco. A velocidade de mudança harmônica era mais lenta; isso está refletido no agrupamento de quatro compassos e controla a sensação de um amplo movimento. A técnica atua de maneira muito semelhante à do motor de um carro: numa marcha mais alta o motor gira mais lentamente, mas o carro se move mais rapidamente. O ritmo harmônico lento e a frase periódica são aspectos principais da mudança a uma marcha mais alta, e eles permitem que as estruturas dramáticas de maior amplitude se desdobrem efetivamente, evitando a concentração sobre o pequeno movimento rítmico interno a cada compasso.[7]

De modo geral, no final do século XVIII e início do XIX vários compositores alteraram o módulo regular de quatro compassos, introduzindo, por exemplo, compassos de acompanhamento para as frases melódicas ou expandindo o último compasso com ecos. Com isso, ganharam-se expressividade e construção de estruturas dramáticas mais complexas.[8] Porém, as observações de Rosen sobre esse procedimento em Chopin são

---

7. ROSEN, Charles. *Op. cit.*, p. 361.

8. Rosen mostra trechos do *Quarteto de cordas em dó maior, op. 33, n. 3*, de Haydn, em que o tema da peça é introduzido por dois compassos de acompanhamento (ver exemplo em ROSEN, Charles. *Op. cit.*, p. 362). No *Trio para piano e cordas em mi maior*, K. 542, Mozart expande o tema inicial em si maior, o que poderia ter sido uma frase de quatro compassos para seis (ver exemplo em ROSEN, Charles. *Op. cit.*, p. 364). Em suma, "a métrica de quatro compassos possui, para Beethoven, um maior efeito de energia motora do que para os compositores da geração anterior, e impulsiona a música adiante; seus desvios são mais importantes do que os terríveis exageros do conformismo. Deveria ser estranho o fato de que o desvio padrão de quatro compassos seja considerado mais criativo do que a sua própria utilização criativa – como se tivéssemos que repreender um compositor pelo fato de ele não ter tirado uns tantos bocados de três ou cinco compassos em seu ritmo padrão ou tempo comum de 4/4". *Ibidem*, p. 365.

valiosas e esclarecedoras para compreendermos um aspecto específico do *estilo nazarethiano* em criar tangos que escondem um sofisticado diálogo com a afirmação e negação da regular estrutura métrica baseada nas frases de quatro compassos. O crítico aponta, por exemplo, que na seção central do *Scherzo em si bemol menor*, Chopin utiliza um mesmo motivo tanto para ênfase como para relaxamento:

O mesmo motivo é tanto usado para ênfase (♩ ♩ |♩ |♩) como para relaxamento (♩ ♩ |♩ 𝄽 𝄽). Acompanhemos o comentário de Charles Rosen:

> A ênfase é inicialmente colocada no primeiro compasso, ou tempo forte, dos grupos de quatro compassos, e a resolução, no terceiro. Esse padrão é tocado três vezes. Na quarta vez, o terceiro compasso também adquire ênfase, e no próximo grupo de quatro compassos os acentos são invertidos: a resolução ocorre no primeiro compasso e a ênfase no terceiro (poderíamos considerar toda essa passagem como três grupos de quatro compassos seguidos por dois grupos de seis compassos, mas isso não altera a métrica fundamental de quatro compassos). Se tocada corretamente, essa passagem terá como efeito uma sincopação expressiva, um deslocamento de uma versão completamente estável a outra instável, que pode ser comparado à forma observada no *ritmo di tre battute* que encontramos na *Nona Sinfonia* de Beethoven.[9]

Nessa passagem, Rosen aponta exemplarmente como ocorre aquilo que chamou de *sincopação expressiva* no trecho do *Scherzo* de Chopin: oscilação entre estabilidade e instabilidade numa métrica regular de quatro compassos. Esse procedimento, além de característico em Chopin, é estritamente pianístico em sua solução e, nesse sentido, lança luz sobre Nazareth, projetando-o numa tradição maior. A intenção da sincopação no contexto da métrica regular também costuma aparecer em nosso compositor: vimos como ocorreu a *síncopa cheia* (análoga ao movimento do pandeiro) em *Cruz, perigo!*, pelo contraste timbrístico, e acabei de comentar sobre a intenção da *síncopa dilatada* em "*Floraux*". Em ambos os exemplos, o perfil melódico era muito parecido (uma frase melódica construída sob a repetição em semicolcheias da mesma nota):

Cruz, perigo! (*síncopa cheia*)

---

9. *Ibidem*, p. 379.

Floraux (*síncopa dilatada*)

É importante frisar que essa aproximação entre a sugestão da *síncopa expressiva* no *Scherzo* de Chopin e da *sincopação cheia* ou *dilatada*, em *Cruz, perigo!* ou em *Floraux*, respectivamente, não é mecânica, tampouco pensada como uma relação de influência e reflexo: são soluções próprias do universo pianístico que trazem expressividade para a métrica regular do fraseado de quatro compassos. Acontece que, como um entusiasta tocador de Chopin (tanto como profissional, nas casas de demonstração de partituras, como amador, no sentido apaixonado do termo), Nazareth trazia consigo, de algum modo, a musicalidade do compositor polonês. Adiante veremos como isso ocorre sob uma perspectiva mais concreta. Por ora, essa aproximação nos ajuda a caracterizar as ressonâncias do universo que venho chamando aqui de música de salão nos procedimentos de escrita rítmico-melódicos de Nazareth, cuja configuração se traduz num estilo próprio.

Bem, se a parte A do tango dialoga com as referências descritas acima, a parte C e D trazem o irresistível sacolejo do maxixe: a primeira sob a forma da *síncopa característica* e a segunda sob sua variante conhecida como *ritmo do maxixe* (que se verá na seqüência). Vejamos um trecho da parte C:

O pequeno motivo celular composto com a repetição de notas iguais (ou suas oitavas) em grupos de semicolcheias (com quatro ou três figuras) atravessa todo o *tango* com diferentes dinâmicas e significados para a percepção do ouvinte. Enquanto na parte A predomina a sensação de dilatação de tempo – porque são preenchidos praticamente todos os oito espaços que a figura da semicolcheia pode ocupar num compasso binário, causando, desse modo, contraste ao sincopado gênero do tango –, as partes C e D são explícitas como *gênero*:

Parte D

Nesse trecho, o primeiro e o segundo motivos melódicos estabelecem um jogo de pergunta e resposta, um modo de construção que também se traduz num *estilo nazarethiano*, empregado em dezenas de peças sincopadas como um clichê do autor. A seção começa com um motivo em anacruse ascendente e terminação característica, como já vimos, prolongando o tempo fraco do compasso. Esse gesto melódico sugere uma tensão suspensiva que exige continuidade em outra frase, por exemplo, na forma de resposta, complementação ou até mesmo prorrogação de incertezas.[10] No caso, a continuação vem na forma de uma resposta-provocação que insiste na repetição da mesma nota. Tal provocação se traduz pela insistência do movimento melódico pendular

---

10. Luiz Tatit, no contexto específico da canção, portanto, da oralidade, comenta sobre as inflexões das frases entoativas sob o conceito técnico do *tonema*. Embora estejamos no contexto da música instrumental, acredito que as três inflexões dos tonemas (descendência, ascendência ou suspensão) nos ajudam, por analogia, a interpretar o significado figurativo de um "gesto" melódico instrumental: "Os tonemas são inflexões que finalizam as frases entoativas, definindo o ponto nevrálgico de sua significação. Com apenas três possibilidades físicas de realização (descendência, ascendência ou suspensão), os tonemas oferecem um modelo geral e econômico para a análise figurativa da melodia, a partir das oscilações tensivas da voz. Assim, uma voz que inflete para o grave, distende o esforço de emissão e procura o repouso fisiológico, diretamente associado à terminação asseverativa do conteúdo relatado. Uma voz que busca a freqüência aguda ou sustenta a altura, mantendo tensão no esforço fisiológico, sugere sempre continuidade (no sentido de prossecução), ou seja, outras frases devem vir seguidas a título de complementação, resposta ou mesmo como prorrogação de incertezas ou das tensões entoativas de toda sorte." TATIT, Luiz. *O cancionista*. São Paulo: Edusp, 1996, pp. 21-22.

de oitavas (a mão direita executa esse balanço) sob um recorte rítmico preciso: o grupo de quatro semicolcheias deixa vazio o espaço da primeira (tempo forte). Esse é o desenho rítmico característico do acompanhamento do maxixe executado, por exemplo, pelo cavaquinho nas rodas de choro.[11] Portanto, a resposta-provocação mimetiza literalmente a picada do cavaco cujo contraponto, no ambiente dos chorões, viria do violão de sete cordas, com suas "baixarias" (frases melódicas na região grave, nos bordões ou nos baixos) com tendências cromáticas. A ostensiva negação da primeira semicolcheia do grupo de quatro semicolcheias é o motor que move o "suingue" do maxixe. Em geral, esse desenho rítmico ocorre numa região médio-aguda servindo de marcação e caracterização do gênero:

Rítmica do maxixe

---

11. Henrique Cazes, em sua *Escola moderna do cavaquinho* (Rio de Janeiro: Lumiar, p. 39), demonstra o ritmo do cavaquinho para os *gêneros* em questão.

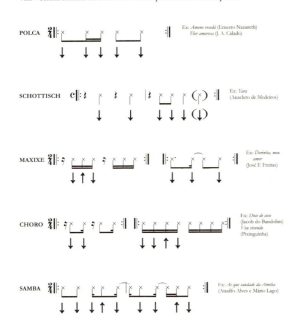

Nessa seção (parte D), o motivo melódico é ainda mais sintético do que na primeira seção do tango. Trata-se de um motivo celular rítmico característico, cuja repetição serve à prática coreográfica que o gênero pede. A sincopação é explícita e recorrente. O pulso do compasso binário é claro e definido.

A parte B poderia sugerir, numa primeira leitura, a convivência numa mesma seção da música de salão e do maxixe. Vejamos:

Apesar da presença da figura *rítmica do maxixe* (no segundo compasso do exemplo acima), essa seção caracteriza-se mais como um desdobramento da primeira parte do tango (parte A), como música de salão. Fora a empostação, existe também uma continuidade da tonalidade de si menor entre as seções A e B (embora esta última repouse em ré maior, isto é, relativo maior de si menor, tonalidades que compartilham a mesma armadura de clave), enquanto as partes C e D (maxixe) apresentam-se em sol maior e em dó maior, respectivamente. A diferença das tonalidades indica o contraste entre as partes. Os dois períodos que formam a estrutura de 16 compassos da seção diferenciam-se unicamente em suas finalizações. É uma característica comum nas peças de Nazareth. Em geral, ocorrem de duas maneiras:

1) contorno melódico vertiginosamente descendente ou na forma de arpejos ou numa escala por graus conjuntos em que são introduzidos alguns saltos de segunda maior ou menor de acordo com o campo harmônico (é o que ocorre no sexto e no sétimo compassos do exemplo acima);
2) melodia sinuosa, também descendente, que segue uma linha por graus conjuntos, mas que nos tempos fracos da frase surgem saltos de intervalos de terça, quarta e até sexta que voltam para a linha anterior, às vezes, por aproximação cromática (é o caso do 11° e do 12° compassos).

Outro aspecto que sugere a empostação da música de salão nessa seção é a construção de sua primeira frase apoiada num motivo ascensional em *staccato*, engenhosamente escrito em contraponto com os baixos, rebatidos em oitavas e acentuados, procedimento estritamente pianístico em sua arquitetura.

Em suma, as quatro partes que formam *Floraux* apresentam um perfil rítmico-melódico fluido e exalam uma naturalidade técnica que escondem a engenhosa arquitetura de seus bastidores. Parte dessa fluidez está no uso da dinâmica rigorosamente marcada nas partituras escritas pelo compositor. O jogo de afirmação ou negação do tempo forte do compasso binário só é possível se as marcações de acento forem rigorosamente respeitadas e as intenções de dinâmica forem seguidas à risca. Quem se debruçar sobre os tangos de Nazareth poderá constatar que, além das indicações de dinâmica convencionais da música escrita (*crescendo, staccato, fortissimo* etc.), o autor invariavelmente indica *gingando* (parte A de *Odeon*), *bem jocoso* (parte A de *Thierry*), *ziguezagueando* (parte B de *Guerreiro*), *sapateado* (parte C de *Guerreiro*), *bem misturado* (parte B de *Sustenta a... nota...*), em seções, por exemplo, que dialogam com o *maxixe*, ou *com graça* (parte A de *Reboliço*), *misterioso* (parte A de *Miosótis*), *scherzando* (parte C de *Cutuba*), *com alma* (parte A de *Nove de julho*), *delicadíssimo* (parte B de *Nove de julho*), em seções sob inspiração da *música de salão*.

Condução harmônica

As harmonias de Nazareth são um caso à parte: têm discurso próprio e independente. Isso acontece porque o compositor não pensa a sua condução sendo orientada unicamente pelas funções harmônicas a partir de blocos verticalizados. Seu pensamento polifônico não permite. As notas que compõem os acordes sempre vêm de algum lugar ou apontam para outro. O caminho é independente e melódico. É por essa razão que as cifras dos acordes do compositor revelam inversões e tensões harmônicas (notas que não fazem parte da tríade/tétrade básica). Esse cuidado na construção e encadeamento dos acordes demonstra um profundo saber (tanto intuitivo como "científico") do discurso tonal. O exemplo dos primeiros compasso de *Floraux* é claro:

O objetivo é atingir a tônica no segundo compasso. Portanto, o compasso anterior precisa de um acorde que contenha o trítono para ser resolvido. Estamos na tonalidade de si menor cujo acorde dominante é o fá# com sétima (F#7). A melodia criada por Nazareth (que sinteticamente seria ré, dó#, fá#) aceitaria sem conflitos que todo o compasso fosse harmonizado simplesmente com o acorde dominante (a nota ré que ocupa o primeiro tempo do compasso seria a 13ª bemol de F#7, uma tensão que faz parte do campo harmônico menor, e a nota dó# é a quinta justa do acorde). Não satisfeito com a habitual cadência dominante, o compositor procura um caminho ao mesmo tempo mais rebuscado e transparente. Em primeiro lugar, cria um acorde antes da dominante para dobrar a métrica harmônica do compasso, promovendo, assim, maior movimento. Escolhe, portanto, o V grau da dominante para criar uma cadência de dominantes consecutivas. Mas não usa os acordes em suas primeiras inversões, o que resultaria num movimento convencional de quartas consecutivas nos baixos. A dominante da dominante está na segunda inversão (C#7b9/G#, que também pode ser cifrado como G#0) e a dominante está na sua primeira inversão (F#7/A#). Com isso, Nazareth consegue uma linha melódica nos baixos (sol#, lá#, si) que cria um contracanto com a melodia (ré, do#, fá#). Também é preciso dizer que os acordes estão construídos com três vozes que se mexem o mínimo possível, como numa lição de contraponto: as notas são mantidas e mudam de função de acordo com o movimento dos baixos (por exemplo, a nota fá#, fundamental do acorde dominante, no primeiro compasso, que se transforma na quinta, na tônica, segundo compasso).

Como resultado, cria-se uma espacialidade ao mesmo tempo misteriosa e luminosa que o motivo melódico por si só não conseguiria sugerir. Portanto, o tratamento harmônico em Nazareth é tão discursivo como a voz solista. Na realidade, existe um rebatimento de intenções entre os dois.

Sob essa mesma lógica, existe um outro tipo de construção harmônica bem característica em Nazareth. Trata-se de um discurso que sugere dramaticidade. Em geral, a melodia segue uma seqüência melódica, e a condução harmônica é movida por cadências de engano ou cromatismos que parecem não ter fim. É o caso da primeira parte de *Apanhei-te cavaquinho* ou a quarta parte de *Floraux*:

Nos seis primeiros compassos do exemplo acima, a métrica harmônica comporta um acorde por compasso, alternando dominante e tônica. A partir do sétimo, a métrica dobra conferindo velocidade aos acordes. Surge a partir daí uma curiosa construção. Essencialmente, temos uma direção harmônica simples e objetiva partindo do III grau da tonalidade (Em – oitavo compasso), seguindo para o V/II (A7 – nono compasso), chegando no II grau, relativo da subdominante (Dm7 – décimo compasso), posteriormente na dominante (G7 – 11° compasso), tônica (C – 12° compasso), subdominante (F – 13° compasso), novamente tônica (14° compasso), dominante (15° compasso) e por fim tônica (16° compasso). Esse seria o caminho harmônico se a métrica incluísse um acorde por compasso. Mas Nazareth, no momento em que dobra essa métrica, insere curtas cadências de subdominante menor/dominante individualmente para cada acorde (Fm6/C – G7/C – C, por exemplo). O efeito resultante é a sugestão de uma permanente modulação que parece não ter fim (intensificado no penúltimo compasso quando surge o segundo grau bemol – bII – antes da dominante, caracterizando um acorde de sexta napolitana). Com isso, o compositor cria um percurso que vai se tornando cada vez mais dramático, porque a repetição da mesma estrutura intensifica uma expectativa que é sempre enganada. De sobra, ainda temos uma melodia criada pelos acordes invertidos: si, ré#, mi, ré, dó#, lá, ré, dó, si, sol, dó, si bemol, lá, lá bemol, sol bemol, fá, sol, dó (entre os compassos sete e 16 da partitura).

Esse tipo de condução harmônica é uma verdadeira armadilha para aqueles que quiserem acompanhar *Floraux*, como é o caso, por exemplo, nas rodas de choro, dos tocadores de cavaquinho que, donos de ouvidos adestrados para as cadências tonais essenciais, invariavelmente "caem" com os caminhos tortuosos e expressivos do compositor.[12] A harmonização de Nazareth segue geralmente uma lógica de construção a partir de linhas melódicas independentes, que nem sempre são intuitivas. E pela primeira vez podemos indicar um aspecto que evoluiu no seu estilo: as primeiras harmonias da fase das polcas são mais simples do que na fase posterior. Mas, quando afirmo que são mais simples, quero dizer que estão desprovidas de um discurso narrativo como vimos nas construções harmônicas acima, quer dizer, cumprem apenas a função elementar de resolução do trítono do modo mais convencional (dominante/tônica).

Para finalizar, um breve comentário sobre o contraste das tonalidades entre as três partes que formam, geralmente, os tangos de Nazareth: na maioria das peças as seções A e B apresentam tonalidades relativas (mesma armadura de clave, portanto), enquanto o *trio* (parte C) introduz uma nova tonalidade (em geral numa distância de quarta justa em relação ao tom da primeira seção). Por exemplo, os tangos *Favorito* (1895), *Remando* (1896), *Famoso* (1917), *Guerreiro* (1917), *Meigo* (1921), *Paulicéia, como és formosa* (1921) e *Escovado* (1905), entre outros, seguem as tonalidades lá maior [A] (parte A), fá #menor [F#m] (parte B) e ré maior [D] (parte C). Dos 95 tangos escritos pelo compositor, em apenas 15 a primeira parte começa numa tonalidade menor. As tona-

---

12. Henrique Cazes corrobora: "Os chorões contemporâneos do autor [*Nazareth*], quando se arriscavam a interpretar obras de Nazareth, não conseguiam dar a elas a delicadeza adequada". CAZES, Henrique. *Choro – Do quintal ao Municipal*. São Paulo: Editora 34, 1998, p. 38.

lidades mais usadas por Nazareth seguem a forma: A-F#m-D (13 tangos), D-Bm-G (sete tangos), Ab-Fm-Db (sete tangos), Db-Bbm-Gb (cinco tangos), entre outros. Encontramos também peças escritas somente em tonalidades maiores, como *Segredo* (1896, G-D-C), *Atlântico* (1921, C-C-F) ou *Catrapuz* (1914, A-A-D), ou menores como *Menino de ouro* (1918, Am-Am-Dm).

Pensamento polifônico: texturas sonoras

Os comentários que venho fazendo sobre as peças de Nazareth sempre esbarram naquilo que tenho chamado de planos de escuta ou acontecimentos musicais. Foi o que vimos, por exemplo, no capítulo 1, sobre as três camadas que formam a primeira seção da polca *Cruz, perigo!* ou, em páginas atrás, sobre o baixo *cantabile* de *Rayon d'or*. Agora, acabamos de comentar a respeito da vocação essencialmente melódica das linhas que formam as harmonias do compositor. Tudo isso converge para um pensamento composicional singular no contexto de sua obra: o que diferencia em grande parte Nazareth dos seus contemporâneos é uma lógica polifônica de construção musical. A partir do momento em que a estrutura composicional realiza-se sob uma sobreposição de camadas, o que está em jogo passa a ser a capacidade do compositor em costurar e equilibrar uma fina malha formada por linhas melódicas e rítmicas. Surge, portanto, um novo parâmetro que precisa ser levado em conta: a *textura*.

Resumindo os principais aspectos do *estilo nazarethiano* vistos até agora:

FRASEOLOGIA:
a) motivos celulares que podem se desenvolver em paralelismo ou em seqüência melódica; b) motivos estróficos, numa proporção menor a dos celulares, que funcionam como respostas aos motivos celulares.

RÍTMICA:
a) uso da síncopa característica (e suas variantes) isoladamente ou dividida entre as mãos esquerda e direita; b) sincopação *cheia* ou *dilatada*, que provoca um sutil deslocamento do acento das frases, por contraste timbrístico ou acentuação dos tempos fraco do compasso.

FORMA:
a) forma tripartite originada do rondó dividida nas seções A, B e C (*trio*); b) uso de introduções, pontes e acréscimo de seção (parte D, por exemplo), quando o discurso musical exige ampliação da forma; c) cada seção apresenta uma idéia musical em oito compassos que se repete com terminação diferente, formando, portanto, seções com 16 compassos.

HARMONIA:

a) condução harmônica *discursiva* que valoriza linhas melódicas por meio da inversão dos acordes; seções A e B em tonalidades relativas, e seção C numa nova tonalidade (na maioria das vezes numa distância de quarta justa da primeira tonalidade).

As características acima são como as peças de um jogo que Ernesto Nazareth combina sem nunca extrapolar as regras, isto é, o limite formal do gênero. É justamente desse jogo que surgem texturas sonoras inusitadas e sutis que às vezes passam despercebidas na recorrência natural do gênero. Acredito que, como vimos em *Floraux*, existam duas forças que orientam essa engenharia-*bricolage* musical: a música de salão e o maxixe. São, ao que tudo indica, as duas fontes que formaram o pensamento polifônico nazarethiano.

Em primeiro lugar, vamos buscar as referências da música de salão. Inevitavelmente somos obrigados a pensar nas possíveis ressonâncias da obra chopiniana em Nazareth. Já vimos neste capítulo a proximidade de procedimentos do uso da *síncopa dilatada* e a "sincopação expressiva" entre o motivo melódico da primeira seção de *Floraux* e certo trecho do *Scherzo em si bemol menor*, de Chopin. Aliás, o estilo chopiniano é sintetizado com precisão cirúrgica pelo pianista Charles Rosen:

> A força poética de Chopin depende, igualmente, de seu controle sobre todas as linhas de uma polifonia complexa. Nisso estava baseado o sutil deslocamento do acento de frase e os desconcertantes experimentos harmônicos. As belas sonoridades da escrita de Chopin – a refinada espacialidade, as vibrantes vozes internas – brotam de uma estrutura abstrata de linhas. O pianista tem consciência, tal qual em Bach, tanto de como uma linha individual é sustentada quanto da passagem da melodia de uma voz à outra. Não foi só nos pequenos detalhes que Chopin apresentou sua arte, mas nos contornos gerais das grandes formas. Em sua música o lirismo e o choque dramático têm, ambos, um débito equivalente com relação a essa arte. Esse é o verdadeiro paradoxo de Chopin: ele consegue ser o mais original na utilização de uma técnica mais tradicional e fundamental. É isso o que o torna ao mesmo tempo o compositor mais conservador e mais radical de sua geração.[13]

A idéia do paradoxo entre o conservadorismo e a radicalidade do pensamento polifônico em Chopin é extremamente fecunda para entendermos a musicalidade do *estilo nazarethiano*. De certo modo, a idéia de que o mestre polonês exerceu grande influência no mestre fluminense está dada. De Mário de Andrade aos intérpretes contemporâneos, todos sem exceção identificam uma atmosfera daquele compositor nas peças escritas pelo nosso. Mas essa impressão é, de modo geral, vaga e imprecisa

---

13. ROSEN, Charles. *Op. cit.*, pp. 627-628.

ou corre o risco de soar fetichista. Estigmatizar o estilo de Nazareth com a influência chopiniana sem maiores explicações significa agregar unilateralmente os valores mitológicos do grande artista europeu ao nosso compositor. E o efeito fetichista que resulta disso é a valorização da obra de Nazareth simplesmente por sua legitimação com base na influência da grande arte européia – dinâmica, aliás, recorrente da elite nacional do início do século XX sobre as artes de modo geral. O fetichismo nesse caso, vale dizer ainda, reduz sensivelmente o rendimento interpretativo tanto daquele como deste mestre. Entretanto, foi o próprio Mário de Andrade, já em 1926, que alertara de modo subliminar (é importante frisar) sobre isso:

> Duma feita, a uma pergunta proposital que fiz pra êle, Ernesto Nazaré me contou que executara muito Chopin. Eu já pensamenteara nisso, pela influência subtil do pianistico de Chopin sobre a obra dêle. Talvez esta afirmativa sarapante muito fetichista, mas é a mais verdadeira das afirmativas porêm.[14]

Ao contrário do espanto que o efeito fetichista poderia criar, o crítico, com a contumaz obsessão analítica, buscou aproximar o universo musical de Nazareth ao de Chopin sob a particularidade característica de sua escrita essencialmente pianística:

> O cultivo entusiasmado da obra chopiniana lhe deu, alem dessa qualidade permanente e geral que é a adaptação ao instrumento empregado, o pianistico mais particular de certas passagens, como a 3ª. Parte do *Carioca*, ou tal momento do *Nenê*. Ainda é chopiniana essa maneira demonstrada no *Sarambeque*, no *Floraux*, na 4ª. Parte do esparramado *Ramirinho*, de melodizar em acordes tão contra a essência monódica da música popular.[15]

Mário não foi muito longe, mas deixou pistas importantes sob o registro de impressões. Principalmente a observação sobre a singularidade nazarethiana no procedimento de harmonização em bloco da melodia, ao contrário da prática comum homofônica da cultura musical dos gêneros de seus contemporâneos (maxixe, choro, polca etc.). Vimos, por exemplo, que na segunda parte do seu primeiro tango, *Rayon d'or* (1892), esse procedimento (harmonização em bloco) está presente sob uma construção textural que continha três acontecimentos: o contraste entre o gesto curto *staccato* e a intenção prolongada da *ligadura* da primeira voz do motivo inicial; o movimento de terças descendentes (mão direita); e o movimento de terças sincopadas (mão esquerda).[16] No entanto, atrás desse gesto espontâneo (em Nazareth tudo soa fluido e natural), esconde-se uma lógica polifônica na condução das vozes que formam os acordes. Esse modo de pensar, que parece ser, ao que tudo indica, essencialmente chopiniano, singulariza um determinado as-

---

14. ANDRADE, Mário de. "Ernesto Nazaré" (1926). *In: Música, doce música*. São Paulo: Martins, 1963.
15. *Ibidem*, pp. 123-124.
16. Cf. capítulo 3, pp. 102-104.

pecto da escrita nazarethiana: certa solenidade na criação de texturas dramáticas. Exemplos não faltam: a segunda parte de *Ouro sobre o azul*, embora temperado mais por um clima beethoveniano do que propriamente chopiniano; ou também as segundas seções de *Sagaz* e *Nenê*; e, como vimos, a primeira e segunda partes de *Floraux*.

Contudo, a música de salão é apenas uma parte do universo de Nazareth.[17] A outra é o maxixe. O compositor não participava diretamente das rodas de choro, mas a atmosfera está toda em seu piano. Veremos no próximo capítulo que o compositor criou uma escrita pianística paradigmática quando procurou estilizar os instrumentos do choro: principalmente o violão, com seu baixo *cantabile*, e a linguagem rítmica do cavaquinho. E é possível que grande parte do seu espírito de engenheiro-*bricoleur* (seu talento em equilibrar diferentes acontecimentos musicais) venha desse ambiente. Ao contrário do que comumente é divulgado, Henrique Cazes revela que nas primeiras gravações dos chorões quase não havia improvisações ou acompanhamento rítmico com instrumentos de percussão.[18] Isso faz pensar que o mesmo ocorria nas rodas. O fato é que, com ou sem improvisações, a atmosfera da música dos chorões sempre foi muito melódica: no clássico trio de "pau-e-corda", o cavaquinho assumia a função central de condução rítmico-harmônica, enquanto a flauta e o violão mantinham um permanente estado de tensão com o diálogo de suas melodias. A riqueza rítmico-melódica do maxixe e o procedimento intrinsecamente pianístico da música de salão, quintessenciada pelo estudo chopiniano, parece que foram as fontes que formaram, em Ernesto Nazareth, um pensamento musical específico capaz de construir texturas sonoras originais, a partir do encontro de linhas melódicas e rítmicas.

---

17. Como em Chopin, o compositor não dá conta de sua singularidade: "O rótulo 'estilo de salão' não nos auxilia, entretanto, a ver a originalidade de Chopin: as passagens possuem uma complexidade de coloração que não foi freqüente entre seus antecessores ou contemporâneos (com a significativa exceção de Berlioz e Liszt). As passagens de Chopin são apresentadas com uma pureza de condução de vozes que está fora do alcance de qualquer dos contemporâneos. A rara combinação da coloração e *estrutura polifônica* [grifo meu] é o que eleva sua figuração virtuosística acima do nível das passagens similares de Field, Moscheles e Hummel – para não falar do famoso virtuosismo sob encomenda de Thalberg Kalkbrenner". ROSEN, Charles. *Op. cit.*, p. 533.

18. CAZES, Henrique. *Op. cit.*, pp. 11-79.

Manuscrito de *Odeon*, tango de Ernesto Nazareth
Rio de Janeiro-RJ, *c.* 1909
Biblioteca Nacional/Divisão de Música e Arquivo Sonoro

6

Tangos em revista

No capítulo anterior, vimos alguns aspectos do estilo musical de Ernesto Nazareth com base no tango *Floraux* (1909). Agora passo em revista aspectos mais gerais de seus tangos. Um olhar menos atento para a quase centena de tangos escritas por Nazareth poderia deixar passar sutilezas que se perderiam na recorrência natural do gênero. Meu objetivo neste capítulo é justamente apontar algumas dessas sutilezas.

E já que o assunto é a exceção, na coleção de manuscritos de Nazareth da Biblioteca Nacional (Dimas) encontra-se uma peça inédita (nunca editada ou gravada) sob o título *Polca para a mão esquerda*. Já fiz um rápido comentário sobre ela no quarto capítulo deste livro, quando o tema era o que chamei de equivalência entre os gêneros. É que essa peça tem na sua segunda página a designação "Tango para mão esquerda". A partitura não possui data e não se sabe ao certo se a identificação "Polca" ou "Tango para mão esquerda" é um título definitivo ou uma anotação para uma possível publicação. Também ronda o enigma sobre a sua não edição. Nazareth nunca teve problemas para publicar suas peças até mesmo porque, como vimos, o nascente mercado editorial de partituras do final do século XIX e início do XX necessitava de títulos para satisfazer a demanda do entretenimento em torno da cultura do piano. Então por que esta polca-tango não foi publicada? Será que o compositor não lhe deu muita importância por considerá-la um simples estudo? Pois o fato de ser uma peça escrita para a mão esquerda talvez significasse uma limitação dos recursos pianísticos? Ou, ao contrário, o compositor escreveu um exercício de exibicionismo técnico e, ponderado como era, resolveu não publicá-lo?

Enfim, nessa linha de indagações poderíamos especular um bocado. Contudo, o que temos de concreto é o manuscrito e penso que ele seja revelador para as interpretações que venho propondo neste livro. Ora, a peça está rigorosamente acabada com todas as indicações de dinâmica, *ritornellos* e divisão entre as partes. Isto é, pronta para ser editada. Nas partes A e B existem as indicações *gracioso* e *simples*, respectivamente, o que indica o temperamento com que se deve interpretar cada seção, por exemplo. E mesmo que não estivesse acabada, a peça tem um valor estético próprio. O que se vê é a condensação numa única mão dos procedimentos descritos no capítulo anterior entendidos como parte do estilo nazarethiano: essencialmente o pensamento polifônico rítmico-melódico e a construção de texturas sonoras. Isso demonstra que o estilo de escrita do Ernesto Nazareth é de tal modo característico que, mesmo numa situação de limitação técnica, ele surge com naturalidade. E, sobretudo, traz a revelação, que vem justamente dessa limitação técnica, sobre aquilo que é mais vital no compositor: a sua relação com o seu instrumento, o piano.

O desafio da escrita de uma peça para uma única mão carrega consigo necessariamente uma pesquisa, ou pelo menos a preocupação, do compositor sobre as possibilidades técnicas e sonoras do instrumento. No caso específico de um tema para a mão esquerda é natural que se usem as regiões médio-graves do piano. Nazareth escolheu a tonalidade de mi bemol maior para as seções A e B e lá bemol maior para seção C (*trio*). A peça é mais um exemplo daquela característica comum na obra nazarethiana, como vimos anteriormente, em que a parte A apresenta uma tonalidade (no caso *Eb*), a parte B pode modular ou não para relativo menor do tom (aqui, a polca-tango permanece em *Eb*), e a parte C apresenta um novo tom, geralmente numa distância intervalar de quarta justa em relação ao tom da primeira parte (*Ab*, na peça em questão).

Ainda sob um ponto de vista mais amplo, essa polca-tango traz o característico contraste de texturas entre as partes recorrente em Nazareth: a seção A e B seguem a rítmica da polca européia, enquanto o *trio* final faz contraste com *continuum* das seções anteriores, deixando-se levar explicitamente pelo deleite sacolejante do maxixe. Nota-se que nas duas primeiras partes houve uma preocupação maior com a escrita, presente nos pequenos contrapontos ou espelhamentos melódicos, enquanto na seção do *Trio* o aspecto geral é mais homofônico. Enfim, um grande resumo numa única mão sobre tudo o que apontamos como característico do compositor.

Olhemos os detalhes da primeira seção da peça:

O motivo melódico é apresentado por um gesto de *appoggiatura* que exige considerável destreza técnica do pianista para soar natural. Aliás, parece ser desse gesto melódico que se originou a idéia musical da peça: uma seqüência melódica por grau conjunto de três notas descendentes (sol, fá, mi bemol), com a duração rítmica em semínimas que marcam os tempos fortes do compasso, seguido por um arpejo também descendente, que se inicia uma terça acima da primeira nota da seqüência anterior, concentrado no tempo fraco do compasso, e com maior movimentação rítmica (semicolcheias, no segundo compasso) do motivo anterior. O efeito disso é a construção de uma frase melódica (com a soma dos dois motivos) que parece apresentar uma idéia que imediatamente é reapresentada com a implicação dúbia da redundância ou, talvez, do comentário irônico: os motivos se relacionam, de todo modo, numa construção em diálogo. A segunda frase melódica é um deslocamento paralelo do mesmo contorno da primeira um tom acima (respeitando, evidentemente, o campo harmônico). Como resposta às duas primeiras frases surge uma terceira que incorpora o seu motivo melódico junto com os acordes diminutos que caminham em terças menores num gesto ascendente. Aqui surge uma textura específica que, no contexto mais límpido da textura anterior, pode ser lido como um contraponto mais denso e sombrio. Esse contraste apresenta-se como o momento de maior inflexão dramática do período, pois o encadeamento dos seis acordes diminutos (no quinto compasso do exemplo acima) devem soar com uma dinâmica *crescendo* (cujo equilíbrio da interpretação se torna tecnicamente complicado quando realizado numa única mão). De modo geral, sempre é surpreendente a habilidade de Nazareth em nos conduzir por acontecimentos diferentes de modo natural, fluido e orgânico. Essa peça tem características que trazem particularidades técnicas específicas: o equilíbrio e a fluidez de uma trama de acontecimentos são naturalmente mais orgânicos quando realizados por duas mãos. Mas a surpresa que a *Polca-tango para mão esquerda* nos traz é que a escrita do *estilo* nazarethiano permanece natural mesmo aqui, comprovando, de outro modo, que seu *estilo* parte, portanto, de um *pensamento polifônico*.

Na segunda seção da peça, as dificuldades técnicas apresentam-se de modo mais complexo porque a escrita torna-se mais contrapontística:

Aqui, temos essencialmente o mesmo princípio da seção anterior; a diferença é que as duas primeiras frases apresentam o mesmo contorno melódico em duas tessituras diferentes (separadas por oitavas, primeiro na oitava de cima e depois na oitava abaixo). Numa peça escrita convencionalmente, isso ocorreria como um movimento entre as mãos direita e esquerda justamente para destacar o diálogo entre as duas regiões da mesma melodia.[1] Nazareth sintetiza, porém, tudo num único gesto pianístico e ainda pontua esse caminho melódico pelo acompanhamento rítmico característico da polca. Portanto, temos uma melodia dividida em duas vozes (oitavadas) e o acompanhamento rítmico-harmônico integrado em três acontecimentos que formam um textura original realizada por um único gesto do pianista. O pensamento polifônico do compositor mais uma vez está presente.

Sobre o *trio* final resta pouco a comentar. Tudo o que era singularidade na forma do estilo nazarethiano cristaliza-se no gênero do maxixe sob a figura rítmica do "brasileirinho". Mas que fique claro que esse contraste entre as partes também é específico do estilo do compositor. Entretanto, aqui temos um tradicional acompanhamento de uma melodia que se desenvolve por uma seqüência melódica simples, sob uma rítmica característica. O alvo é certeiro: o *trio* é música para se dançar pura e simplesmente. Vejamos:

---

1. Esse diálogo entre vozes remonta, difusamente, ao contraponto de vozes como num *cânone*, do século XVI, à la *Josquim de Près*, por exemplo. Cf. WISNIK, José Miguel. *O som e o sentido*. 2. ed. São Paulo: Companhia das Letras, 1989, pp. 109-124.

A escrita exclusivamente para a mão esquerda é uma tradição do repertório pianístico que surgiu na segunda metade do século XIX, mas que passa a ser executada em concertos no início do século XX.[2] Talvez a peça mais conhecida seja o *Concerto para mão esquerda*, escrita por Ravel (1875-1937), em 1931, encomendada pelo pianista Paul Wittgenstein, que teve o braço direito amputado durante a Primeira Guerra Mundial. O compositor Alexander Scriabin (1871-1915) também se destaca com uma produção original para o gênero. Já Johannes Brahms (1833-1897) não escreveu uma peça original, mas adaptou uma *chacone* de Bach para a mão esquerda. Curiosamente, Alberto Nepomuceno (1864-1920) escreveu um número considerável de peças para mão esquerda: *Bacarola, Brincando, Dança, Melodia*, em 1906, e *1º Noturno em dó maior* e *2º Noturno em sol maior*, em 1910 e 1920, respectivamente.[3] É bem possível que Nazareth estivesse dialogando com o nacionalista compositor cearense quando escreveu sua polca-tango, o que lançaria a hipótese sobre a data de sua composição ser em torno da década de 1910. Ainda mais porque o pensamento polifônico decantado da escrita da peça não indica que ela tivesse sido composta no período do jovem Nazareth (na década de 1880, quando, apesar de existir o pensamento polifônico, ele ainda não havia se configurado como estilo).

---

2. Cf. EDEL, Theodore. *Piano music for one hand.* Bloomington: Indiana University Press, 1994.
3. CORRÊA, Sérgio Alvim. *Alberto Nepomuceno – Catálogo geral.* Rio de Janeiro: Funarte, 1996, p. 42.

Clássicos

Numa das poucas entrevistas que concedeu aos jornais, nosso compositor já maduro, aos 57 anos, fez um melancólico balanço sobre a sua vida e obra:

– E as composições? Não lhe têm auferido lucros?
– Lucros? Eu vivo de lecionar, pois de outra forma não ganharia a vida.
– Bem. E quantas composições conta até hoje?
– Mais de duzentas. A primeira foi uma polka, a que dei o título de *Você bem sabe*. O senhor de certo não conhece... é ... já faz muito tempo...
– Mas qual é a sua composição predilecta?
– Ahn!... Isso é que não pode ter resposta definitiva, assim à queima roupa... Gosto de algumas.. Lembra-se do *Brejeiro*?
– Como não?

"Ai ladrãozinho!
Dos teus labios de coral,
(tem dó)
Dá-me um beijinho!
Não te pode fazer mal.
Um só"

– Todo o Brasil canta isso. – concluiu elle num sorriso.[4]

Apesar do contumaz tom discreto e moderado, Nazareth reconheceu o fato de que todo o Brasil ainda cantava *Brejeiro*, um dos seus primeiros tangos, escrito em 1893. A entrevista foi realizada em 1924, portanto *Brejeiro* já havia completado 31 anos de idade.[5]

Ora, essa capacidade de algumas de suas músicas permanecerem por tanto tempo na memória popular foi um dos motivos que levou Mário de Andrade, em 1926, a indagar sobre o enigma de sua popularidade.[6] Até agora vimos algumas das pistas que apontam para esse enigma, mas meu objetivo é cada vez mais cercá-lo por diferentes

---

4. Entrevista com Ernesto Nazareth para o jornal *Folha da Noite*, São Paulo, 08.09.1924.

5. É importante lembrar, como já comentei no capítulo 3, que a primeira gravação de *Brejeiro* foi em 1904, pelo cantor Mário Pinheiro, e não sabemos ao certo quando Catulo escreveu a letra para o tango (com certeza, entre 1893 e 1904).

6. E já que estamos falando em memória e popularidade, os versos finais do samba *Beija-me* (1943), de Roberto Martins e Mário Rossi – gravado por Cyro Monteiro, um sucesso nacional, e regravado por Elza Soares no álbum *Bossa negra de Elza Soares* (1961) –, são: "Quando eu ponho a boca/ nos teus lábios de coral!". Devo a Eugênio Vinci de Moraes a lembrança.

perspectivas. Assim, a esta altura, torna-se fundamental localizar as características musicais que fazem com que algumas das peças de Nazareth soem como *clássicos* da cultura musical brasileira. Sim, *clássicos*, porque são peças paradigmáticas, em estilo e *ethos*, para toda uma tradição de pianistas e compositores que sempre se mostrou influenciada por Nazareth: de Villa-Lobos a Tom Jobim, passando por Pixinguinha, Francisco Mignone, Radamés Gnatalli, ou Jacob do Bandolim, entre vários outros (sem falar no francês Darius Milhaud, que via verve e frescor inventivos em sua obra).

Nesse sentido, *Brejeiro* é exemplar para entendermos esse amplo poder de alcance. E mais uma vez estamos diante do problema de *singularidade* e *gênero*. A peça foi o segundo tango composto por Nazareth. E, ao contrário do gênero, é dividida em duas seções. De todos os gêneros sincopados escritos pelo compositor, somente o tango carnavalesco *Fora dos eixos* (1922) e seus poucos sambas carnavalescos (que serão comentados no próximo capítulo) estão divididos em duas partes. É sintomático que isso ocorra, pois essa organização formal acontece principalmente no universo da canção popular, cuja tradição modinheira nacional se decantou genericamente na forma ABA.[7] À parte a forma, *Brejeiro* tem uma forte *vocação* para a oralidade em comparação com a maioria dos outros tangos do compositor. A primeira e a segunda parte do tango têm um contorno melódico que se desenha por graus conjuntos numa tessitura confortável para a voz. O que se diz melodicamente é claro e concreto, sem maneirismos ou caminhos tortuosos: essencialmente um caminho melódico solar nas tonalidades em lá maior e mi maior, respectivamente. Praticamente todas as frases melódicas começam com a mesma divisão rítmica e seguem, na medida do possível, o mesmo padrão. Essas características aproximam o aspecto geral rítmico-melódico da peça com um jeito de falar que, organizados pelos parâmetros das alturas melódicas e durações rítmicas, pode virar canção. Não é por acaso que o tango ganhou letra de Catulo da Paixão Cearense, mas deve-se dizer que, antes que isso acontecesse, o tango agradou tanto que se tornou, como sabemos, o primeiro sucesso retumbante de Nazareth.

Essa talvez seja a perspectiva mais intuitiva para compreendermos a popularidade instantânea de *Brejeiro*: o tango já nasceu potencialmente como uma canção. Mas só isso não faria de *Brejeiro* um "clássico". Pensemos sobre aquele procedimento característico do estilo nazarethiano que se traduz, genericamente, na maneira de organizar a composição sempre de forma concisa e direta, mesmo que construída sob a simultaneidade de planos independentes que sugerem diferentes acontecimentos sonoros. O resultado dessa fina malha é geralmente a criação de uma música simples que se esconde por detrás de uma rica carpintaria.

Brejeiro tem uma curta introdução com quatro compassos em que se apresenta uma linha de baixos que será um motivo a percorrer toda a peça:

---

7. Cf. LIMA, Edilson. *As modinhas do Brasil*. São Paulo: Edusp, 2001; e TATIT, Luiz. *O século da canção*. São Paulo: Ateliê Editorial, 2004.

Essa linha de baixo comporta-se como um *ostinato* que permanece ritmicamente constante durante toda a primeira parte do tango, embora realize variações nas alturas melódicas para o acompanhamento da harmonia. A melodia surge "blocada" com a harmonia. Formam-se assim dois espaços muito claros de escuta: o *ostinato* dos baixos e a melodia-harmonia:

Temos, mais uma vez, dois acontecimentos distintos que ganham organicidade e sentido quando o movimento articulado das duas mãos desenham o "suingue" característico do maxixe, formando, desse modo, um terceiro plano. O movimento harmônico pendular entre tônica e dominante cria um moto-contínuo encarnado no *ostinato* do baixo, que sugere uma sensação de permanência infinita. A certeza de um terreno nivelado e constante abre espaço para a especulação no plano das alturas melódicas. Mas, ao contrário do que esse nivelamento poderia sugerir, isto é, uma base sólida para um maneirismo melódico, por exemplo, tudo acontece numa rigorosa síntese: a melodia é sucinta e se apóia em poucas notas consonantes à harmonia (terças, sextas, quintas e fundamental, mas que poderiam ser dissonantes, como se vê em outras peças de Nazareth). Esse procedimento é, como vimos, muito comum no compositor: um plano se mantém mais estático enquanto outro (ou outros) caminha promovendo diferentes sentidos. É o que eu apontei, por exemplo, na terceira parte de *Floraux*, no capítulo anterior. Porém, naquela situação ocorreu o inverso: o plano melódico sugeria certa repetição, ao passo que o plano da condução harmônica (com seus melódicos baixos invertidos) projetava cores diferentes no mesmo objeto.

Portanto, esse cenário estilístico, que envolve um movimento multifacetado e revelador de estados diferentes em contraponto à repetição de uma base única, é essencialmente o que venho chamando do jogo de texturas sonoras. Entenda-se que é um jogo extremamente delicado, mas que, tramado ao modo de Nazareth, torna-se singularmente eficaz. Por quê?

Com essa pergunta voltamos à indagação de Mário sobre o enigma da popularidade de um compositor essencialmente instrumental. Bem, a primeira resposta é que Nazareth, apesar de escrever música instrumental, criou algumas de suas melodias com forte vocação para a oralidade, canções, portanto, em estado de potência. E as canções geralmente são populares. A segunda, e mais abstrata, é a hábil característica do compositor em arquitetar texturas singelamente. Ora, aqui não há como não pensar na influência de Nazareth numa tradição de compositores bem-sucedidos na cultura musical brasileira, que desenvolveram ao mesmo tempo uma obra sofisticada e popular. Penso especificamente na tradição que deságua em Tom Jobim, que sabia como ninguém trabalhar com texturas sonoras.[8] O contraponto, por exemplo, entre um plano estático e outro que acontece simultaneamente num movimento que se transforma com a repetição faz lembrar o estilo jobiniano de *Samba de uma nota só* (1959) ou de *Águas de março* (1972). É que Nazareth, e alguns dos seus contemporâneos, deve-se frisar, criou uma música espontânea com acabamento elaborado a partir de um gênero recorrente. Nazareth escrevia sob o signo dos gêneros sincopados, o que satisfazia o gosto popular dos dançarinos de sua época, e ao mesmo tempo imprimia o gosto pelo sofisticado jogo de texturas sonoras para aqueles que quisessem ouvir. A base é uma só.

Nessa mesma linha de interpretação, podemos olhar para o *clássico Odeon*, publicado em 1910:

---
8. Cf. MAMMÌ, Lorenzo. "João Gilberto e o projeto utópico da bossa nova". *Novos Estudos*. São Paulo: Cebrap, n. 34, nov. 1994; NESTROVSKI, Arthur. "O samba mais bonito do mundo". *In:* MAMMÌ, Lorenzo; NESTROVSKI, Arthur e TATIT, Luiz. *Três canções de Jobim*. São Paulo: CosacNaify, 2004; e MACHADO, Cacá. *Tom Jobim*. Série "Folha explica". São Paulo: Publifolha, no prelo.

Como em *Rayon d'or* (1892), na primeira seção de *Odeon* (1910), a frase melódica apresenta-se nos baixos. Os recurso são sintéticos: a melodia que surge da seqüência dos acordes invertidos (C#m/E; G#7/D#; C#m etc.) é a própria melodia tema da peça. Os acordes pontuam o contratempo, e o baixo-melodia simultaneamente marca o tempo forte (colcheia pontuada) e "pica" (semicolcheia) o último tempo fraco para caracterizar o gênero, pois do contrário viraria uma marcha (alternância regular entre o tempo forte e fraco). Portanto, o que seria uma melodia de acompanhamento ganha o *status* de protagonista com a resposta de um sugerido cavaquinho. O que ocorre aqui é uma estilização dos instrumentos chorísticos transfigurados em piano: a linguagem dos bordões *cantabile* do violão (que também aparece, por exemplo, nas respostas descendentes contrapontísticas de *Bambino*, publicado em 1912), ou a presença rítmico-harmônica do cavaquinho nas polcas *Ameno Resedá* (1912) e no próprio *Apanhei-te, cavaquinho* (1915). (Aliás, na partitura da primeira polca vem assinalado: "N. B. O acompanhamento deve imitar CAVAQUINHO"). A solução formal que Nazareth encontrou para a estilização desses instrumentos tornou-se um paradigma para a escrita pianística, porque traz a sonoridade dos instrumentos estilizados (tanto na montagem dos acordes como em sua função rítmica e intenção fraseológica) sem perder a especificidade da sonoridade do piano.

Essa singela melodia em modo menor inspirou, 58 anos mais tarde, o poeta-cancionista Vinicius de Moraes a escrever uma letra que glosa a nostalgia do gênero: "Ai quem me dera/ O meu chorinho/ Tanto tempo abandonado...". *Odeon* possui claramente aquelas características musicais que talvez tenham contribuído para a peça se tornar um "clássico" da cultura musical nacional: uma melodia concisa e *cantabile* e um sutil jogo de texturas sonoras em seu acabamento pianístico.

Crônica dos títulos

Vimos que Machado de Assis em 1887, em sua crônica sobre as polcas, já apontava para uma tradição nacional que fazia dos seus títulos um saboroso jogo de ironias e provocações:

> [...]
> Vem a polca: *Tire as patas,*
> *Nhonhô!* – Vem a polca: *Ó gentes!*
> Outra é: – *Bife com batatas!*
> Outra: *Que bonitos dentes!*

– Ai, não me pegue, que morro!
– Nhonhô, seja menos seco!
– Você me adora! – Olhe, eu corro!
– Que graça! – Caia no beco!
[...]

No conto "Um homem célebre" (1888), essa ciranda de títulos, formada por perguntas, respostas ou paródias, reaparece, por exemplo, na polca de Pestana *Não bula comigo, nhonhô*. Neste título, especificamente, aparece a ressonância temática dos antigos lundus que sugeriam relações de assédio sexual de escravas pelos senhores.[9] No final do conto, à beira da morte, Pestana compõe duas polcas cujos títulos ficam em aberto para o seu editor usá-los de acordo com a volubilidade política do Segundo Reinado: uma para quando os conservadores tomarem o poder e outra para quando os liberais o conseguirem de volta.

Sugere-se no conto, portanto, que as polcas eram batizadas conforme a ocasião. Poderiam ter uma correspondência direta com um fato da política ou um fato cotidiano, ou ainda, o que representava a maioria dos títulos, que se deixassem levar pelo fluxo sem fim dos comentários a partir de um chiste qualquer, como no exemplo da crônica. Em "Machado maxixe: o caso Pestana", Wisnik desenvolveu amplamente o tema.[10]

Mas o que nos interessa particularmente é que raramente esses títulos tinham uma relação com o material musical propriamente dito das peças. O que imperava era o alegre sacolejo característico do gênero seja qual fosse o assunto ou o tema em questão. O jovem Nazareth também bailou com as suas polcas nessa ciranda de títulos, mas de modo diferente. Em geral, suas polcas, e como veremos adiante também os seus tangos, são nomeadas com base em um estímulo preciso que pode vir, por exemplo, de uma dedicatória pessoal ou do desejo de sonorizar, do seu jeito, situações, modos e maneiras: *O nome d'ella* (polca, 1889), *Pipoca* (polca, 1896) e *Espalhafatoso* (tango, 1913) são alguns exemplos. Em todos os casos, o material musical busca mimetizar o tema do título.

Mário de Andrade já havia assinalado sobre essa característica do compositor:

---

9. Segundo o pesquisador Carlos Sandroni: "Ora, este título sugere que se tratava de uma polca-lundu: vimos na parte dedicada ao lundu como o assédio sexual das escravas por seus senhores foi o tema clássico dos lundus imperiais. 'Nonhô', já sabemos, é uma das variantes do tratamento pelo qual os escravos se dirigiam aos seus donos; e 'bulir com alguém', como se sabe, quer dizer também abordar amorosa ou sexualmente. Como no lundu *Sinhô Juca*, já citado: 'Sinhô Juca é forte teima/ Não bula comigo, não'. O título escolhido por Machado resume perfeitamente o tema e não deixa dúvida sobre que tipo de polca se tratava. Aliás, este título é perfeitamente equivalente ao da polca *Socega, nônhô!*, de cuja música 'sincopante' demos um exemplo atrás". SANDRONI, Carlos. *O feitiço decente: transformações do samba no Rio de Janeiro (1917-1933)*. Rio de Janeiro: Jorge Zahar/Editora UFRJ, 2001, p. 75.

10. WISNIK, José Miguel. "Machado maxixe: o caso Pestana". *Teresa – Revista de Literatura Brasileira*. São Paulo, n. 4/5, FFLCH-USP, 2004, pp. 28-31.

Ernesto Nazaré participa desta tradição [*do humor e argúcia nos títulos musicais*], porêm com êle já muitas vezes o título se relaciona com o *ethos* da música. Assim essa outra obra-prima, o *Está chumbado*, cuja ritmica é um pileque de expressividade impagável. No *Soberano*, a dinamica dos arpejos citados, de imponencia soberbosa, se ergue soberanamente do teclado.[11]

A tautologia presente no comentário de Mário de Andrade sobre o tango *Soberano* (1913) é sintomática. O próprio crítico identificou, como uma característica singular do compositor, a tendência para a construção de uma música com aquilo que ele chamou de expressividade "psicológica" e "descritiva". Na maioria das vezes são os títulos e as suas dedicatórias que nos dão as pistas da intenção do compositor. É curioso notar que, quando bem endereçadas, as peças conseguem ao mesmo tempo ser fiéis ao tema proposto pelo título e autônomas em sua expressão puramente musical.

O tango *O futurista* (1922) é um bom exemplo de expressividade descritiva. Em sua introdução de oito compassos, a peça diz a que veio:

---

11. ANDRADE, Mário de. "Ernesto Nazaré"(1926). *In Música, doce música*. São Paulo: Martins, 1963, p. 127.

Durante toda a primeira parte, Nazareth brinca com a sonoridade de segundas menores, criando um clima permanente de dissonâncias. Parece que o compositor não levava muito a sério as vanguardas estéticas e musicais que a atmosfera modernista da década de 1920 trouxera para o Brasil, pois o clima geral da peça sugere um tom de paródia. Até o final da introdução, podemos crer numa possível intenção séria do compositor em experimentar, talvez, novas sonoridades. Mas, quando surge a primeira seção trazendo o sincopado balanço e a conhecida forma do *gênero*, não há o que sustente a postura futurista do título: somos imediatamente enfeitiçados por um maxixe, cuja previsível melodia *cantabile* nos conduz pelas dissonâncias provocadas pelos choques de intervalos de meio tom. Isso ocorre porque a peça funciona muito bem como gênero. Vemos aqui aquela característica nazarethiana do *bricoleur*: costurar referências distintas sob jogos de texturas sonoras.

Na linha da expressividade "descritiva" de *O futurista*, o tango *O que há?* (1921) é recheado por perguntas entrecortadas saborosamente pelo molho maxixeiro:

O tango *Tenebroso* (1913) é um caso em que a "descrição" do título não é muito indicativa do conteúdo musical; sua dedicatória é mais reveladora. Nazareth dedicou "ao bom e velho amigo Satyro Bilhar". Bilhar era um chorão que se destacava pela sua habilidade como violonista. Alexandre Gonçalves Pinto traçou, com seu peculiar estilo, o perfil do chorão:

> O Bilhar, além de ser um pouco gago sabia dizer com graça, era myope de verdade. O Bilhar, era um chorão que tinha primazia entre outros chorões nos accordes, nas harmonias, no mecanismo de dedilhação com que manejava agradavelmente o seu violão. O Bilhar tambem conhecia as musicas classicas, e tinha produções suas, como os arpejos d'arpa e melodias, as posições com que o Bilhar tirava os seus accordes eram tão dificeis que só elle sabia fazer, razão porque apesar de sua grande bohemia, Bilhar, era um chorão conquistado pelos seus amigos e por suas familias. [...][12]

---

12. PINTO, Alexandre Gonçalves. *O choro*. Rio de Janeiro: Funarte, 1978.

A descrição do carteiro-chorão indica que Bilhar, além de ser um violonista com grande habilidade no uso da harmonia, também conhecia música "clássica". Wisnik, no ensaio "Getúlio da paixão cearense (Villa-Lobos e o Estado Novo)", cita um depoimento do também violonista Donga a respeito de Sátiro Bilhar, que reforça essa idéia:

> [...] foi o violonista mais original que conheci. [...] Ele tinha duas ou três composições só, e só tocava aquilo. (Villa-Lobos dizia que não era o que o Sátiro tocava, mas como tocava é que era genial.) Tinha uma que ele denominava de várias maneiras, *Sons* não sei de que, uma denominação clássica. Daquilo ele fazia tudo, clássico, popular, virava tudo, tocava pra cá, tocava pra lá, em cada lugar, conforme a casa e o ambiente tocava aquilo.[13]

Essas características o aproximavam do sutil universo sonoro de Ernesto Nazareth: ao que tudo indica Sátiro Bilhar era, como Nazareth, um mediador cultural. Mas vejamos o tango:

Como em *Odeon*, é a melodia do baixo a voz principal: um típico acompanhamento das "baixarias" cromáticas do violão, até mesmo em sua divisão rítmica. Aliás, parece uma partitura escrita para violão, pois a montagem fechada dos acordes e a posição rítmica em que esses se colocam em relação ao baixo *cantabile* são extremamente

---

13. A citação de Wisnik foi tirada de uma outra de Hermínio Bello de Carvalho em "Villa-Lobos e o violão", palestra publicada. *Presença de Villa-Lobos*, v. 3. Rio de Janeiro: MEC/Museu Villa-Lobos, 1969, pp. 140-141. Cf. WISNIK, José Miguel. "Getúlio da paixão cearense (Villa-Lobos e o Estado Novo)". *In:* SQUEFF, Enio e WISNIK, José Miguel. *Música – O nacional e o popular na cultura brasileira*. 2. ed. São Paulo: Brasiliense, 1983, p. 158.

naturais para a digitação no instrumento (no violão, os acordes não podem ser muito abertos por uma dificuldade técnica que se limita aos quatro dedos da mão esquerda do violonista; no piano, ao contrário, os acordes podem ter maior abertura porque são montados com as duas mãos). Portanto, Nazareth escreveu literalmente uma peça violonística para o piano. A engenhosidade do compositor faz com que a peça também soe muito bem no piano, de modo que, como vimos em *Odeon*, *Tenebroso* surge como mais um exemplo para demonstrar que Nazareth parece ter criado um paradigma de escrita pianística para a estilização dos instrumentos das rodas de choro. Contudo, o título de tango não é indicativo desse universo, parece mais uma tirada irônica, talvez sobre a figura de Sátiro Bilhar ou os "tenebrosos" acordes e encadeamentos que o violonista parecia dominar como um virtuose.

Para finalizar, vejamos o tango *Fon-fon* (1913):

O título sugere o ruído das novas máquinas que invadiam as ruas da *belle époque* e, por contigüidade, a aceleração do ritmo de vida da cidade. Mas a escrita da peça tem tamanha doçura e maestria, que a ruidosa metrópole em que a cidade se transformaria nas décadas seguintes possivelmente não se reconheceria no clima de *Fon-fon*. Talvez a agilidade rítmica em contraste com a fragmentação dos motivos, que se movem por saltos de quartas ou quintas (primeiro e segundo compassos, respectivamente), fosse o meio pelo qual Nazareth trouxe para a música o clima agitado das ruas. De todo modo, a originalidade e a inspiração da escrita pianística parecem sugerir uma leveza e um humor que estão mais associados àquela excitação de convivência urbana que a *belle époque* trouxe para o Rio de Janeiro, expresso exemplarmente no edital de abertura da revista *Fon-Fon!*, de 14 de abril de 1907:

Poucas palavras à guiza de apresentação. Uma pequena... "corrida", sem grandes dispêndios de "gazolina", nem excessos de velocidade. Para um jornal ágil e leve como FON-FON!, não póde haver programma determinado (deveriamos dizer distância marcada).

Queremos fazer rir, alegrar a tua boa alma carinhosa, amado povo brasileiro, com a pilheria fina e troça educada, com gloza inoffensiva e gaiata dos velhos habitos e dos velhos costumes, com o commentario leve ás cousas de actualidade.

Em todo o caso, isto já é um programma, felizmente, facil de cumprir, muito mais facil do que qualquer outro, com considerações a attender e preconceitos a respeitar.

Para os graves problemas da vida, para a mascarada Politica, para sisudez conselheiral das Finanças e da intrincada complicação dos principios Sociaes, cá temos a resposta propria; aperta-se a "sirene" e... "Fon-Fon!", "Fon-Fon!".

Se a cousa fôr grave de mais, com feições de Philosophia, com dogmas de ensinamentos, aperta-se demoradamente a sirene e ela responderá por todos nós, profunda e lamentosamente, "Fô... ôn. Fô... ôn. Fô... ôn".

E prompto. Não haverá assumpto mais sobrecasaca preta, mais cartola, mais Instituto Historico, que resista á ferina expressão desta "sirene" bohemia.

Assim, leitor amigo, cá estamos nó promptos para o sucesso e... para a glória.

IMPROVISO
ESTUDO para CONCERTO

ERNESTO NAZARETH

Fac-símile da partitura
de *Improviso* (*estudo para concerto*),
obra dedicada a Villa-Lobos
Biblioteca Nacional/Divisão de Música e Arquivo Sonoro

Outros gêneros: a valsa, o noturno, o estudo para concerto, a polonesa, a marcha fúnebre, o samba-marcha carnavalesco

A partir do momento em que começou a fazer sucesso com seus tangos, Ernesto Nazareth se viu numa rede de solicitações e expectativas de editores, a qual, somada à necessidade de subsistência, solapou de vez a sua *ambição* em desenvolver uma carreira no campo da música erudita. Rendeu-se à sua *vocação* e entre polcas e tangos escreveu mais de cem peças. Outro gênero a que se dedicou com entusiasmo foi a valsa. Foram compostas aproximadamente 40, desde *O nome d'ella*, a primeira delas escrita em 1878. Comparada aos gêneros sincopados é, sem dúvida, uma produção diminuta, mas não se deve interpretar essa diferença quantitativa por uma diferença qualitativa. Ao contrário, nas valsas vemos radicalizadas algumas características do estilo nazarethiano das polcas e dos tangos, principalmente no uso das dissonâncias harmônicas. Mas é preciso dizer que neste livro temos priorizado os gêneros sincopados porque acredito que foi neste espaço que seu estilo criou um *ethos* e se tornou único. De modo que comentarei mais genericamente, neste momento, as incursões do nosso compositor por outros campos.

À parte as valsas, Nazareth flertou com diferentes gêneros, em momentos distintos da sua vida, com menor originalidade e brilho. Exceção, deve-se dizer, para duas peças: *Marcha fúnebre* (1927) e *Improviso – Estudo para concerto* (1931). Sintomaticamente, são peças do nosso célebre compositor popular que carregam deliberadamente a ambição de se juntar ao repertório da música erudita. Nelas, como veremos, Nazareth consegue imprimir a marca de sua originalidade. Entretanto, o compositor também escreveu com menos originalidade para esse mesmo tipo de repertório uma *Poloneza* (inédita, s/d), um *Êxtase* (romance, 1927), um *Adieu* (romance sem palavras, 1898), um *Nocturno op. 1* (1920), uma curiosa *Elegia* (para mão esquerda, inédita, s/d), uma única mazurca (de expressão) chamada *Mercedes* (1917), um *Corbeille de fleurs* (gavotte, 1899), duas meditações *Máguas* e *Lamentos* (inéditas, s/d), um capricho (inédito, s/d) e, por último, quatro marchas inéditas e sem data (*Marcha heróica aos 18 do forte*; *Victoria – Marcha aos aliados*; *Saudades e saudades – Marcha aos reis belgas*; *Ipanema – Marcha brasileira*).[1] Também escreveu cinco hinos para escolas, entre eles o *Hymno da Escola Pedro II* (1920), por exemplo.

---

1. As datas referem-se aos anos de publicação do catálogo de obras de Nazareth da Biblioteca Nacional, da Exposição Comemorativa do Centenário do Nascimento de Ernesto Nazareth, Rio de Janeiro, 1963. Quando a obra não foi publicada, segue a indicação "inédito".

Não bastasse a aproximação com o repertório erudito, Nazareth, no fim da vida, ainda arriscou compor quatro sambas-marcha carnavalescos (*Crises em penca!...*, 1930; *Exuberante*, 1930; *Comigo é na madeira*, inédito, s/d; *Samba carnavalesco*, inédito, s/d) e cinco foxtrotes (*Até que enfim...*, s/d; *Delightfulness*, s/d; *If I am not mistaken*, inédito, s/d; *Nove de maio*, inédito, s/d; *Time is money*, inédito, s/d).

Ainda é preciso contabilizar, para finalizar, os seus cinco *schottischs* (*Arrufos*, 1900; *Encantada*, 1912; *Gentil*, s/d) e suas três quadrilhas (*Chile-Brazil*, s/d, possivelmente composta em 1889; *Julieta*, 1893; *Onze de Maio*, s/d), gêneros populares nos salões contemporâneos ao período em que o compositor escrevia polcas (1879-1892).

Formas ampliadas

Já discutimos nos capítulos anteriores o significado que a forma da polca, e, por extensão, do tango/maxixe, trouxe, especificamente, para o estilo nazarethiano. Por ser música coreográfica, o compositor era obrigado a escrever sob uma rígida métrica que seguia uma estrutura construída por frases e períodos de quatro compassos binários, dividida em três seções distintas. Qualquer alteração dessa métrica poria em risco a função primeira do gênero, que era, acima de tudo, sacolejar. Sob o domínio dessas amarras, Nazareth criou um pensamento polifônico rítmico-melódico que foi muito além da aplicação literal da rítmica da *síncopa característica*. Na realidade, o compositor criou planos de texturas sonoras que formam uma sofisticada trama em que se escondem síncopas sobrepostas, ora explícitas, ora implícitas, choques de intervalos melódicos ou contracantos sobre uma naturalidade técnica concisa, que por vezes pode parecer corriqueira.

De certo modo, essas características surgiram como uma solução singular para trazer movimento e, concomitantemente, sofisticação à arquitetura musical de um gênero que, por natureza, tem de se manter estático para que a periodicidade de eventos se torne previsível. Contudo, por mais sagaz que tenha sido o caminho estilístico criado por Nazareth, ele inevitavelmente esbarrou no limite da estrutura métrica da polca/tango/maxixe. E isso não poderia ser diferente. Acontece que essa limitação formal dos gêneros coreográficos para um sujeito que experimentou como pianista obras formalmente mais amplas, como os *scherzos* de Chopin ou as sonatas de Beethoven[2], tal-

---

2. Sobre os *scherzos* de Chopin, ver: SAMSOM, Jim. "Extended forms: the ballades, scherzos and fantasies". *In: The Cambridge Companion to Chopin*. Cambridge: Cambridge University Press, 1992, pp. 101-123; e sobre as sonatas de Beethoven, ver: ROSEN, Charles. *Sonatas forms*. Nova York/Londres: W.W. Norton, 1980.

vez tenha estimulado, de algum modo, a ambição de se desvencilhar das amarras. E de fato isso aconteceu em *Batuque* (1913), como vimos no capítulo 3. Nele, o compositor escreveu uma introdução e pontes entre as seções que pareciam sugerir extensões de idéias musicais que não cabiam na forma do tango característico. E não foi só em *Batuque* que Nazareth escreveu introduções[3], mas foi nessa peça que o desejo de ampliação de idéias se realizou com naturalidade e organicidade entre as partes. Contudo, se olharmos por um foco mais específico sobre o tango, veremos que, mesmo assim, Nazareth não alterou a métrica fraseológica de quatro compassos: o que existe ali é uma habilidade do compositor em distender a forma por meio de uma ilusão de motivos que vão se multiplicando num jogo de espelhos. Mas a métrica não muda. Afinal estamos falando simplesmente de um maxixe, ou não?

Foi essa linha de raciocínio que me levou à análise do *Nocturno op. 1* do nosso compositor. Acreditava que nele Nazareth teria, enfim, a liberdade formal para desenvolver idéias mais amplas. A surpresa foi que nessa peça é quase impossível enxergarmos o nosso arguto compositor dos gêneros sincopados. A peça está recheada por uma cascata de efeitos pianísticos padronizados ao modo dos compositores românticos de salão, como Gottschalk ou Chaminade, por exemplo. O original compositor de *Cruz, perigo!* e *Rayon d'or* escondeu-se numa linguagem pianística clichê e pouco inspirada.

Vejamos o início da primeira seção:

---

3. Em geral, são introduções curtas de quatro compassos que ajudam a introduzir a tonalidade como em *Está chumbado* (1989) ou *Proeminente* (1927), por exemplo.

O que se vê nesse trecho é uma idéia musical que é feita pelo uso de ornamentos: a mão esquerda mantém constantemente uma linha de arpejos que exige o uso do pedal quase constante para que as notas ressoem; a mão direita desenha uma melodia esquemática com aproximações melódicas ornamentais; e os acordes são sempre arpejados, criando, desse modo, um permanente efeito de trêmulo. No período seguinte dessa seção, a frase melódica que dá continuidade ao tema é literalmente um trinado, cuja resposta surge dois compassos depois na forma de uma chuva de fusas que "molham" toda a região agudíssima do piano:

A lógica métrica que organiza a composição ainda é a frase de quatro compassos: existe uma urgência em terminar o fraseado no tempo regulamentar. Mas diferentemente de *Batuque,* no qual se cria a ilusão de uma expansão, aqui existe um conflito com os limites da métrica e o ornamento que é usado como dicção principal.

Como se vê, não existe originalidade nessa arquitetura composicional. Nem o *ethos* e tampouco o *pathos* de Nazareth. Esse mesmo descolamento de personalidade é visto, por exemplo, em sua *Poloneza, Capricho, Adieu* ou no romance *Êxtase.* É como se Nazareth abdicasse de raciocinar como compositor e se tornasse um intérprete que domina virtuosisticamente todos os processos e clichês pianísticos mecanizados.

Entretanto, essa impressão desaparece quando olhamos para a sua *Marcha fúnebre* (1927) e para o seu *Improviso – Estudo para concerto* (1931). As duas peças vêm de uma inspiração precisa e endereçada: a primeira é dedicada à memória do senhor presidente do Estado de São Paulo, doutor Carlos Campos; e, a segunda, é dedicada "ao distincto amigo Villa-Lobos". Foram editadas num período em que o compositor gozava de certo prestígio e reconhecimento, ao mesmo tempo em que se iniciava o seu processo de alheamento do mundo, por causa do agravamento da surdez e da morte da esposa (em 5 de maio de 1929).

A *Marcha fúnebre,* particularmente, foi escrita no ano em que Nazareth voltou da excursão, que durou todo o ano de 1926, pelo Estado de São Paulo. Ali, ele foi celebrado e tratado como grande compositor, com direito a nossa conhecida conferência sobre a sua obra apresentada por Mário de Andrade na Sociedade Cultura Artística, e vários concertos nos quais pôde tocar exclusivamente o seu repertório, por exemplo, no Conservatório Dramático e Musical da Cidade de São Paulo ou em clubes artísticos de Campinas.[4] Essa calorosa acolhida paulista talvez tenha ajudado o compositor a escrever sua *Marcha fúnebre* com a mesma *vocação* artística que escrevia sua peças sincopadas.

A peça está dividida em duas partes (A-B) e apresenta uma introdução de quatro compassos bem ao seu estilo: concisão e solene simplicidade. Meu objetivo aqui não é aprofundar o comentário sobre ela, mas é importante dizer que o pensamento polifônico específico do seu estilo volta aqui principalmente com o uso de contracantos nos baixos e apojaturas melódicas dissonantes, que criam suspensões para serem resolvidas melodicamente em defasagem com a métrica harmônica da marcha.

Mas é no *Improviso...* que vejo a necessidade de um comentário mais pormenorizado. Villa-Lobos conhecia Nazareth desde o início do século XX. Aliás, em 6 de junho de 1909, apresentou-se num recital acompanhado pelo compositor no Instituto Nacional de Música, com a peça *Le cygne,* de Saint-Saëns, para piano e violoncelo.[5] Independentemente disso, sabemos do interesse de Villa-Lobos pela música popular urbana. Dizia com ímpeto modernista que Ernesto Nazareth era "a verdadeira en-

---

4. No próximo capítulo comentarei mais sobre essa fase da vida de Nazareth.

5. NOGUEIRA, Luiz (org.). *Ernesto Nazareth – O rei do choro.* Rio de Janeiro: LN Comunicação Editora e Informática, s.d. CD-ROM.

carnação da alma brasileira".[6] Em 1920, o compositor dedicou o seu *Choro n. 1* (para violão) a Nazareth. E a resposta veio mais tarde com o *Improviso...*[7] É sintomático que o nosso maior compositor erudito tenha dedicado uma peça para violão ao nosso rei dos tangos, e, paradoxalmente, este tenha retribuído com um estudo de concerto. Sem dúvida é um episódio revelador da cultura musical nacional. Escancara abertamente o tema da *ambição* e da *vocação* em Nazareth e, além disso, traz à tona o enigma que envolve essas questões. Mas para que isso não vire um mote fácil para especulações sobre o ser ou não ser da música brasileira, proponho que nos concentremos no estudo de Nazareth.

O *Improviso...* está formalmente dividido em duas partes estruturadas em compassos ternários (Parte A está em 3/8 e a parte B em 3/4). São duas seções absolutamente distintas: a primeira apresenta uma atmosfera construída sobre uma textura vertiginosa, que se multiplica sob o efeito do eco de um micromotivo baseado nos intervalos de segundas (maiores ou menores); a segunda decanta uma típica valsa brasileira recheada por tensões harmônicas com o sucinto acabamento estilístico nazarethiano. Existe um aspecto curioso sobre as tonalidades da peça. A primeira parte está escrita na tonalidade de fá# maior (portanto existem seis sustenidos em sua armadura de clave), tom que pelo posicionamento da mão do pianista facilita o gesto ágil que a melodia pede, e a segunda está em mi bemol menor (cuja armadura de clave tem seis bemóis). Acontece que F# e Gb são enarmônicos, portanto Nazareth poderia ter permanecido com a mesma armadura de clave e, desse modo, entenderíamos que a segunda parte estaria escrita na tonalidade de ré sustenido menor (enarmônico de Ebm). Pode parecer supérfluo o comentário, mas esse cuidado do compositor em separar uma tonalidade maior em sustenidos e uma menor em bemóis demonstra a sua consciência e o seu domínio da teoria musical, além da experiência prática que revela que, apesar de enarmônicos, a intenção que parte de cada tonalidade sempre é diferente. Principalmente se a finalidade dessa escrita fosse ser a base para uma orquestração, pois os problemas de enarmonias iriam se tornar mais complexos por conta das diferentes articulações e ressonâncias dos instrumentos de sopros e metais, por exemplo.

Mas vejamos a textura sonora criada por Nazareth nos oito compassos iniciais da primeira seção do *Improviso...*:

---

6. *Ibidem.*

7. O *Improviso...* foi editado em 1931 pela Sampaio Araújo & Cia. (Rio de Janeiro). Porém, na lista do repertório dos concertos que Nazareth realizou em São Paulo, em 1926, consta o seu estudo de concerto com o título em francês *Impromptu.* Isso significa que a peça foi escrita antes de 1926. Como Villa-Lobos dedicou o seu *Choro n. 1* a Nazareth em 1920, provavelmente o *Improviso...* teria sido escrito entre 1920 e 1926.

Ao contrário do que ocorre no *Nocturno op. 1*, a agilidade proposta pelo motivo melódico construído (em intervalos de segundas que seguem uma seqüência melódica descendente) não tem nada de ornamental. A inspiração do compositor parece ter fonte precisa: o *Improviso n. 2, em mi bemol maior, op. 90*, de Franz Schubert (1797-1828). Vejamos:

A semelhança da construção tercinada entre os *Improvisos* é evidente. Mas a condução harmônica e a seqüência melódica da frase são tipicamente nazarethianas e, em vez do diálogo com o "clássico", ressoa a sua "popular" polca *Apanhei-te cavaquinho* (1915):

Não bastasse o uso da mesma estrutura fraseológica em seqüência melódica descendente, o *Improviso...* também apresenta um encadeamento harmônico muito próximo ao de *Apanhei-te cavaquinho*.

A comparação entre a análise harmônica das duas peças é reveladora:

I – II – V/VI – VI – IV#dim.(ou V/V) – I – V – I (*Improviso...*)
V – I – V/VI – VI – IV#dim. (ou V/V) – I – V – I (*Apanhei-te, cavaquinho*)

Como se vê, o percurso harmônico seria idêntico não fosse a troca de lugar entre os dois primeiros acordes: o *Estudo de concerto* começa de modo mais convencional na tônica, enquanto a polca na dominante, trazendo, desse modo, surpresa para os "acompanhadores" mais desavisados.

Mas a análise harmônica não descreve as sutilezas dos encadeamentos dos acordes. Nas duas peças, o caminho sinuoso dos baixos traz, no espírito do *estilo* nazarethiano, movimento e sofisticação para o encadeamento harmônico convencional. Deve-se levar em conta também os acontecimentos da melodia que criam pontos específicos de tensão em certas passagens de acordes.

Olhemos com mais atenção para os oito primeiros compassos da harmonia do *Improviso...*, que tem seus acordes encadeados sinteticamente com as notas essenciais da função harmônica, do mesmo modo que em *Apanhei-te, cavaquinho*:

- Primeiro compasso – o período começa com as notas estruturais do acorde de repouso (tônica) fá # maior (F#);
- Segundo compasso – caminhamos para o segundo grau da tonalidade, portanto um acorde de sol# menor que é tensionado internamente pela nota dó #, sua décima primeira (G#m11);
- Terceiro compasso – o objetivo é chegar ao acorde de repouso do sexto grau, mas antes é preciso atacar sua dominante, o acorde de lá sustenido com sétima. Nazareth escolhe o caminho pela aproximação cromática do baixo, portanto faz sua segunda inversão (A#7/D);
- Quarto compasso – chegamos ao ré # menor, o repouso estratégico do meio do caminho harmônico (D#m);
- Quinto compasso – inicia-se a volta para a tônica com o acorde diminuto de dó que cumpre uma função de tensão (B#o);
- Sexto compasso – a cadência é resolvida na tônica pela aproximação cromática do baixo, portanto o fá# está agora na sua segunda inversão (F#/C# ou C# 7sus 4);
- Sétimo compasso – Nazareth aproveita o baixo em dó # e realiza mais uma cadência dominante agora aplicando o acorde dominante na sua posição fundamental (C#7);
- Oitavo compasso – a cadência dominante é resolvida na tônica (F#).

Deixando-se as semelhanças de lado, essa primeira seção do *Estudo de concerto* tem 24 compassos, divididos em duas repetições que se bifurcam exatamente no fim desses oito primeiros compassos que acabei de comentar. É sem dúvida, do ponto de vista formal, o projeto mais ambicioso de Nazareth. Utilizar essa dimensão espaço-temporal não é tarefa fácil para quem está acostumado a escrever em formas pequenas e recorrentes. Contudo, o compositor aplica aquilo que mais sabe fazer: multiplicar pequenos motivos musicais equilibrando texturas sonoras. O tema desenvolve-se por um impulso que se alimenta do seu próprio movimento em forma de eco. O efeito que isso cria é uma sobreposição de planos infinitos: a intensa repetição dos intervalos de segundas (maiores e menores) por um longo período estimula camadas de memórias sonoras que se somam. A manutenção do mesmo desenho rítmico contribui para que isso ocorra.

Porém, no momento em que essa lógica melódica se estabiliza (após os oito primeiros compassos), Nazareth começa a acrescentar novas informações rítmicas:

Em primeiro lugar, a partir do quarto compasso do exemplo acima, a estabilidade rítmica das semicolcheias tercinadas é alterada por uma interferência originada por um contraste timbrístico: no caminho melódico que cresce por graus conjuntos, surge no segundo grupo de semicolcheias uma pontuação de uma nota oitava acima do conjunto (compassos quarto e sexto). Essa nota ganha naturalmente destaque pelo contraste timbrístico e, pela posição em que se localiza, cria um acento no tempo fraco do compasso. Já vimos o mesmo acontecer em *Cruz, perigo!* no contexto binário da polca. Esse é o procedimento que podemos chamar de *síncopa oculta*, isto é, um efeito de sincopação sem a figura convencional da síncopa característica. Mas aqui estamos num andamento ternário. Porém, esse sutil deslocamento torna-se explícito a partir do sétimo compasso (do exemplo acima), quando a mão esquerda ataca acordes completos nos tempos fracos do compasso.

Sob a indicação de "*molto legato* e expressivo", apresenta-se a segunda parte do *Estudo de concerto* em contraste ao "vivo" da primeira. O agitado 3/8 cede lugar ao mais tranqüilo 3/4: surge uma plácida valsa brasileira. Esse é o terreno, como veremos adiante, em que Nazareth se orgulhava de escrever. Nesta seção, voltamos para as formas pequenas. Portanto é assunto para o próximo tópico.

Valsa brasileira

Diferentemente da binária polca, que tinha uma maior flexibilidade como gênero para se moldar às características regionais por onde passou, principalmente ao jeito mais intuitivo da música dos grupos populares, a valsa sempre se manteve como um ritmo mais aristocrático. Mas isso não significou que a dança originalmente austríaca não se difundisse amplamente na cultura brasileira, tal como a polca. Aliás, no nosso caso, especificamente, o ambiente dos conjuntos do choro incorporou os dois gêneros: a valsa, com o seu andamento ternário mais propenso ao discurso passional, configurou-se como a estrutura formal da modinha, nos fins do século XIX, e passou a ser identificada como um gênero seresteiro[8], e a polca, bem, já sabemos a sua história. Por outro lado, a vocação mais aristocrática da valsa vem do repertório específico que se criou, no ambiente da cultura dos salões burgueses da Europa, na tradição encabeçada por compositores como Johann Strauss (pai e filho), Schumann, Schubert, Liszt e, sobretudo, Chopin.

---

8. MARCONDES, Marcos Antônio (ed.). *Enciclopédia da música brasileira: erudita, folclórica e popular.* 2. ed. São Paulo: Art Editora, 1998, p. 803.

Nazareth fiava-se nesses compositores quando compunha ou tocava valsas. O musicólogo Andrade Muricy nos conta que

[...] Nazareth considerava a valsa como seu gênero nobre. Se lhe pediam, – presente Arthur Rubinstein, Ernesto Scheling, Tomás Terán, Miécio Horszowsky, Darius Milhaud, Chiafarelli, Antonietta Rudge – (mencionei grandes personalidades que efetivamente o ouviram), tocava logo as suas valsas; recusava-se a apresentar os seus tangos brasileiros [...].[9]

Muricy ainda lembra que: "[...] Nazareth interpretava muito bem as valsas de Chopin, do qual nada separava as suas afinidades brasileiras. Guiomar Novaes atesta-o".[10]

O comentário final do musicólogo introduz o nosso tema: a valsa brasileira tornou-se um gênero em nossa cultura musical a partir da matriz da valsa européia, do mesmo modo que a polca, incorporando principalmente o sacolejo da síncopa, transformou-se em maxixe, tango brasileiro, choro e samba. E antes de Villa-Lobos e, principalmente, Francisco Mignone[11] fixarem a valsa brasileira como um gênero no universo da produção da música erudita nacional, a geração de Anacleto de Medeiros, Chiquinha Gonzaga e Ernesto Nazareth já vinha levando a esse moinho características singulares que posteriormente a geração modernista chamaria de brasileiras.

Como já disse, nosso compositor escreveu cerca de 40 valsas. No tópico anterior comentei a primeira seção do seu *Improviso...* e agora vou comentar a segunda. Em contraste com os 24 compassos da primeira seção, a segunda está escrita em 16. Portanto, trata-se novamente de uma forma pequena, a mesma de seus maxixes. O que é significativo, pois as valsas de Nazareth apresentam genericamente a simultaneidade de acontecimentos musicais e a criação de texturas sonoras próprias do seu estilo. Contudo, nessas peças o compositor desenvolve com maior rigor e inventividade as sutilezas harmônico-melódicas, intensificando o uso das dissonâncias.

O exemplo da segunda seção do estudo de concerto é claro: dois períodos (com oito compassos cada) que apresentam uma mesma melodia com terminações diferentes, a primeira descendente e a segunda ascendente. Como as duas primeiras frases de cada período apresentam o mesmo contorno melódico, a repetição da segunda é harmonizada de modo diferente:

---

9. MURICY, José Cândido de Andrade. "Ernesto Nazareth". *Cadernos Brasileiros*. Rio de Janeiro, Ano 5, n. 3. 1963, p. 45.
10. *Ibidem.*
11. Mignone escreveu 24 valsas brasileiras, 12 valsas-choro e 12 valsas de esquina, entre outras valsas, o que fez com que seu amigo Manuel Bandeira o chamasse de "o rei das valsas". Cf. KIEFER, Bruno. *Francisco Mignone, vida e obra.* Porto Alegre: Editora Movimento, 1983.

A valsa abre com a tônica da tonalidade, portanto com o acorde mi bemol menor (Ebm), segue, no segundo compasso, para o IV grau menor, cadenciando a dominante que se resolve na tônica (terceiro e quarto compassos, respectivamente). No quinto compasso, é reapresentada a mesma frase melódica do início, harmonizada de modo a indicar um novo caminho: o acorde da tônica com o baixo na nota dó (natural) sugere uma ambigüidade tensa que se cadencia numa série de quintas (fá sus4, no sexto compasso, fá com sétima, si bemol com sétima, no oitavo compasso e a resolução no mi bemol menor, no nono compasso). Traduzindo: Nazareth aplica aqui aquele seu traço estilístico de manter uma informação constante num plano, enquanto noutro ocorrem variações que lançam diferentes "cores" sobre o primeiro.

O uso das dissonâncias, por exemplo, é radicalizado na valsa *Fidalga*, publicada em 1914, 17 anos antes do *Improviso*... Logo na introdução, existe um contrastante movimento de paralelismo harmônico separado por meio tom ascendente:

O tema da primeira seção surge lentamente, solene, para que possamos saborear a construção contrapontística (do primeiro e quinto compassos) e as resoluções harmônicas retardadas:

Nazareth constrói uma melodia, a partir do nono compasso, que insiste em repousar numa nota meio tom abaixo do que seria o esperado, criando, desse modo, uma tensão suspensiva que se resolve ostensivamente nos tempos fracos. Em alguns dos seus tangos, esse procedimento é recorrente, mas, muitas vezes, eles se perdem no meio do fluxo do sacolejo da peça. Aqui a indicação não deixa dúvida, tudo é "lento" e "expressivo". Daí vem a nobreza que o compositor enxergava no gênero: as cadências interrompidas, apojaturas e cromatismos equilibram-se no frágil fio da tonalidade, criando espacialidades contrastantes.

Samba antigo

O periódico fluminense *Correio da Manhã* de 15 de outubro de 1930 trouxe um curto artigo sobre o nosso compositor intitulado "Ernesto Nazareth na música brasileira". Comentava sobre a ironia que marcava a carreira do compositor da mais digna expressão da música brasileira, que "teria fortuna e glória aos seus pés" caso vivesse em outro país. Porém:

Aqui – triste dizel-o – após curto período de nomeada, que não o poz a salvo das necessidades mais prementes, ficou esquecido, lamentavelmente esquecido, a ponto de niguem mais falar em seu nome! Hoje, doente, acabrunhado, vive elle, entretanto, para a sua arte, na qual encontra o consolo e as riquezas inexhauriveis que a sorte lhe negou.

O creador de tantas páginas inesquecíveis, para os que amam a verdadeira tradição brasileira, teria permanecido na penumbra se o acaso (às vezes uma divindade feliz) não tivesse ido em seu socorro, procurando-o no seu retiro para focalizal-o de novo por meio da propaganda do disco, uma das formulas da popularidade moderna e quem sabe, a mais eficiente, nos tempos que correm.

É possível que a victrola consiga, pelo milagre da sua diffusão, o que não conseguiram os admiradores de Ernesto Nazareth, nem elle próprio.

Como "rei do tango", nunca perdeu a sua magestade!

O desconhecido autor do artigo foi preciso num ponto: de fato, o disco tornou-se a mais popular forma de "propaganda" da obra de um artista no mundo moderno. A revolução tecnológica trazida pelo binômio rádio–disco, que se iniciou na primeira década do século XX e se expandiu vertiginosamente a partir dos anos 1930 com a introdução dos circuitos eletrônicos[12], abriu campo para o registro e a veiculação de uma rica cultura musical do Rio de Janeiro, capitaneada por músicos intuitivos: eram os bambas das rodas de samba. Esse é um momento-chave que mudou o destino da história da música no Brasil. Porque foram primeiro os cantadores de serestas, lundus e modinhas (como o Baiano e o Cadete) que testaram, com voz e violão, os primeiros cilindros de gravação mecânica, e em seguida aqueles improvisadores de versos que freqüentavam as batucadas nos terreiros das tias baianas (a Tia Ciata foi a mais emblemática delas)[13], que protagonizaram as gravações mais modernas, levadas a cabo pelas máquinas com circuitos elétricos da empresa norte-americana Victor Talking Machine Corporation (a partir de 1926).[14] Luiz Tatit sintetizou bem os interesses envolvidos:

> [...] as necessidades se completavam. A rápida expansão do mercado de discos dependia da simplicidade e popularidade das pequenas peças musicais, bem como da disponibilidade de seus intérpretes. Os bambas dos lundus e dos sambas, por sua vez, podiam suspender a eterna busca de serviço remunerado, visto que seus momentos de diversão estavam agora sendo contabilizados como horas de trabalho. Além disso, as obras que produziam nem sempre sobreviviam na memória dos foliões. Faltava justamente o registro. Ineptos para a inscrição de suas invenções sonoras na pauta musical, esses primeiros sambistas recebiam os novos aparelhos como um encontro com a própria identidade.[15]

---

12. Cf. TINHORÃO, José Ramos. *Música popular: do gramofone ao rádio e TV*. São Paulo: Ática, 1981; e FRANCESCHI, Humberto. *A Casa Edison e seu tempo*. Rio de Janeiro: Sarapuí, 2002.

13. Cf. MOURA, Roberto. *A Tia Ciata e a pequena África no Rio de Janeiro*. Rio de Janeiro: Funarte, 1983; e SODRÉ, Muniz. *Samba: o dono do corpo*. Rio de Janeiro: Codecri, 1979.

14. TINHORÃO, José Ramos. *Op. cit.*, p. 29.

15. TATIT, Luiz. *O século da canção*. São Paulo: Ateliê Editorial, 2004, pp. 33-34.

O que ainda precisa ser dito é que essa precária fase de testes com os equipamentos sonoros não despertou o interesse dos compositores da música erudita nacional (como Alberto Nepomuceno, Henrique Oswald ou Luciano Gallet), porque os aparelhos não estavam aptos a gravar sons orquestrais com a mínima fidelidade, além do fato de suas peças já estarem registradas no papel e a veiculação ser baseada num circuito de performances ao vivo. Por razões similares, também não houve interesse dos chorões. O registro da voz era o que fascinava:

> [...] o sistema de gravação, que já tinha demonstrado alguma eficácia no registro de vozes de expoentes da última geração monarquista brasileira e do primeiro grupo de republicanos que assumiu o poder em 1889, deveria então ingressar no domínio musical pela modalidade de expressão mais comprometida com o bom desempenho vocal. Descobriu-se, assim, o embrião daquilo que, mais tarde, seria a canção brasileira de consumo: o samba em sua forma de partido-alto.[16]

Em 1930, Nazareth já estava com 67 anos e praticamente surdo. Os sintomas da sífilis já se faziam presente, confundindo o seu juízo. De fato, como comentou o jornalista do *Correio da Manhã*, estava esquecido e acabrunhado.[17] Mas a convite de Eduardo Souto, diretor artístico da Odeon-Parlophon, gravou naquele ano quatro das suas composições: *Apanhei-te cavaquinho!*, *Escovado*, *Nenê* e *Turuna*. Contudo, esse "socorro" do acaso não o levou muito longe, pois apenas as duas primeiras peças foram lançadas comercialmente em disco. É que os tangos e maxixes de Nazareth já não soavam mais nesses novos anos como a encarnação daquele mundo que na década de 1910 o elegera rei. Definitivamente Nazareth não pertencia ao novo horizonte que se abria sob a orientação da cultura do rádio e do disco. Mesmo assim, o compositor, ainda em 1930, escreveu quatro peças dos novos gêneros que estavam em voga: sambas e marchas carnavalescas.

Crises em penca!... foi o sugestivo nome com o qual Ernesto Nazareth batizou seu "samba brasileiro carnavalesco para 1930". A peça foi escrita para voz, acompanhada por piano, e traz a letra escrita de próprio punho. Como era de se esperar, seu samba não tem as mesmas características nem o *ethos* dos que a turma do Estácio, como Ismael Silva, Bide ou Nilton Bastos, por exemplo, vinham fazendo por esse tempo. Lembra mais os primeiros sambas amaxixados de Sinhô.

Vejamos a partitura:

---

16. *Ibidem*, p. 94.
17. Comentarei mais especificamente sobre esse período de sua vida no Epílogo.

De fato, trata-se de um maxixe, uma sincopação, chamemos ou não característica, que ocorre dentro da métrica regular do compasso.

O pesquisador Carlos Sandroni propôs, recentemente, uma fecunda interpretação sobre o assunto, que nos remete ao tema desenvolvido no capítulo 4 deste livro: a música instrumental escrita brasileira do final do século XIX segue uma organização rítmica geral sob aquilo que o pesquisador chamou do *paradigma do tresillo*, nome batizado pelos cubanos para uma articulação rítmica muito comum em alguns pontos das Américas onde houve a presença da cultura negra escrava.[18] As variantes do *tresillo* fo-

---

18. SANDRONI, Carlos. *O feitiço decente – Transformações do afro-brasileirismo na música popular*. Tese de doutorado. Universidade de Tours, Tours, 1997, pp. 19-32 (versão brasileira).

ram conhecidas como ritmo de *habanera* e ritmo de tango. Independentemente de suas variações, a sua principal característica é a acentuação contramétrica interna ao compasso (acentuações dos tempos fracos do compasso). Ocorre que a partir da década de 1930 surgiu, no Brasil, uma geração de compositores formados nas rodas de samba dos terreiros das tias baianas que começaram a criar uma naturalidade entoativa em suas melodias (extrapolando, desse modo, a sincopação interna ao compasso). Essa novidade rítmica, trazida por esses sambistas vindos do bairro carioca do Estácio, caracterizou-se como a articulação que Sandroni batizou de *paradigma do Estácio*. O problema é que até aproximadamente a metade dos anos 1930, as gravações dos sambas orquestrais seguiam ainda o *paradigma do tresillo*, representado pela era do maxixeiro Sinhô. Portanto, para formular sua hipótese, o pesquisador foi buscar na batida do violão do samba moderno, em que essas soluções rítmicas novas podem ser encontradas, o elo desse importante processo de transformação do samba.[19] Mais preocupado com o canto e suas inflexões entoativas, Luiz Tatit também comentou recentemente sobre o assunto:

> [...] os melodistas também estavam atrás de soluções musicais que pudessem se adequar aos mais variados tipos de letra, dos mais singelos àqueles que traziam experiências de difícil expressão, sem perder a naturalidade entoativa. É dessa necessidade que surgem, no nosso entender, as divisões rítmicas próprias do samba desse período. Os compositores buscavam, de algum modo, a emancipação do canto: não apenas sua independência do tempo forte dos compassos, mas sobretudo sua liberação de flutuação entoativa sobre qual fosse a regularidade do acompanhamento instrumental de fundo.[20]

Todas essas transformações acontecendo na música e na cultura brasileira no início dos anos 1930 e nosso compositor alheio em seu próprio mundo. Aliás, foi ainda em 1930 que ocorreu aquele episódio já citado aqui, quando Nazareth saiu de um concerto da pianista Guiomar Novaes no Teatro Municipal do Rio de Janeiro transtornado: "– Por que eu não fui estudar na Europa? Eu queria ser como Guiomar Novaes!".

---

19. *Ibidem*, pp. 131-217.
20. TATIT, Luiz. *Op. cit.*, p. 144.

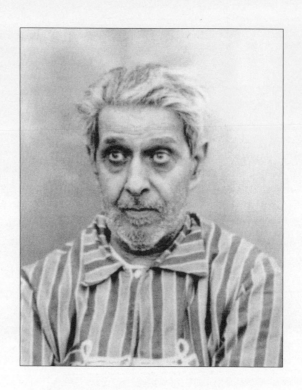

Foto do prontuário de Ernesto Nazareth
na colônia Juliano Moreira em Jacarepaguá
Fotógrafo não identificado
Rio de Janeiro, 1933
Biblioteca CCBB-Rio/
Coleção Maestro Mozart de Araújo

Epílogo

Fausto suburbano: ambição e vocação de um homem comum

No dia 4 de fevereiro de 1934, o corpo de Ernesto Nazareth foi encontrado boiando numa represa que se localizava nos arredores da colônia Juliano Moreira, em Jacarepaguá. Nazareth havia fugido no dia 1º de fevereiro do manicômio, onde estava internado desde janeiro de 1933. Suas fugas eram freqüentes, e, invariavelmente, o compositor era encontrado no centro da cidade tocando piano em alguma casa de partituras. No início daquele ano, diagnosticou-se que Nazareth portava um estágio avançado de sífilis, e o seu sistema nervoso central estava comprometido. Desde os anos 1920, o compositor já vinha apresentando um progressivo quadro de surdez, temperado com algumas crises nervosas.

O final da sua vida foi estigmatizado por certo estado trágico de "loucura". Orestes Barbosa registrou isso, como uma anedota, no livro *Samba*, publicado em 1933:

> Ernesto Nazareth não morreu, porque ainda reside neste mundo, mas tem seu túmulo de vivo no hospício.
> Enlouqueceu.
> E, na loucura, não esqueceu a música.
> No hospício, porém, não lhe dão um piano.
> É seu maior desejo.
> Quer tocar.
> Visitado, na véspera do último carnaval, por um "novo", Ernesto Nazareth disse-lhe:
> – Tenho para este carnaval uma marcha que vai abafar. Quer saber o nome da marcha?
> O visitante mostrou-se interessado.
> Ernesto Nazareth, falando-lhe ao ouvido, disse:
> – O título é *Estás maluco outra vez?*[1]

De fato o compositor andava com o juízo embaralhado, como indica um bilhete escrito na época na Colônia Juliano Moreira:

---

1. BARBOSA, Orestes. *Samba*. Rio de Janeiro: Livraria Educadora São José, 1933, pp. 27-28.

Ao meu prezado Pai. 18 de Agosto de 1935. Do Ernesto Nazareth, o sacrificado de d. Mercedes e d. Eulina também, passo muito mal tenho tosse toda noite preciso de Jatahy, me deixaram como cachorro doente, mas estou passando bem de saúde. Disseram-me que iam trabalhar, me deixaram sem dinheiro e dessa maneira esse tratamento chamado, que diabo de descaso para mim, que fiz eu de mal? Das 4 da tarde e 6 fecham todas as portas, não atendem a ninguém é urgente que um automóvel bem cedo de 12 horas às 2 da tarde chova ou não chova são esses os meus procedimentos morais. Adeus a todos do recolhido E. Nazareth.[2]

É visível o estado de confusão, angústia e solidão em que se encontrava Nazareth: a carta é endereçada ao seu pai (já morto há muito tempo), a datação é de 1935 (o compositor morreu em 1934), sem falar da desarticulação da escrita. Dona Eulina e dona Mercedes, a quem a carta se refere, eram, respectivamente, sua filha e uma amiga da família. Aliás, o último episódio de *glória* na sua vida foi quando partiu, em 1932, em *tournée* pelo Rio Grande do Sul, acompanhado pelas duas, apresentando-se em Porto Alegre, Rosário e Santana do Livramento. Encerradas as apresentações, rumou para Montevidéu, de onde embarcaria de volta para o Rio de Janeiro. Mas, antes do embarque, sofreu uma crise nervosa, sintomaticamente, enquanto tocava piano numa casa de instrumentos musicais na capital uruguaia (tiraram-no à força porque tocava sem parar numa espécie de convulsão "pianística").

O piano sempre esteve no centro dos acontecimentos críticos da vida de Nazareth: primeiro foi aquela crise nervosa enquanto assistia a Guiomar Novaes, em 1930, depois esta de Montevidéu, em 1932, e no último ano da sua vida, 1933, as fugas da internação em busca do instrumento (sem falar no episódio da infância em que, depois da morte da mãe, o pai, Vasco, o proibiu de tocar piano, restrição que provocou a reação de isolamento e ensimesmamento do garoto).

Escreveu aproximadamente 212 peças. Foi um "pianeiro" para se sustentar. Foi um compositor-pianista que construiu uma linguagem musical única, original e paradigmática com o seu instrumento, que o celebrizou. Mas também queria ter sido um pianista clássico. De todo modo, tornou-se um clássico da música brasileira. O reservado Ernesto Nazareth ganhou a vida como pianista demonstrador e professor particular. Teve a vida de um homem comum: a excessiva modéstia sempre se encaixou melhor na aceitação da *celebridade* do que no júbilo da *glória*. (Um jornalista perguntou, em 1924: "– Um crítico francês chamou-o genial. O senhor leu essa referência ao seu nome?". E Nazareth respondeu: "– Ah! Já sei... Não sei por que... não mereço nada disso".[3]) Como Pestana, Nazareth viveu um paradoxo. Os anos finais da sua vida imprimem uma tragicidade que faz lembrar, muito ironicamente, outra personagem da

---

2. Acervo Ernesto Nazareth/IMS. Também publicado em: DIAS, Carmem. "Revendo Ernesto Nazareth". *Tribuna da Imprensa*, Rio de Janeiro, 7.12.1987.

3. SEM ASSINATURA. *Folha da Noite*. São Paulo, 8.09.1924.

literatura, o também sifilítico compositor Adrian Leverkühn, do *Doutor Fausto* de Thomas Mann. Mas, no caso, o tamanho e lugar da *ambição* é evidentemente outro. Algo que o crítico Mário Curvello sugeriu para Pestana: "Nas limitações de sua arte e de seu meio ressoam nele, como um Fausto Suburbano, trechos das cenas iniciais da tragédia de Goethe".[4] Mas, diferentemente de Pestana, cujo drama entre a *ambição* e a *vocação* sugere uma tensão em estado de aporia, Nazareth teve de tudo: *sucesso, celebridade* e *glória*. Mas morreu com a sensação de que não tinha nada.

---

4. CURVELLO, Mário. "Polcas para um Fausto suburbano". *In*: BOSI, Alfredo (org.). *Machado de Assis*. São Paulo: Ática, 1982, pp. 460-461.

Portfólio

Rio de Janeiro,
final do século XIX

Cesteiro
Marc Ferrez
Rio de Janeiro-RJ, *c.* 1899
Coleção Gilberto Ferrez/
Acervo Instituto Moreira Salles

Garrafeiros
Marc Ferrez
Rio de Janeiro-RJ, *c.* 1899
Coleção Gilberto Ferrez/
Acervo Instituto Moreira Salles

Vendedor de doces
Marc Ferrez
Rio de Janeiro-RJ, *c.* 1899
Coleção Gilberto Ferrez/
Acervo Instituto Moreira Salles

Carceler
Marc Ferrez
Rio de Janeiro-RJ, *c.* 1880
Acervo Instituto Moreira Salles

Capa da partitura de *Ouvindo as ondas*,
de Freire Júnior e Catulo da Paixão Cearense,
com litografia da Casa Beethoven
Rio de Janeiro-RJ, *c.* 1920
Acervo Chiquinha Gonzaga SBAT/
Instituto Moreira Salles

Capa de *Brejeiro*, tango de Ernesto Nazareth, com litografia
Edição Casa Vieira Machado
Rio de Janeiro-RJ, *c.* 1900
Acervo Tinhorão/Instituto Moreira Salles

Folheto de propaganda do piano Ritter
Rio de Janeiro-RJ, c. 1908.
Acervo Tinhorão/Instituto Moreira Salles

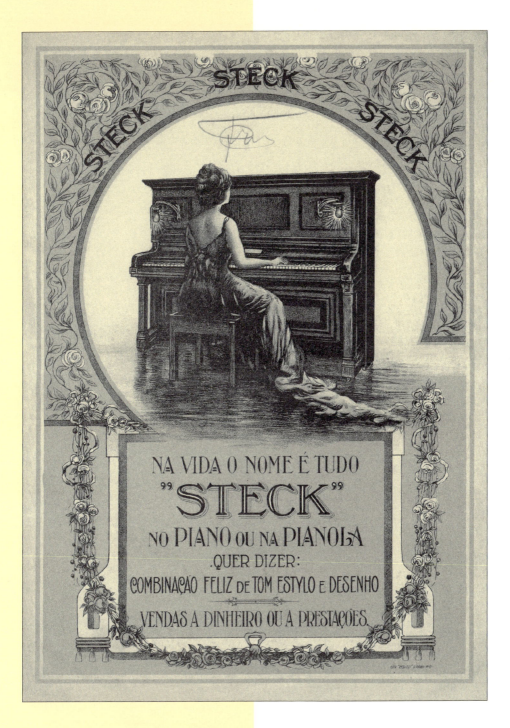

Propaganda dos pianos e pianolas Steck na contracapa de
Ouvindo as ondas, de Freire Júnior e Catulo da Paixão Cearense
Rio de Janeiro-RJ, c. 1920
Acervo Chiquinha Gonzaga SBAT/Instituto Moreira Salles

Polca *Agatol*, de Miguel A. de Vasconcelos, com propaganda da
pasta de dentes Agatol e dedicatória para a maestrina Francisca Gonzaga
São Paulo-SP, c. 1900
Acervo Chiquinha Gonzaga SBAT/Instituto Moreira Salles

Polca *Sabonete japonez*, de Aurélio Cavalcanti
Rio de Janeiro-RJ, *c.* 1900
Acervo Chiquinha Gonzaga SBAT/Instituto Moreira Salles

Rio de Janeiro,
belle époque

Na página anterior,
Avenida Central
Marc Ferrez
Rio de Janeiro-RJ, *c.* 1905
Coleção Gilberto Ferrez/
Acervo Instituto
Moreira Salles

Demolições entre as ruas do
Rosário e Ouvidor
João Martins Torres
Rio de Janeiro-RJ, *c.* 1904
Acervo Instituto Moreira Salles

Avenida Central, atual Rio
Branco, vendo-se o palácio
Monroe ainda em construção
Augusto Malta (coleção
Brascan – Cem anos no Brasil)
Rio de Janeiro-RJ, *c.* 1906
Acervo Instituto Moreira Salles

Morro do Castelo
Augusto Malta
Rio de Janeiro-RJ, 1922
Coleção Gilberto Ferrez/
Acervo Instituto Moreira Salles

O ENIGMA DO HOMEM CÉLEBRE – PORTFÓLIO   215

Morro do Castelo
Augusto Malta
Rio de Janeiro-RJ, 1921
Coleção Gilberto Ferrez/
Acervo Instituto Moreira Salles

O ENIGMA DO HOMEM CÉLEBRE – PORTFÓLIO   217

Avenida Rio Branco
Augusto Malta
Rio de Janeiro-RJ, c. 1915
Coleção Gilberto Ferrez/
Acervo Instituto
Moreira Salles

Nova paisagem do Centro do Rio após a reforma urbana
da *belle époque* no início do século XX
Rio de Janeiro-RJ, c. 1920
Biblioteca Nacional/Divisão de Música e Arquivo Sonoro

Avenida Central
Augusto Malta
Rio de Janeiro-RJ, 1910
Coleção Gilberto Ferrez/Acervo
Instituto Moreira Salles

Cinema Pathé
Marc Ferrez
Rio de Janeiro-RJ, *c.* 1918
Coleção Gilberto Ferrez/
Acervo Instituto Moreira Salles

Vista aérea do espaço
ocupado pelo
morro do Castelo
antes da sua
remoção completa
Revista *Fon-Fon!*, n. 23,
Rio de Janeiro,
4 de junho de 1927
Acervo Tinhorão/
Instituto Moreira Salles

TERRA CARIOCA

...MA QUE OS OLHOS SURPREHENDEM DE BORDO DE UM AVIÃO. AS COISAS SE AMACIAM NA TRANSPARENCIA LU-
...NTRASTE E' FLAGRANTE: E' A VIDA NA SUA EXPRESSÃO DE TUMULTO, DE LUTA E DE INQUIETUDE QUE CARA-
CTERIZA AS GRANDES CIDADES COMO O RIO...

Nazareth e
família

Cartão de visitas
de Ernesto Nazareth
Rio de Janeiro-RJ, s/d
Acervo Nazareth/
Instituto Moreira Salles

EVADIU-SE DE UM ESTABELE-CIMENTO DE CURA

Ainda não foi descoberto o paradeiro do enfermo

Teve a sua época de notoriedade Ernesto Nazareth, inspirado compositor de tantos tangos melodiosos, de que elle mesmo era um brilhante divulgador ao piano, instrumento que tocava com execução e vivacidade.

Floresceu no tempo de Aurelio Cavalcanti, que se celebrizou pe-

Ernesto Nazareth

la dolencia das suas valsas hespanholas, de Luiz Moreira, que depois se consagrou definitivamente ao theatro, de Julio Reis e mais alguns que dominaram nos ultimos annos do seculo XIX. Todos elles eram reclamados nas salas cariocas, quando as familias daquelles tempos, que não conheciam o jazz e o radio, festejavam com dansas as suas datas intimas e as dansas de ha quarenta annos atraz eram a polka militar, o *schottish*, a valsa e a velha quadrilha, espirituosamente marcada pelos discipulos de Terpsychore que tinham bom humor e o improviso facil.

Abalado no seu systema nervoso, ha um anno, o velho compositor patricio internou-se num estabelecimento de cura mantido em Jacarépaguá pelo Ministerio da Saude Publica. Com a tranquilidade ali gozada era de esperar que lhe voltasse a perdida lucidez.

De indole docil, Ernesto Nazareth tinha permissão para, uma vez ou outra, sair do pavilhão e fazer passeios pelas alamedas da colonia, onde inumeros outros enfermos se entregam a actividades varias, na lavoura, na criação ou nas officinas.

Ante-hontem, num desses passeios, o maestro Nazareth conseguiu, sem ser observado, ganhar a estrada Rodrigues Caldas, desapparecendo. Só mais tarde, á hora de se recolherem os enfermos, é que foi percebida a sua ausencia.

O administrador da colonia, sr. Antonio Gouvêa de Almeida, depois de inuteis batidas pelos arredores, resolveu communicar o facto ás autoridades do 24º. districto, de cujo concurso espera resultar a descoberta do paradeiro do enfermo.

O maestro Ernesto Nazareth conta 60 annos de edade, é mais ou menos robusto e tem a cabeça já encanecida. Na occasião em que se evadiu trajava calça de linho branco e paletot de pyjama.

Relatório de arrecadação
de direito autoral,
da Sociedade Brasileira de
Autores Teatrais, sobre obras de
Ernesto Nazareth em 1931.
Rio de Janeiro-RJ
Acervo Ernesto Nazareth/IMS

Notícia sobre
o desaparecimento
de Ernesto Nazareth
da colônia Juliano Moreira
em Jacarepaguá
Correio da Manhã,
Rio de Janeiro,
3 de fevereiro de 1934
Acervo Ernesto Nazareth/
Instituto Moreira Salles

Salão Nobre da Prefeitura

LIVRAMENTO

Sexta-feira, 26 de Fevereiro 1932, ás 22 hrs.

Concerto do Compositor Brasileiro

ERNESTO NAZARETH

Cadeira 10$000

Ingresso para recital
de Ernesto Nazareth realizado
no Salão Nobre da Prefeitura
de Santana do Livramento
Santana do Livramento-RS,
26 de fevereiro de 1932
Acervo Ernesto Nazareth/
Instituto Moreira Salles

Club Caixeiral

Recital do compositor brasileiro

ERNESTO NAZARETH

Sexta-feira, 19 de Fevereiro de 1932

ás 21 horas   CADEIRA : 5$000

Ingresso de cadeira para recital
de Ernesto Nazareth realizado
no Club Caixeiral de Rosário
Rosário do Sul-RS, 19 de fevereiro de 1932
Acervo Ernesto Nazareth/Instituto Moreira Salles

Ingresso de camarote para recital
de Ernesto Nazareth realizado
no Club Caixeiral de Rosário
Rosário do Sul-RS,
19 de fevereiro de 1932
Acervo Ernesto Nazareth/Instituto
Moreira Salles

Cartaz do concerto
de Ernesto Nazareth
no Salão da Cultura Artística
São Paulo, 3 de julho de 1926
Acervo Ernesto Nazareth/
Instituto Moreira Salles

Salão da Cultura Artística

SABBADO, 3 DE JULHO DE 1926

Ás 21 horas

Concerto do

PIANISTA ::: COMPOSITOR BRASILEIRO

Ernesto Nazareth

CREADOR DO TANGO BRASILEIRO

SALA BEETHOVEN

AUDIÇÃO DE MUSICAS BRASILEIRAS PELO AUTOR

ERNESTO NAZARETH

A REALISAR-SE QUINTA-FEIRA, 28 DE JANEIRO DE 1932

ás 21 Horas

Sob o alto patrocinio das distinctas sociedades Club do Commercio, Jocotó e Philosophia

PROGRAMMA

I

PEÇAS DE ESTYLO

1 — EXTASE — romance para piano
2 — ESTUDO — em fá sustinido maior
3 — POLONEZA

II

VALSAS

1 — EXPANSIVA
2 — PASSAROS EM FESTA
3 — ELEGANTISSIMA

III

TANGOS

1 — BREGEIRO
2 — ESCOVADO
3 — FAVORITO
4 — NÊNÊ
5 — TURUNA
6 — GAUCHO (Homenagem aos valorosos Gaúchos

Grande piano de cauda «Essenfelder»

Programa do recital realizado na Sala Beethoven Porto Alegre-RS, 28 de janeiro de 1932 Acervo Ernesto Nazareth/ Instituto Moreira Salles

Ernesto Nazareth, no Instituto
Nacional de Música, com
jovens amadores, entre eles,
Carmen Miranda.
Revista *O Violão*, número 3.
Rio de Janeiro, fevereiro de 1929.
Acervo Tinhorão/
Instituto Moreira Salles

Ernesto Nazareth e grupo de amigos
junto a automóvel
J. B. Vasques,
São Paulo-SP, 1926
Biblioteca Nacional/
Divisão de Música e Arquivo Sonoro

Vasco Lourenço da Silva Nazareth,
pai do compositor
Fotógrafo não identificado
Rio de Janeiro-RJ, *c.* 1880
Biblioteca Nacional/
Divisão de Música e Arquivo Sonoro

Nazareth e familiares em sua residência
na rua Visconde de Pirajá, em Ipanema
Rio de Janeiro-RJ, *c.* 1925
Acervo Ernesto Nazareth/Instituto Moreira Salles

Ernesto Nazareth aos 42 anos
Lopes & Cia.
Rio de Janeiro-RJ, 1905
Acervo Ernesto Nazareth/
Instituto Moreira Salles

O ENIGMA DO HOMEM CÉLEBRE – PORTFÓLIO   235

Ernesto Nazareth aos 45 anos
Photographia Academica
Rio de Janeiro-RJ, 1908
Acervo Ernesto Nazareth/
Instituto Moreira Salles

Ernesto Nazareth aos 69 anos
Fotógrafo não identificado
Rio de Janeiro-RJ, 1932
Acervo Ernesto Nazareth/
Instituto Moreira Salles

Retrato de Ernesto Nazareth
Nicolas Alagemovitz
Rio de Janeiro-RJ, janeiro de 1932
Acervo Ernesto Nazareth/
Instituto Moreira Salles

Cronologia[1]

1863
Ernesto Júlio de Nazareth nasce no Rio de Janeiro em 20 de março, no morro do Nheco, na região da Cidade Nova. É o segundo filho do casal Vasco Lourenço da Silva Nazareth e Carolina Augusta Pereira da Cunha Nazareth. Seus irmãos são Vasco Lourenço da Silva Nazareth Filho (Vasquinho), Julia Adelia da Silva Nazareth (Dodoca), Maria Carolina da Silva Nazareth (Nenê) e Brizabela da Silva Nazareth, falecida com apenas 3 anos.

1873
Morre sua mãe, com quem havia iniciado os estudos de piano. Nazareth cai de uma árvore e tem hemorragia em um dos ouvidos. A família muda-se para a rua Braço de Ouro (mais tarde chamada rua Paula Brito), no bairro do Andaraí. Começa a estudar piano com o professor Eduardo Madeira.

1877
Compõe sua primeira música: a polca-lundu *Você bem sabe!*, dedicada ao pai e editada no ano seguinte. Freqüenta o curso preparatório no colégio de São Francisco de Paula, do padre Belmonte, na praça Tiradentes.

1878
Compõe a valsa brilhante *O nome d'ella*, que nunca foi editada. Em 25 de dezembro, sai no *Jornal do Commercio* o anúncio da primeira edição da polca *Você bem sabe!* pela Casa Arthur Napoleão & Miguez.

1879
Publica pela Casa Arthur Napoleão & Miguez a polca *Cruz, perigo!*.

1880
Aos 16 anos, faz sua primeira apresentação pública, em concerto beneficente no salão do Club Mozart. Compõe e publica a polca *Gracietta* pela editora Viúva Canongia, peça dedicada ao seu padrinho, Júlio Augusto Pereira da Cunha. Edita a polca *Gentes! O imposto pegou?* por Briani, Barreto & Boudraux.

1881
Edita a polca *Não caio n'outra!!!* pela Viúva Filippone & Filha. Nazareth tem algumas aulas de piano com o professor Lucien Lambert.

1882
A Casa Buschmann & Guimarães publica as polcas *Fonte do suspiro* e *O nome d'ella*; esta última recebe o mesmo nome da valsa de 1878. Sua irmã Nenê morre aos 15 anos.

1883
Aos 20 anos, Nazareth compõe a polca *Teus olhos captivam*, publicada por Isidoro Bevilacqua na coleção Echo dos Salões.

---

1. Parte desta cronologia foi desenvolvida com base nos originais de *Coração que sente*, biografia inédita de Ernesto Nazareth escrita por Luiz Antônio de Almeida – a quem agradeço por ter permitido consultar sua pesquisa.

1884

Compõe e publica duas polcas pela Casa Viúva Filippone & Filha: *Não me fujas assim* e *Beija-flor*. Muda-se para o bairro do Engenho Velho.

1885

Participa de concertos realizados em famosos clubes de sociedade da época: Clube do Rio Comprido, Clube do Engenho Velho, Clube Riachuelense do Engenho Novo. Executa as obras eruditas *La fileuse*, de Joachim Raff, e *Valsa Favorita*. No concerto no Clube São Cristóvão, interpreta, com Frederico Mallio, um *Grande dueto para dois pianos*. Compõe as valsas *Primorosa* e *Recordações do passado*, inéditas.

1886

Aos 23 anos, casa-se com Theodora Amália Leal de Meirelles. Muda-se com a família para o bairro de São Cristóvão, na rua Januário. Neste mesmo ano, participa de um concerto no Clube Rossini.

1887

É editada a polca *A fonte do lambary* pela Casa Pereira & Araújo. Nasce Eulina de Nazareth, sua primeira filha.

1888

O *Jornal do Commercio* anuncia a venda da polca de Nazareth *A bella melusina*, publicada por Pereira & Araújo. Nasce seu segundo filho, Diniz Nazareth.

1889

Compõe a quadrilha *Chile-Brazil*, publicada somente em 1897. Edita a polca *Atrevidinha* por Fertin de Vasconcellos & Morand. O terceiro filho de Ernesto e Theodora, João Baptista, nasce morto.

1890

Publica a polca *Atraente*. A quarta filha do casal Nazareth, Marietta, também nasce morta.

1892

Edita seu primeiro tango, *Rayon d'or* (na realidade uma polca-tango), por Isidoro Bevilacqua, mais tarde Casa E. Bevilacqua & Cia. Nasce em Barra Mansa (RJ) a quinta filha de Nazareth, Maria de Lourdes.

1893

Publica a polca-lundu *Cuyubinha*, a polca *Eulina* e a valsa *Julita* pela Casa Fontes & Cia. O tango *Brejeiro* também é editado pela Casa Fontes & Cia. (o compositor vende seu tango ao estabelecimento por 50 mil-réis). Nazareth compõe a valsa *Brejeira*, ainda inédita (documentada no Catálogo da Biblioteca Nacional do Rio de Janeiro). Tem reumatismo grave, trata-se com homeopatia e recupera-se. Nessa época, já apresenta sinais de surdez.

1894

Brejeiro é reeditado pela Casa Vieira Machado & Cia. e torna-se um dos maiores sucessos da música popular brasileira do século XIX. Mais tarde, Catulo da Paixão Cearense escreve letra para *Brejeiro*, chamada *Sertanejo enamorado*. Edita a polca *Marietta* pela Casa Vieira Machado & Cia.

1895

Publica o tango *Nenê* pela Sampaio Araújo & Cia., sucessores da Casa Arthur Napoleão & Cia. (o tango também recebe letra de Catulo da Paixão Cearense). O tango *Favorito*, a polca *Caçadora* e a valsa *Julieta* são editados pela Casa Vieira Machado & Cia. O tango *Favorito* recebe, alguns anos depois, letra de Catulo da Paixão Cearense (o cantor Mário Pinheiro grava-o em seu disco pela

Casa Edison; porém, mais tarde, em 1929, o tango *Favorito* recebe letra de autor desconhecido e é gravado por Francisco Alves).

1896

Edita pela Casa Arthur Napoleão & Cia. os tangos *Myosotis*, *Ramirinho* e *Segredo* e as valsas *Crê e espera* e *Helena*. Publica a polca *Pipoca*, o tango *Remando* e a valsa *Hespañolita* pela Casa Vieira Machado & Cia. Nasce seu último filho, Ernesto de Nazareth Filho, o Ernestinho.

1897

Edita a valsa *Orminda* por André A. da Costa & Cia. Publica, pela Casa Vieira Machado & Cia., o tango *Feitiço* e a quadrilha *Chile-Brazil*.

1898

Publica pela Casa E. Bevilacqua & Cia. o romance sem palavras *Adieu* e compõe o tango *Atlântico*, que sairá em 1921 pela mesma editora. Publica o *schottisch* (ou xote) *Gentil* pela André A. da Costa & C. Edita o tango *Está chumbado* pela Casa Arthur Napoleão & Cia. (coleção *Soirées Brazileiras*) e o tango *Furinga* pela Fertin de Vasconcellos, Morand & Cia. Participa de dois concertos no Clube São Cristóvão; no segundo, apresenta-se com Ernani Braga.

1899

A valsa *Zica* é publicada pela editora de C. Carlos F. Wehrs. Lança, pela Casa E. Bevilacqua & Cia., os tangos *Cacique* e *Bicyclette-Club*, o tango característico *Turuna*, a valsa *Íris*, a gavotte *Corbeille de Fleurs* e as polcas *Quebradinha* e *Zizinha*. É provavelmente neste ano que a polca *Bombom* sai pela Fertin de Vasconcellos, Morand & Cia. Reedição da valsa *Orminda*.

1900

O *schottisch* (xote) *Arrufos* e a valsa *Genial* são editados pela Casa Arthur Napoleão & Cia. Publica pela Fertin de Vasconcellos, Morand & Cia. o tango característico *Digo* e a valsa *Elite club*. Compõe a valsa *Dora*, dedicada a Theodora (peça inédita).

1901

Compõe as valsas *Henriette* e *Vesper*, o *schottisch Encantada* e o tango *Batuque*.

1902

Edita a valsa *Henriette* pela Casa J. Filippone (depois E. Bevilacqua & Cia.). Morre de tuberculose Vasquinho, irmão de Nazareth, cujo filho Gilberto, o Gigi, contrai a doença do pai e passa a viver com Nazareth.

1903

Compõe e publica o tango *Pyrilampago* na revista *A Avenida*. Compõe a valsa *Coração que sente* e o tango *Victorioso*. Falece Gigi, seu sobrinho, aos 15 anos de idade. O tango *Brejeiro* foi dedicado a ele.

1904

Conhece o pianista norte-americano Ernest Schelling (1876-1939).

1905

Edita pela Casa Vieira Machado & Cia., a valsa *Coração que sente*, o fado português *Ferramenta* e o tango *Escovado*. Publica o tango *Ideal* pela Casa E. Bevilacqua & Cia. Compõe a valsa *Cardosina* (inédita), o choro *Janota*, que é publicado mais tarde por J. Carvalho & Cia., e o choro *Cavaquinho, por que choras?*, editado posteriormente pela Casa Carlos Gomes.

1907

Nazareth exerce o cargo de terceiro escriturário no Tesouro Nacional por pouco tempo. Compõe o tango *Vem cá, branquinha!* e o edita em 1915 (o tango é uma resposta ao tango-chula de Arquimedes de Oliveira, *Vem cá, mulata*, sucesso no carnaval de 1906). Morre sua irmã Dodoca.

1908

O maestro Alberto Nepomuceno convida Nazareth para se apresentar nos Concertos Sinfônicos da Exposição Nacional, na praia Vermelha, em comemoração do centenário da Abertura dos Portos. Também se apresentaram os compositores Araújo Vianna, Barrozo Neto, Edgard Guerra, F. Nunes, Francisco Valle, Braga, Levy, Oswald, Miguez, Carlos Gomes, entre outros. Nepomuceno realiza o histórico concerto de violão com Catulo da Paixão Cearense no Instituto Nacional de Música, provocando forte reação entre o corpo docente e celeuma na crítica, que considerou tal realização "um acinte àquele templo de arte". Nazareth participa de concerto no teatro João Caetano. Compõe *Poloneza*, até hoje inédita, o tango *Tenebroso* e a valsa *Turbilhão de beijos*.

1909

Toma parte de recital organizado pelos professores Carlos Tyll e Luiz Kantz com Heitor Villa-Lobos e Humberto Milano no Instituto Nacional de Música. Na parte I do programa aparecem *Corbeille de fleurs* e *Batuque*, por Ernesto Nazareth, e *Rhapsodie hungroise op. 43 para violino e piano*, de M. Hauser, por Humberto Milano e Ernesto Nazareth; na parte II, *Le cygne*, de Saint-Saëns, para violoncelo e piano, por Heitor Villa-Lobos e Ernesto Nazareth. Compõe o tango *Floraux*, editado pela Casa Mozart (E. Bevilacqua & Cia.). O título original *Cercle floraux* é o no-me de uma agremiação criada por moças da sociedade carioca. Edita pela Casa Mozart a cançoneta *A florista*, com letra de Francisco Telles, dedicada à filha Maria de Lourdes. Compõe por volta desta época o tango *Chave de ouro*, provavelmente editado pela Casa Vieira Machado & Cia.

1910

Nazareth é contratado para tocar na sala de espera do cinema Odeon (o cinema localizava-se na antiga Avenida Central, mais tarde avenida Rio Branco, esquina com Sete de Setembro). Muda-se com a família para a rua Sete de Setembro. Edita o tango *Odeon* pela Casa Mozart (E. Bevilacqua & Cia.), dedicado à empresa Zambelli, proprietária do cinema Odeon. Compõe a valsa *Eponina*.

1911

Compõe a valsa *Noemia*, editada pela Casa Vieira Machado & Cia. Publica a valsa lenta *Turbilhão de beijos* e o tango *Perigoso* pela Casa Mozart (em 1912 esta valsa ganha arranjo para pequena orquestra por Luciano Gallet). Edita o tango *Travesso* pela Casa Arthur Napoleão & Cia.

1912

Edita a valsa *Expansiva* e os tangos *Thierry*, *Victorioso* e *Soberano* por Manoel Antonio Gomes Guimarães. Publica as polcas *Ameno Resedá* e *Correta* pela Casa Sampaio Araújo & Cia. Pela Casa Arthur Napoleão & Cia., lança os tangos *Duvidoso* e *Fon-fon*; as duas peças saem pela coleção *Soirées Brazileiras*. Nazareth e o flautista Pedro de Alcântara gravam dois discos de 78 rotações para a Casa Edison. As peças escolhidas são os tangos de Nazareth, *Favorito* e *Odeon*, *Choro e poesia*, de Pedro de Alcântara, e a polca de Joaquim Antônio da Silva Calado, *Linguagem do coração*. São gravadas quatro composições de Nazareth em discos Columbia: *Ai, rica prima* e *Sertanejo enamorado* (letra de Catulo sobre *Brejeiro*), interpretados por Mário Pinheiro, *Você não me dá* (letra de Catulo sobre *Bambino*), pelo cantor Nozinho, e *Dengoso*, pela Banda Columbia.

1913

Edita os tangos *Tenebroso, Cutuba, Carioca, Reboliço, Espalhafatoso, Mandinga* e *Atrevido* pela Casa Sampaio Araújo & Cia. *Tenebroso* foi dedicado ao amigo violonista, cantor e compositor Sátiro Bilhar (1860-1926). Publica o tango característico *Batuque*, por Sampaio Araújo & Cia., e dedica a peça ao pianista e compositor Henrique Oswald. Pela Casa Vieira Machado & Cia., edita as valsas *Eponina, Saudade* e *Electrica*. Edita a valsa para piano *Confidências*, pela Casa Arthur Napoleão & Cia., na coleção *Soirées Brazileiras*, dedicada a Catulo da Paixão Cearense. Publica a polca-tango *Cuéra*, pela Casa Mozart. Trabalha como pianista demonstrador nas casas de música Mozart e Manoel Antônio Gomes Guimarães. Deixa de trabalhar no cinema Odeon.

1914

Edita a valsa lenta *Fidalga*, cujo título original é *Douleur supreme*, pela Casa E. Bevilacqua & Cia. O tango *Topázio líquido* é editado por Manáos, Miranda Corrêa & Cia., e os tangos *Sagaz* e *Talisman*, por Sampaio Araújo & Cia. Publica a valsa *Vésper* pela Fertin de Vasconcellos, Morand & Cia. Edita os tangos *Catrapuz* e *Mesquitinha* pela Casa E. Bevilacqua & Cia.

1915

Pela Casa Mozart, Nazareth, publica as polcas *Apanhei-te, cavaquinho!* e *Alerta!*. Edita a valsa *Divina* pela E. Bevilacqua & Cia., e os tangos *Pierrot* e *Tupinambá* por Sampaio Araújo & Cia. Publica os tangos *Vem cá, branquinha!* e *Ouro sobre o azul* pela Casa E. Bevilacqua & Cia.

1916

Edita o tango *Retumbante* pela Casa E. Bevilacqua & Cia. Publica os tangos *Garoto, Sarambeque* e *Tupinambá* pela Sampaio Araújo & Cia., e a valsa *Gotas de ouro* pela Casa Vieira Machado & Cia.

1917

Morre Maria de Lourdes, filha de Nazareth. Muda-se para Ipanema, na rua Vieira Souto (hoje avenida). Edita o tango *Famoso* e a mazurca de expressão *Mercedes* pela Casa E. Bevilacqua & Cia. Compõe o tango *Magnífico*, com manuscrito original incompleto e edição sem data pela Casa Eduardo Souto. Publica os tangos *Guerreiro, Matuto, Labirinto* e *Ranzinza* pela Casa Sampaio Araújo & Cia. Ainda por esta casa, edita o tango argentino *Nove de julho*. Encontra-se com o pianista Arthur Rubinstein (1887-1982). Compõe a meditação sentimental *Lamentos* (inédita), dedicada à filha Maria de Lourdes.

1918

Nazareth volta a tocar no cinema Odeon, agora com piano de cauda e orquestra do maestro Eduardo Andreozzi, da qual Heitor Villa-Lobos faz parte. Edita o tango *Podia ser pior* pela Casa Vieira Machado & Cia. Compõe a marcha *Victoria* e o tango *Menino de ouro*, editado por Eduardo Souto.

1919

Em janeiro, edita e o samba *Suculento* (tango carnavalesco), com letra de Neptuno, pela Casa Mozart (E. Bevilacqua & Cia.). Em novembro, edita o tango característico *Sustenta a... nota...* pela Casa Sampaio Araújo & Cia. Entre 1919 e 1925, trabalha como pianista demonstrador de partitura na Casa Carlos Gomes, fundada por Eduardo Souto.

1920

Compõe os inéditos: *Hino da escola Pedro II*, com letra de Maria Mercedes Mendes Teixeira, e *Nocturno, op.1*. Compõe e edita a valsa lenta *Pássaros em festa* por Eduardo Souto & Cia. Nesse período, Nazareth compõe alguns hinos, todos inéditos e sem data: *Hino da escola Bernardo de Vasconcelos*; *Hino da escola Esther Pereira de Mello*; *Hino da escola Pereira Passos*.

1921

Edita pela E. Bevilacqua & Cia. os tangos *Gemendo, rindo e pulando*, *O que há?*, *Xangô*, *Meigo* e *Pairando*; o samba *Arrojado*; o tango carnavalesco *Jacaré*; a marcha aos reis-belgas *Saudades e saudades!...*; o tango *Atlântico* e o tango meditativo *Por que sofre?*. Compõe em agosto de 1921 o tango *Paulicéia, como és formosa!*.

1922

Edita os tangos *O futurista* e *Plangente* pela Casa Eduardo Souto & Cia., e o tango *Jangadeiro* por Sampaio Araújo & Cia. Compõe o tango *Escorregando* (editado em 1939 pela Irmãos Vitale Editora), a valsa-capricho *Elegantíssima* e ainda os tangos *Subtil*, *Maly* e *Quebra-cabeças*. Compõe a marcha *Aos 18 do Forte* (inédita). Tangos de Nazareth são incluídos num concerto organizado por Luciano Gallet realizado no Instituto Nacional de Música. Setores da elite protestam e é preciso a intervenção policial para que ocorra o concerto. Compõe o tango *Gaúcho*. Compõe o *Hino da escola Floriano Peixoto*, com letra de Maria Mercedes Mendes Teixeira.

1923

Compõe música e letra do tango *Tudo sobe...*, editado por Manoel de Faria.

1924

Compõe dois hinos: *Saudação*, ao Prefeito Alaor Prata, e *Saudação*, ao doutor Carneiro Leão. Compõe o tango *Proeminente*. Edita o romance *Êxtase* pela editora C.E.M.B., dedicado a Miécio Horszowsky.

1925

No dia do seu aniversário, realiza concerto no Salão Nobre do Centro Paulista. Nazareth executa a polca *Nazareth* e *Êxtase*. Compõe o *fox-trot Delightfulness* e o edita, com a valsa *Yolanda*, composta em 1922, pela Eduardo Souto & Cia. Publica o tango *O alvorecer* na *Revista Musical* (no manuscrito original o título é *Ensimesmado*).

1926

Publica o choro *Cavaquinho, por que choras?* pela Casa Carlos Gomes. Escreve a valsa *Dora* (inédita). Em abril viaja em turnê pelo Estado de São Paulo. Hospeda-se na casa do amigo Jorge Fragoso e depois na de Jacyntho Silva. Em São Paulo, edita pela Casa J. Carvalho & Cia. a valsa-capricho *Elegantíssima*, o tango *Desengonçado* e o tango *Quebra-cabeças*. Publica o tango *Paulicéia, como és formosa!...* (1921) pela editora C.E.M.B.

Apresenta-se no Conservatório Dramático Musical de São Paulo, em 2 de junho:

PROGRAMA:
Parte I: *Capricho, Êxtase* e *Poloneza*;
Parte II: *Turbilhão de beijos, Pássaros em festa* e *Elegantíssima*;
Parte III: *Brejeiro, Bambino, Digo, Nenê, Desengonçado, Labirinto* e *Batuque*.

Apresenta recital no Clube Semanal de Cultura Artística de Campinas, em 4 de julho:

PROGRAMA:
Parte I: *Capricho, Êxtase , Poloneza* e *Corbeille de fleurs*;

Parte II: *Turbilhão de beijos, Pássaros em festa* e *Elegantíssima;*
Parte III: *Carioca, Brejeiro, Bambino, Digo, Nenê, Desengonçado, Labirinto* e *Batuque.*

Toca no Clube Campineiro, em 15 de julho:

PROGRAMA:
Parte I: *Impromptu, Êxtase , Poloneza;*
Parte II: *Yolanda, Helena, Expansiva, Pássaros em festa, Dora, Turbilhão de beijos* e *Elegantíssima;*
Parte III: *Plangente, Tenebroso, Brejeiro, Escovado, Alvorecer, Myosotis, Favorito, Odeon, Turuna* e *Apanhei-te, cavaquinho.*

Apresenta-se no Centro de Ciências, Letras e Artes de Campinas, em 17 de julho:

PROGRAMA:
Parte I: *Corbeille de fleurs, Adieu, Capricho;*
Parte II: *Celestial, Eponina, Pássaros em festa, Turbilhão de beijos, Helena, Noemia;*
Parte III: *Atrevido, Ferramenta, Nenê, Bambino, Digo, Soberano, Labirinto, Plangente, Alvorecer, Carioca, Brejeiro, Odeon, Batuque* e *Apanhei-te, cavaquinho!.*

Toca em recital no Clube Campineiro, em 19 de agosto:

PROGRAMA:
Parte I: *Êxtase , Poloneza;*
Parte II: *Yolanda, Favorito, Expansiva, Plangente, Elegantíssima* e *Labirinto;*
Parte III: *Escovado, Dora, Tenebroso, Helena, Apanhei-te, cavaquinho!* e *Odeon.*

Em 27 de setembro, acontece o Festival Nazareth, no salão do Conservatório de São Paulo. Em 19 de outubro, apresenta-se em outro recital, no Salão do Conservatório de São Paulo:

PROGRAMA:
Êxtase , Elegantíssima, Pássaros em festa. Os tangos: *Batuque, Apanhei-te, cavaquinho!, Brejeiro, Escovado, Turuna, Nenê* e, para finalizar, *Poloneza.*

A convite da Sociedade Artística de São Paulo, realiza em 17 de novembro, no Theatro Municipal, um recital, precedido pela conferência proferida por Mário de Andrade sobre sua obra:

PROGRAMA (segundo lista do compositor):
Você bem sabe, Brejeiro, Está chumbado, Tenebroso, Apanhei-te, cavaquinho!, Soberano, Bambino, Turuna, Nenê, Digo, Odeon, e, finalizando, a valsa *Elegantíssima.*

1927

Em 24 de fevereiro, realiza recital no Salão do Conservatório Dramático e Musical de São Paulo. Em 7 de março, no mesmo local, realiza seu último concerto em São Paulo:

PROGRAMA:
Parte I: *Adieu, Batuque, Poloneza, Êxtase*, e algumas peças clássicas executadas por Ernesto Nazareth, como por exemplo *Grande fantasia*, sobre a ópera *Norma*, de Bellini, para dois pianos de Thalberg. Nazareth toca junto com o professor Alberto Salles.
Parte II: Os tangos *Bambino, Digo, Por que sofre?...* e *Odeon*. As valsas *Dora, Pássaros em festa, Celestial* e *Elegantíssima.* Os tangos *Plangente, Tenebroso, Labirinto*, e, para finalizar, *Apanhei-te, cavaquinho!*

No dia 10 de março, após 11 meses em São Paulo, o compositor retorna ao Rio de Janeiro. Compõe e edita em abril a *Marcha fúnebre* pela J. Carvalho & Cia., dedicada a Carlos de Campos (governador de São Paulo). Compõe a valsa *Faceira.*

1928

Edita o tango *Subtil* pela Casa Eduardo Souto & Cia. (Casa Carlos Gomes). Esse tango foi dedicado ao crítico Oscar Guanabarino.

1929

Em fevereiro, toma parte do evento em benefício da Policlínica de Botafogo a convite do Instituto Nacional de Música. Nessa mesma festividade, Carmen Miranda apresenta-se pela primeira vez, aos 20 anos. Nazareth muda-se para Botafogo, à rua Bambina, 149. Falece Theodora, sua esposa. Um mês depois, a família muda-se para a rua Jardim Sul América, no bairro de Cosme Velho. Em dezembro, sai pela gravadora Odeon, a convite de Eduardo Souto, o tango *Favorito*, na voz do "Rei da voz" da época, Francisco Alves (com letra de autor desconhecido). Os sintomas da surdez de Nazareth já estão bem presentes.

1930

Compõe três marchas carnavalescas: *Exuberante* (inédita); *Crises em penca* e *Comigo é na madeira* (inédita). Compõe as valsas lentas *Resignação* e *Rosa Maria* (inéditas). A convite de Eduardo Souto, diretor artístico da Odeon-Parlophon, Nazareth grava o tango *Nenê* (1895) em disco. O tango *Favorito* também é lançado pela Odeon. Nazareth grava a polca *Apanhei-te, cavaquinho!* e o tango *Escovado* pela Odeon.

1931

Desde 1929, Nazareth freqüenta muito a Casa Vieira Machado, na rua do Ouvidor, onde toca piano. Edita o estudo para concerto *Improviso*, dedicado a Villa-Lobos, pela Casa Sampaio Araújo & Cia. Nazareth apresenta-se na rádio Sociedade Mayrink Veiga. No final do corrente ano, alguns amigos gaúchos, entre eles o jornalista Álvaro Moreyra, con-

vencem Nazareth a fazer uma turnê pelo Rio Grande do Sul. Edita o tango *Gaúcho* pela Viúva Guerreiro & Cia. (este tango na realidade foi composto em 1922 com o nome de *São Paulo-Minas*, mas, como na época era inédito ainda, Nazareth apenas muda o nome e edita o tango).

1932

Dia 5 de janeiro, antes da viagem, faz concerto no Studio Nicolas, dedicado à Sociedade Riograndense:

PROGRAMA:
Parte I: *Êxtase, Improviso* e *Poloneza*;
Parte II: *Expansiva, Elegantíssima*;
Parte III: *Brejeiro, Tenebroso, Labirinto, Nenê, Gaúcho* e *Carioca*.

Em 15 de janeiro, viaja ao Rio Grande do Sul acompanhado de sua filha Eulina e Maria Mercedes Mendes Teixeira para apresentações em Porto Alegre, Rosário e Santana do Livramento. Em 28 de janeiro, apresenta-se em recital na Casa Beethoven de Porto Alegre:

PROGRAMA:
Parte I: *Êxtase, Estudo*, em fá sustenido maior, e *Poloneza*;
Parte II: *Expansiva, Pássaros em festa* e *Elegantíssima*;
Parte III: *Brejeiro, Escovado, Favorito, Nenê, Turuna* e *Gaúcho*.

Em 19 de fevereiro, toca no Clube Caixeiral de Rosário:

PROGRAMA:
Parte I: *Êxtase, Elegia para piano* e *Capricho*;
Parte II: *Confidências, Dora, Pássaros em festa* e *Elegantíssima*;
Parte III: *Brejeiro, Bambino, Digo, Nenê, Labirinto, Batuque* e *Gaúcho*.

Em 26 de fevereiro, faz recital no Salão Nobre da Prefeitura de Santana do Livramento. Em Montevidéu, durante sua visita à Casa de Música Julio Mousqués, Nazareth é acometido por uma crise nervosa. De volta ao Rio de Janeiro, é internado no Hospital de Neuro-Sífilis da Fundação Gaffrèe e Guinle, na praia Vermelha, pavilhão anexo ao Hospício D. Pedro II. Após uma série de exames, o diagnóstico é tabo-paralisia ou sífilis maligna quaternária. Nazareth está na quarta fase da sífilis, quando o cérebro é atingido. O tratamento na época era malarioterapia. No final de 1932, Nazareth apresenta melhora e retorna para casa, agora na rua Pires de Almeida.

1933

Em janeiro, Nazareth passa por outra crise. Internam o compositor na Colônia Juliano Moreira, em Jacarepaguá.

1934

No dia 1º de fevereiro, Nazareth foge da Colônia Juliano Moreira. Seu corpo é encontrado no dia 4 de fevereiro, na represa localizada nos arredores da instituição. Completaria, no dia 20 de março, 71 anos. No dia 5 de fevereiro Ernesto Nazareth é sepultado no cemitério de São Francisco Xavier (Caju), jazigo 9.828, quadra 14.

Bibliografia

MEMÓRIAS E CRÔNICAS:

CRULS, Gastão. *Aparência do Rio de Janeiro*. Rio de Janeiro: José Olympio, 1965.

DEBRET, Jean-Baptiste. *Viagem pitoresca e histórica ao Brasil*. Tradução de Sérgio Milliet. São Paulo: Editora Martins, 1954.

EDMUNDO, Luiz. *O Rio de Janeiro do meu tempo*. Rio de Janeiro: Xenon, 1987.

MOURA, Roberto. *A Tia Ciata e a pequena África no Rio de Janeiro*. Rio de Janeiro: Funarte, 1983.

PINHO, Wanderley. *Salões e damas no Segundo Reinado*. 3. ed. São Paulo: Editora Martins, 1958.

PINTO, Alexandre Gonçalves. *O choro*. Rio de Janeiro: Funarte, 1978.

RIO, João do. *A alma encantada das ruas*. Rio de Janeiro: Simões, 1951.

RIO, João do. *Cinematógrafo (cenas cariocas)*. Porto: Livraria Chandon, 1906.

THOMÉ, Elias Saliba. "O monóculo atento de um cronista social – Wanderley Pinho mostra elegância e jogos políticos na corte imperial". *O Estado de S. Paulo*, Caderno 2, 21.11.2004, p. D5.

VASCONCELOS, Ari. *Panorama da música popular na belle époque*. Rio de Janeiro: Sant'Anna, 1977.

JORNAIS E REVISTAS:

Folha da Noite, São Paulo, 08.09.1924.

Gazeta de Notícias, Rio de Janeiro (1860-1930)

Gazeta Musical, Rio de Janeiro (1891-1893)

Jornal do Brasil, Rio de Janeiro (1860-1930)

Jornal do Commercio, Rio de Janeiro (1860-1930)

Revista *Fon-Fon!*, Rio de Janeiro (1907-1942)

Revista *Kosmos*, Rio de Janeiro (1905-1906)

Revista Musical e de Bellas Artes, Rio de Janeiro (1879-1880)

Revue Française du Brésil, março de 1934.

OBRAS LITERÁRIAS:

ASSIS, Machado de. *Balas de estalo*. Organização de Heloisa Helena Paiva de Luca. São Paulo: Annablume, 1998.

ASSIS, Machado de. *Bons dias!*. Organização de John Gledson. São Paulo: Hucitec, 1990.

ASSIS, Machado de. *Obras completas*. Rio de Janeiro/São Paulo/Porto Alegre: W. M. Jackson, 1957. 31 v.

ASSIS, Machado de. *Obras completas*. Organização de Afrânio Coutinho. Rio de Janeiro: Nova Aguilar, 1959. 3 vol.

ASSIS, Machado de. *A semana*. Edição de John Gledson. São Paulo: Hucitec, 1996.

SOBRE ERNESTO NAZARETH:

ALMEIDA, Luiz Antônio de. *Coração que sente*. Manuscrito original.

ANDRADE, Mário de. "Ernesto Nazaré" (1926). *In: Música, doce música*. São Paulo: Martins, 1963.

ANDRADE, Mário de. "Ernesto Nazaré" (1940). *In: Música, doce música*. São Paulo: Martins, 1963.

ARAÚJO, Mozart de. "Ernesto Nazareth". *Revista Brasileira de Cultura*. Rio de Janeiro, ano 4, n. 14, 1972.

AUGUSTO, Paulo Roberto Peloso. *Tangos brasileiros – Rio de Janeiro: 1870/1920*. Tese de doutorado. Faculdade de Filosofia, Letras e Ciências Humanas da Universidade de São Paulo (FFLCH-USP), São Paulo, 1996.

BIBLIOTECA NACIONAL. *Catálogo da exposição comemorativa do centenário de nascimento de Ernesto Nazareth*. Rio de Janeiro, 1963.

DIAS, Carmem. "Revendo Ernesto Nazareth". *Tribuna da Imprensa*, Rio de Janeiro, 7.12.1987.

DINIZ, Jaime C. *Nazareth – Estudos analíticos*. Recife: Departamento de Extensão Cultural e Artística, 1963.

ITIBERÊ, Brasílio. "Ernesto Nazareth na música brasileira". *Boletim Latino-Americano de Música*. Rio de Janeiro, abril de 1946.

MILHAUD, Darius. *Notes sans musique*. Paris: Juliard, 1949.

MURICY, José Cândido de Andrade. "Ernesto Nazareth". *Cadernos Brasileiros*. Rio de Janeiro, ano 5, n. 3, 1963.

NASCIMENTO, Antonio Adriano. *A influência da* habanera *nos tangos de Ernesto Nazareth*. Dissertação de mestrado. Escola de Comunicações e Artes da Universidade de São Paulo (ECA-USP), São Paulo, 1990.

NOGUEIRA, Luiz (org.). *Ernesto Nazareth – O rei do choro*. Rio de Janeiro: LN Comunicação Editora e Informática, s.d. CD-ROM.

PINTO, Aloysio de Alencar. "Ernesto Nazareth / Flagrantes" (1ª e 2ª partes). *Revista Brasileira de Música*. Rio de Janeiro, ano II, n. 5 e 6.

SIQUEIRA, Baptista. *Ernesto Nazareth na música brasileira*. Rio de Janeiro: Edição do autor, 1967.

VERZONI, Marcello. *Ernesto Nazareth e o tango brasileiro*. Dissertação de mestrado. Departamento de Música da Universidade Federal do Estado do Rio de Janeiro (Unirio), Rio de Janeiro, 1996.

SOBRE MÚSICA BRASILEIRA:

ALENCAR, Edigar. *O fabuloso e harmonioso Pixinguinha*. São Paulo: Cátedra, 1973.

ALMEIDA, Renato de. *História da música brasileira*. 2. ed. Rio de Janeiro: F. Briguiet, 1942.

ALMIRANTE. *No tempo de Noel Rosa*. São Paulo: Livraria Francisco Alves, 1963.

ALVARENGA, Oneyda. "A influência negra na música brasileira". *Boletim Latino-Americano de Música*. Rio de Janeiro, ano VI, n. 1, 1946

ALVARENGA, Oneyda. *Música popular brasileira*. São Paulo: Globo, 1950.

ANDRADE, Mário de. *O banquete*. São Paulo: Duas Cidades, 1977.

ANDRADE, Mário de. *Dicionário musical brasileiro*. Belo Horizonte/Brasília/São Paulo: Itatiaia/Minc/IEB/Edusp, 1989.

ANDRADE, Mário de. *Ensaio sobre a música brasileira*. São Paulo: Martins, 1972.

ANDRADE, Mário de. *Modinhas imperiais*. São Paulo: Martins, 1964.

ANDRADE, Mário de. *Música, doce música*. São Paulo: Martins, 1963.

AZEVEDO, Luiz Heitor Corrêa de. *150 anos de música no Brasil (1800-1950)*. Rio de Janeiro: José Olympio, 1956.

BARBOSA, Orestes. *Samba*. Rio de Janeiro: Livraria Educadora São José, 1933.

CABRAL, Sérgio. *Pixinguinha – Vida e obra*. Rio de Janeiro: MEC/Funarte, 1967.

CAZES, Henrique. *Choro – Do quintal ao Municipal*. São Paulo: Editora 34, 1998, p. 38

CONTIER, Arnaldo Daraya. "História e música – Novas abordagens". *História Hoje*. Rio de Janeiro, dez. 1990.

CONTIER, Arnaldo Daraya. "Música e História". *Revista de História*. São Paulo, n. 119, jul./dez., 1988.

CONTIER, Arnaldo Daraya. *Brasil novo: música, nação e modernidade – Os anos 20 e 30*. Tese de livre-docência. Faculdade de Filosofia, Letras e Ciências Humanas da Universidade de São Paulo (FFLCH-USP), São Paulo,1988.

CORRÊA, Sérgio Alvim. *Alberto Nepomuceno – Catálogo geral*. Rio de Janeiro: Funarte, 1996.

DINIZ, Edinha. *Chiquinha Gonzaga: uma história de vida*. 8. ed. Rio de Janeiro: Record/Rosa dos Tempos, 1999.

EFEGÊ, Jota. *Figuras e coisas da música popular brasileira*. Rio de Janeiro: Funarte, 1980.

EFEGÊ, Jota. *Maxixe, a dança excomungada*. Rio de Janeiro: Conquista, 1974.

FRANCESCHI, Humberto. *A Casa Edison e seu tempo*. Rio de Janeiro: Sarapuí, 2002.

KIEFER, Bruno. *Elementos da linguagem musical*. Porto Alegre: Movimento, 1969.

KIEFER, Bruno. *Francisco Mignone, vida e obra*. Porto Alegre: Editora Movimento, 1983.

KIEFER, Bruno. *A modinha e o lundu: duas raízes da música popular brasileira*. Porto Alegre: Movimento, 1977.

KIEFER, Bruno. *Música e dança popular – Sua influência na música erudita*. 2. ed. Porto Alegre: Movimento, 1990.

LIMA, Edilson de. *As modinhas do Brasil*. São Paulo: Edusp, 2001.

LIRA, Mariza. "Ernesto Nazareth – O rei do tango brasileiro". *Revista Pranove*. Rio de Janeiro, ano 1, n. 7, 1938.

LIRA, Mariza. *Chiquinha Gonzaga*. Rio de Janeiro: Funarte, 1978.

MAMMÌ, Lorenzo. *Carlos Gomes*. Série "Folha explica". São Paulo: Publifolha, 2001.

MAMMÌ, Lorenzo. "João Gilberto e o projeto utópico da bossa nova". *Novos Estudos* . São Paulo, Cebrap, n. 34, nov. 1994.

MARCONDES, Marcos Antônio (ed.). *Enciclopédia da música brasileira: erudita, folclórica e popular*. 2 ed. São Paulo: Art Editora, 1998. 2 v.

MARIZ, Vasco. *A canção brasileira*. Rio de Janeiro: Civilização Brasileira/MEC, 1977.

MARIZ, Vasco. *História da música no Brasil*. Rio de Janeiro: Civilização Brasileira, 1994.

NESTROVSKI, Arthur. "O samba mais bonito do mundo". *In:* MAMMÌ, Lorenzo; NESTROVSKI, Arthur e TATIT, Luiz. *Três canções de Jobim*. São Paulo: Cosac Naify, 2004.

NEVES, José Maria. *Villa-lobos, o choro e os chorões*. São Paulo: Musicália, 1977.

NÓBREGA, Adhemar. *Os choros de Villa-Lobos*. Rio de Janeiro: Museu Villa-Lobos, 1975.

PUTTERMAN, Marcos Paulo. *Choro: a construção de um estilo musical*. Dissertação de mestrado. Faculdade de Filosofia, Letras e Ciências Humanas da Universidade de São Paulo (FFLCH-USP), São Paulo,1985.

SANDRONI, Carlos. *O feitiço decente – Transformações do afro-brasileiro na música popular*. Tese de doutorado. Universidade de Tours, Tours, 1997. (Versão brasileira).

SANDRONI, Carlos. *O feitiço decente – Transformações do samba no Rio de Janeiro (1917-1933)*. Rio de Janeiro: Jorge Zahar, 2001.

SODRÉ, Muniz. *Samba: o dono do corpo*. Rio de Janeiro: Codecri, 1979.

SOUZA, Maria das Graças, PEDROSA, Henrique, PANTOJA, Selma Alves e CECHINI, Sinclair. *Patápio – Músico erudito ou popular?* Rio de Janeiro: Funarte, 1983.

SQUEFF, Enio e WISNIK, José Miguel. *Música – O nacional e o popular na cultura brasileira.* 2. ed. São Paulo: Brasiliense, 1983.

TATIT, Luiz. *O cancionista.* São Paulo: Edusp, 1996.

TATIT, Luiz. *O século da canção.* São Paulo: Atelier Editorial, 2004.

TINHORÃO, José Ramos. *História social da música brasileira.* Lisboa: Caminho, 1990.

TINHORÃO, José Ramos. *Música popular: do gramofone ao rádio e TV.* São Paulo: Ática, 1981.

TINHORÃO, José Ramos. *Música popular, um tema em debate.* Rio de Janeiro: Saga, 1966.

TINHORÃO, José Ramos. *Pequena história da música popular (da modinha à canção de protesto).* Petrópolis: Vozes, 1975.

TINHORÃO, José Ramos. *Os sons negros no Brasil.* São Paulo: Art Editora, 1988.

TINHORÃO, José Ramos. *Os sons que vêm da rua.* São Paulo: Ed. Tinhorão, 1976.

VIANNA, Hermano. *O mistério do samba.* Rio de Janeiro: Jorge Zahar, 1995.

WISNIK, José Miguel. *O coro dos contrários – A música em torno da semana de 22.* São Paulo: Duas Cidades, 1977.

WISNIK, José Miguel. "Getúlio da paixão cearense (Villa-Lobos e o Estado Novo)". *In:* SQUEFF, Enio e WISNIK, José Miguel. *O nacional e o popular na cultura brasileira – Música.* 2. ed. São Paulo: Brasiliense, 1983, p. 158.

WISNIK, José Miguel. *O som e o sentido.* 2 ed. São Paulo: Companhia das Letras, 1989.

ANÁLISE MUSICAL E MÚSICA ROMÂNTICA:

ANDRADE, Mário de. *Pequena história da música.* 9. ed. Belo Horizonte: Itatiaia, 1987.

BARRAUD, Henri. *Pour comprendre les musiques d'aujourd'hui.* Paris: Seuil, s/d.

CAZES, Henrique. *Escola moderna do cavaquinho.* Rio de Janeiro: Lumiar, s/d.

CHEDIAK, Almir. *Harmonia e improvisação.* Rio de Janeiro: Lumiar, 1987. 2 v.

EDEL, Theodore. *Piano music for one hand.* Bloomington: Indiana University Press, 1994.

MILHAUD, Darius. *Notes sans musique.* Paris: Julliard, 1963.

NETTLES, Barie. *Work book for harmony.* Boston: Berklee College of Music, 1987.

PASCOAL, Maria Lúcia e PASCOAL, Alexandre. *Estrutura tonal: harmonia.* São Paulo: Companhia Editora Paulista, s/d. (e-livro Cultvox: www.cultvox.com.br).

PERSICHETTI, Vicenti. *Twenty century harmony.* Nova York: W. W. Norton & Company Inc, 1961.

PISTON, Walter. *Harmony*. 5. ed. Nova York: W.W. Norton & Company, 1987.

ROSEN, Charles. *A geração romântica*. São Paulo: Edusp, 2000.

ROSEN, Charles. *Sonatas forms*. Nova York/Londres: W.W. Norton, 1980.

SAMSON, Jim. *The Cambridge Companion to Chopin*. Nova York: Cambridge University Press, 1992.

SCHOENBERG, Arnold. *Fundamentos da composição musical*. São Paulo: Edusp, 1996.

SCHOENBERG, Arnold. *Tratado de armonía*. Madri: Real Musical Editores, 1979.

LIVROS, TESES E ARTIGOS (OBRAS DE REFERÊNCIA):

ADORNO, Theodor W. "Fragment sur musique et langage". *In: Quasi una fantasia*. Paris: Gallimard, 1982.

ADORNO, Theodor W. "Idéias para a sociologia da música". *In*: BENJAMIN, Walter, HORKHEIMER, Max, ADORNO, Theodor W. e HABERMAS, Jürgen. Coleção *Os pensadores*. Tradução de Roberto Schwarz. São Paulo: Abril Cultural, 1980.

ADORNO, Theodor W. "Sobre Música Popular." *In*: COHN, Gabriel (org.). Coleção *Grandes cientistas políticos*, n. 54. São Paulo: Ática, 1986.

ALENCASTRO, Luis Felipe de (org.). *História da vida privada no Brasil*, v. 2. São Paulo: Companhia das Letras, 1997.

BARTHES, Roland. "La musique, la voix, la langue". *L'obvie et l'obtus*. Paris: Seuil, 1982.

BENJAMIN, Walter. *Obras escolhidas*. São Paulo: Brasiliense, 1985. v. 1-3.

BOSI, Alfredo. *Cultura brasileira*. São Paulo: Ática, 1987.

BOSI, Alfredo. *Dialética da colonização*. São Paulo: Companhia das Letras, 1992.

BOSI, Alfredo (org.). *Machado de Assis*. São Paulo: Ática, 1982.

BOSI, Alfredo. *O pré-modernismo*. São Paulo: Cultrix, s/d.

BOSI, Alfredo. *O ser e o tempo da poesia*. São Paulo: Cultrix, 1977.

CANDIDO, Antonio. "Dialética da malandragem." *In: O discurso e a cidade*. São Paulo: Duas Cidades, 1993.

CANDIDO, Antonio. "Esquema de Machado de Assis". *In: Vários escritos*. 2. ed. São Paulo: Duas Cidades, 1977.

CANDIDO, Antonio. *Literatura e sociedade*. São Paulo: Companhia Editora Nacional, 1973.

CARPENTIER, Alejo. *Música en Cuba*. Havana: Letras Cubanas, 1979.

CARVALHO, José Murilo. *Os bestializados – O Rio de Janeiro e a República que não foi*. São Paulo: Companhia das Letras, 1987.

CASCUDO, Luís da Câmara. *Dicionário de folclore brasileiro*. Rio de Janeiro: Instituto Nacional do Livro/MEC, 1982.

CERNUSÁK, Gracian e LAMB, Andrew. *Grove dictionary*. Londres: Macmillan Publishers, 1980.

CHALHOUB, Sidney. *Trabalho, lar e botequim – O quotidiano dos trabalhadores no Rio de Janeiro da belle époque*. São Paulo: Brasiliense, 1986.

CURVELLO, Mário. "Polcas para um Fausto suburbano". *In*: BOSI, Alfredo (org.). *Machado de Assis*. São Paulo: Ática, 1982.

Dicionário Houaiss da língua portuguesa. Rio de Janeiro: Objetiva, 2001.

FAORO, Raymundo. *Os donos do poder – Formação do patronato político brasileiro*. 7. ed. Rio de Janeiro: Globo, 1987.

FAUSTO, Boris. *Trabalho urbano e conflito social (1890-1920)*. Rio de Janeiro/São Paulo: Difel, 1977.

FREYRE, Gilberto. *Ordem e progresso*. 6. ed. rev. São Paulo: Global, 2004.

FREYRE, Gilberto. *Sobrados e mucambos*. 14. ed. São Paulo: Global, 2003.

GLEDSON, John. *Machado de Assis: ficção e história*. 2. ed. São Paulo: Paz e Terra, 1995.

LEITE, Dante Moreira. *O caráter nacional brasileiro*. São Paulo: Pioneira, 1983.

LÉVI-STRAUSS, Claude. "Mito e música". *In: Mito e significação*. Lisboa: Edições 70, 1979.

MORAES, José Geraldo Vinci de e REGO, José Márcio (org.). *Conversa com historiadores brasileiros*. São Paulo: Editora 34.

NAVES, Rodrigo. *Goeldi*. São Paulo: Cosac Naify, 1999.

NEEDELL, Jeffrey D. Belle époque *tropical*. São Paulo: Companhia da Letras, 1993

OLIVEIRA, Lúcia Lippi. *A questão nacional na Primeira República*. São Paulo: Brasiliense, 1990.

QUEIROZ, Suely Robles Reis de. *Os radicais da República*. São Paulo: Brasiliense, 1986.

SALIBA, Elias Thomé. *Raízes do riso*. São Paulo: Companhia das Letras, 2002.

SCHWARZ, Roberto. *Ao vencedor as batatas*. 3. ed. São Paulo: Duas Cidades, 1988.

SCHWARZ, Roberto. *Um mestre na periferia do capitalismo – Machado de Assis*. São Paulo: Duas Cidades, 1990.

SCHWARZ, Roberto. *Seqüências brasileiras*. São Paulo: Companhia das Letras, 1999

SEVCENKO, Nicolau (org.). *História da vida privada no Brasil*, v. 3. São Paulo: Companhia das Letras, 1998.

SEVCENKO, Nicolau. *Literatura como missão – Tensões sociais e criação cultural na Primeira República*. São Paulo: Brasiliense, 1989.

SEVCENKO, Nicolau. *Orfeu extático na metrópole – São Paulo, sociedade e cultura nos frementes anos 20*. São Paulo: Companhia das Letras, 1992.

VELLOSO, Mônica Pimenta. *As tradições populares na* belle époque *carioca*. Rio de Janeiro: Funarte, 1988.

VOVELLE, Michel. *Ideologias e mentalidades.* São Paulo: Brasiliense, 1987.

WISNIK, José Miguel. "Machado maxixe: o caso Pestana". *Teresa – Revista de Literatura Brasileira,* São Paulo, n. 4-5, FFLCH-USP, 2004.

WISNIK, José Miguel. *Sem receita – Ensaios e canções.* São Paulo: Publifolha, 2004.

Índice onomástico*

A

Abrantes (marquês de): 130

Alagemovitz, Nicolas: 237 (l)

Alcântara, Pedro de: 94, 242

Alencastro, Luiz Felipe de: 19, 21, 24, 72

Alfândega, Porfírio da: 96

Almeida, Luiz Antônio de: 15, 24 (n), 28, 89, 90, 94, 97 (n), 117 (n), 239

Almeida, Renato de: 14, 111, 113

Althemira, Francisco: 27

Alvarenga, Oneyda: 111, 113

Alves, Ataulfo: 141 (n)

Alves, Francisco: 241, 246

Alves, Rodrigues: 81

Amoedo, Rodolfo: 28

Andrade, Mário de: 11-15, 17, 18 (n), 19, 26, 30 (n), 37, 40, 45, 46 (n), 57, 70, 90, 98, 105, 109-116 (n), 118, 120, 126, 148, 149, 158, 161, 163, 164, 175, 245

Andrande, Carlos Drummond de: 67

Andreozzi, Eduardo: 95, 243

Araújo, Mozart de: 15, 113, 120, 190 (l)

Arditi, L. 27

Arom, Simha: 114

Assis, Machado de: 11, 12, 28, 35, 55, 56 (l)-61, 62 (n), 63 (n), 67, 70-72, 75, 77, 79-83, 100, 113, 116, 126, 127, 162, 163

Auber, D. 27

Augusto, Paulo Roberto Peloso: 119

Azevedo: 131

Azevedo, Luiz Heitor Corrêa de: 113

B

Bach, Johann Sebastian: 37, 61, 148, 157

Baiano: 186

Balzac, Honoré de: 59

Bandeira, Manuel: 67, 110, 182

Barbosa, Orestes: 191

Barbosa, Rui: 77, 131

Barnardelli (Srs.): 25

Barreto, Galdino: 36

Barreto, Lima: 87 (n)

Barreto, Paulo: 88

Barros, Eudóxia de: 15

Barroso Neto: 110

Barthes, Roland: 21 (n)

Bastos, Nilton: 187

Beethoven, Ludwig von: 61, 63, 91, 136, 138, 172; (Club): 62; (Casa): 202 (l), 246; (Sala): 228 (l)

Belfort (barão de): 88

Bellini, Vincenzo: 245

Belmonte (padre): 239

---

*   Os verbetes trazem grafia atualizada dos nomes; ao longo do livro, porém, quando estes aparecem dentro de citações, foram mantidas as grafias de época. Alguns verbetes trazem apenas apelidos ou sobrenomes, pois são referências, citadas em textos de época, a personagens sobre as quais não foram encontradas maiores informações. Os números seguidos da letra "l" entre parênteses se referem a ocorrências em legendas de fotografias ou ilustrações; os números seguidos da letra "n" se referem a ocorrências em notas de rodapé.

Berlioz, Hector: 150 (n)

Bevilacqua & Cia (casa): 240-244

Bevilacqua, Isidoro: 239, 240

Bide: 187

Bilhar, Sátiro: 35, 166-168, 243

Billoro: 90

Borges, Chico: 35

Bosi, Alfredo: 57 (n), 59 (n), 193 (n)

Braga, Ernani: 241, 242

Braga, Francisco: 26, 110

Brahms, Johannes: 13, 27, 157

Brayner, Sonia: 59 (n)

Breton, André: 21 (n)

Briani, Barreto & Boudraux (editora): 239

Buschmann & Guimarães (casa): 239

C

Caballero, Mara: 15 (n)

Cadete: 87, 186

Caetano, João (teatro): 242

Calado, Joaquim Antônio da Silva: 25, 35, 50, 94, 99, 141 (n), 242

Callado, Antonio: 59 (n)

Camargo, viúva (personagem): 63

Campana: 27

Campos, Carlos: 175, 245

Candido, Antonio: 57, 67

Canongia, Viúva (editora): 239

Cardoso, Mário: 15

Carneiro, Paulo: 27

Carpentier, Alejo: 118

Carvalho & Cia, J. (editora): 241, 244, 245

Carvalho, Hermínio Bello de: 167 (n)

Carvalho, José Murilo: 79

Carvalho, Nair de: 28, 90

Catulo da Paixão Cearense: 87-89, 94, 158 (n), 159, 200 (l), 205 (l), 240, 242, 243

Catumby, Néco Manduca do: 35

Cavalcanti, Aurélio: 33, 96, 207 (l)

Caxias (personagem): 65

Cazes, Henrique: 141 (n), 146 (n), 150

Cerimele: 91

Cernichiaro, Vicenzo: 110

Cernusák, Gracian: 18 (n)

Chalhoub, Sidney: 78 (n)

Chaminade: 91, 173

Chiaffarelli, Luigi: 96, 182

Chirol: 96

Chopin, Frédéric: 13, 27, 65, 89, 91, 94, 96, 100, 136-139, 148-150 (n), 172, 181, 182

Christino, J.: 37

Ciata (tia): 87, 186

Claudel, Paul: 107

Coelho Grey: 35

Conceição, Felizardo: 35

Corrêa, Sérgio Alvim: 116 (n), 157 (n)

Costa & Cia, André A. da (editora): 241

Costa Júnior: 33

Costinha: 37

Cotejipe (barão de): 130

Cristo, J.: 33

Cruls, Gastão: 125 (n)

Cunha, Eugênia: 27

Cunha, Eugenio: 27

Cunha, Júlio Augusto Pereira da: 239

Curvello, Mário: 57-59 (n), 67, 193

D

Darala: 27

Debret, Jean-Baptiste: 17

Debussy, C. A.: 13

D'Hunac, Iwan: 14

Dias, Carmem: 192 (n)

Diniz, Edinha: 76 (n), 77 (n)

Diniz, Padre Jaime: 15

Dom Pedro I: 62

Dom Pedro II: 17, 19, 24, 25, 116

Dona Laurinda: 131

Donati, Roberto: 96

Donga: 33, 167

D'Or, Ondina Portella Ribeiro Dantas: 94

E

Edel, Theodore: 157 (n)

Edison (casa): 94, 241, 242

Edmundo, Luiz: 33, 83, 86

Efegê, Jota: 78, 126, 127

Eliscu, Edward: 107

F

Facioli, Valentim: 59 (n)

Faoro, Raymundo: 24, 62 (n), 87 (n)

Faria, Manoel de: 244

Ferrez, Gilberto: 23 (l), 56 (l), 74 (l), 197 (l)-199 (l), 210 (l), 214 (l), 215 (l), 217 (l), 220 (l), 221 (l)

Ferrez, Marc: 23 (l), 56 (l), 74 (l), 197 (l)-200 (l), 210 (l), 221 (l)

Field, John: 150 (n)

Filippone & Filha, Viúva (editora): 239, 240

Filippone, J. (casa): 241

Fluminense, Horácio: 27

Fonseca, Deodoro da: 79

Fonseca, Marechal Hermes da: 75, 76, 80

Fontes & Cia (casa): 240

Fragoso, Jorge: 244

Franceschi, Humberto: 186 (n)

Freire Júnior: 200 (l), 205 (l)

Freire, Gilberto: 19-21, 78, 88, 94 (n), 116 (n), 126

Freitas, José F.: 141 (n)

Frontin, Paulo de: 91

G

Gallet, Luciano: 97, 115, 187, 242, 244

Garbuglio, José Carlos: 59 (n)

Garcia Cristo: 96

Garcia, José Maurício Nunes: 62

Gledson, John: 58, 67, 79 (n), 80 (n), 82 (n)

Gluck, Christoph Willibald: 61

Gnatalli, Radamés: 159

Godard: 91

Goeldi, Oswaldo: 70

Goethe, Johann Wolfgang von: 193

Gomes, Carlos: 26, 110, 242; (Casa): 96, 241, 244, 246

Gonzaga da E. F. C. B.: 32

Gonzaga, Chiquinha: 13, 33, 37, 40, 50, 76, 89, 98, 99 130, 182; Acervo: 106 (l), 202 (l), 205 (l)-207 (l)

Gottschalk, Louis Moreau: 29, 91, 173

Gregh: 91

Guanabarino, Oscar: 246

Guerra, Edgard: 242

Guerreiro & Cia, Viúva (editora): 246

Guimarães, Manoel Antonio Gomes: 242, 243

H

Hauser, M.: 242

Haussmann, Georges-Eugène (barão): 124

Haydn, Joseph: 63, 136

Herencia, José Luiz: 70

Horszowsky, Miécio: 182, 244

Hummel: 150

I

Irineu Batina: 33

Itiberê da Cunha, Brasílio: 14 (n), 95, 96 (n), 109, 113

Itiberê da Cunha, João: 14 (n)

J

Jacob do Bandolim: 141 (n), 159

João de Deus: 35

Jobim, Tom: 159, 161

Juca Flauta: 30

K

Kahn, Gus: 107

Kalkbrenner, Thalberg: 150 (n)

Kantz, Luiz: 242

Kiefer, Bruno: 29, 33 (n), 182 (n)

Kolinski, Mieczyslaw: 114

L

Lacerda, Benedito: 35

Lago, Mário: 141 (n)

Lamb, Andrew: 18 (n)

Lambert, Lucien: 26, 239

Laranjeira, Quincas: 35, 87

Laurinda (dona): 131

Leão, Carneiro: 244

Lemos, Horácio: 25

Leopoldo Pé de Meza: 32

Leverkühn, Adrian (personagem): 193

Levy, Alexandre: 110, 116, 117, 242

Lima Edilson: 33 (n), 113, 159 (n)

Lima, Arthur Moreira: 15

Lira, Mariza: 89 (n)

Liszt, Franz: 150 (n), 181

Lopes & Cia: 234 (l)

M

Macedo, Joaquim Manuel de: 17

Machado, Cacá: 161 (n)

Madeira, Eduardo: 24, 25, 239

Maesrsch, A.: 29

Mallio, Frederico: 240

Malta, Augusto: 213 (l)-215 (l), 217 (l), 220 (l)

Mammì, Lorenzo: 42 (n), 120 (n), 161 (n)

Manáos, Miranda Corrêa & Cia: 243

Mann, Thomas: 193

Marcondes, Marcos Antônio: 18 (n), 26 (n), 87 (n), 116 (n), 117 (n), 181 (n)

Maria (personagem): 65

Mário Cavaquinho (Mário Álvares da Conceição): 35

Mariz, Vasco: 33 (n), 113

Martinez, H. 27

Martins, João: 36

Martins, Roberto: 158 (n)

Martius: 37

Mastro, Clara del: 17

Matos, Mário: 57

Mayrink Veiga (sociedade): 246

Medeiros, Anacleto de: 33, 50, 80, 87, 98, 99, 141 (n), 182

Meirelles, Theodora Amália Leal de (Dorica/esposa): 89, 240, 241, 246

Mello, Guilherme Theodoro Pereira de: 110

Mendelssohn, Felix: 91

Meneses, Teles de (colégio): 87

Menezes, Carolina Cardoso de: 15

Menezes, Luiza: 27

Meriti (visconde de): 130

Merquior, José Guilherme: 57

Mesquista, Henrique Alves de: 26, 99, 115-118, 125

Mestre Romão (personagem): 57

Métra, O.: 29

Mignone, Francisco: 14, 27, 90 (n), 96, 159, 182

Miguez: 110, 242

Milano, Humberto: 242

Milano, Nicolino: 90

Milhaud, Darius: 13, 14, 107, 108, 110, 112, 117, 129, 159, 182

Milliet, Sérgio: 17 (n)

Miranda, Carmen: 229 (l), 246

Monteiro, Cyro: 158 (n)

Moraes, Eugênio Vinci de: 158 (n)

Moraes, José Geraldo Vinci de: 61 (n)

Moraes, Vinicius de: 162

Moreira, Juliano (colônia): 190 (l), 191, 225 (l), 247

Moreyra, Álvaro: 246

Moscheles: 150 (n)

Mouqués, Julio (casa de música): 247

Moura, Roberto: 186 (n)

Mozart, Wolfgang Amadeus: 61, 63, 95, 136; (Club): 25, 239; (Casa): 16 (l), 94, 95, 130, 242, 243

Muracy, José Cândido de Andrade: 15, 27 (n), 113, 182

Musard: 17

N

Napoleão e Miguez, Casa Editorial Arthur: 15, 24, 25, 41, 239-243

Napoleão, Arthur: 24, 29, 91

Nascimento, Antonio Adriano: 119

Naves, Rodrigo: 70

Nazareth (Acervo): 15, 27 (n), 90 (n), 192 (n), 225 (l)-228 (l), 233 (l)-237 (l)

Nazareth Filho, Ernesto (filho): 241

Nazareth Filho, Vasco Lourenço da Silva (Vasquinho/irmão): 24, 239, 241

Nazareth, (família): Júlio e Ludovina [tios]: 26; Gilberto [Gigi/sobrinho]: 241

Nazareth, Brizabela da Silva (irmã): 239

Nazareth, Carolina Augusta Pereira da Cunha (mãe): 24, 239

Nazareth, Diniz (filho): 89, 240

Nazareth, Ernesto (Júlio): 11-15, 21, 24-28, 30 (n), 33, 35-37, 40-42, 44-46, 48-51, 53, 54, 57, 61, 62, 70-72, 77, 78, 86-91, 94-106 (l), 108, 109, 111, 113, 115-122 (n), 126-128 (l), 129-136, 138, 139, 141 (n), 143-150, 152-168, 171-173, 175, 76, 179-183, 185-187, 189, 190 (l)-193, 203 (l), 225 (l)-227 (l), 229 (l), 231 (l), 233 (l)-237 (l), 239-247

Nazareth, Eulina de (filha): 15, 27, 89, 192, 240, 246

Nazareth, João Baptista (filho): 240

Nazareth, Júlia Adélia da Silva (Dodoca/irmã): 24, 239, 242

Nazareth, Maria Carolina da Silva (Nenê/irmã): 24, 239

Nazareth, Maria de Lourdes (filha): 240, 242, 243

Nazareth, Marietta (filha): 240

Nazareth, Vasco Lourenço da Silva (pai): 24, 192, 232 (l)

Needell, Jeffrey D.: 24 (n), 62 (n), 94 (n), 131 (n)

Nepomuceno, Alberto: 13, 91, 110, 115-117, 157, 187, 242

Neptuno: 243

Nestrovski, Arthur: 14 (n), 161 (n)

Neto, Barrozo: 242

Nicolino: 33

Nogueira, Luiz: 175

Nollet: 91

Novaes, Guiomar: 27, 182, 189, 192

Novais, Fernando: 72

Nozinho: 94, 243

Nunes, F. 242

O

Oliveira, Arquimedes de: 242

Oliveira, José (Juca): 96

Oliveira, Lúcia Lippi: 78 (n)

Oswald, Henrique: 13, 26, 110, 116, 117, 187, 242, 243

P

Pacheco, Assis: 33

Passos, Pereira: 81, 91, 124

Pedreira, Jacques (personagem): 88

Peixoto, marechal Floriano: 79, 81

Penalva, Gastão: 117

Pequeno, Mercedes Reis: 15

Pereira & Araújo (casa): 240

Pereira, Lúcia Miguel: 57

Pestana (personagem): 12, 57-67, 72, 77, 79, 83, 113, 163, 192, 193

Pinheiro, Mário: 86, 94, 158 (n), 240, 243

Pinho, Wanderley: 130 (n)

Pinto, Alexandre Gonçalves: 30, 31 (l), 33, 36 (n), 87 (n), 166

Piteira, Antonico: 35

Pixinguinha: 25, 35, 141 (n), 159

Porto Alegre, Manuel de Araújo: 19

Prata, Alaor: 244

Punch: 18

Q

Querino, Manoel: 34

R

Raab, Johann: 18

Raff, Joachim: 91, 240

Ramos, Inácio: 62

Rangel: 35

Ravel, Maurice: 157

Ravina: 91

Rebello, Arnaldo: 15

Rebello, José: 35

Rego, José Márcio: 61 (n)

Reis, Anna Martinez: 27

Rian (pseudônimo de Nair de Teffé): 76 (n)

Ribeiro, Barata: 80-82

Rio, João do: 88

Romero, Sílvio: 75

Roncari, Luiz: 59 (n)

Rosen, Charles: 83 (n), 132 (n), 136, 138, 148, 150 (n), 172 (n)

Rossi, Mário: 158 (n)

Rossini (Clube): 240

Rubinsky, Sonia: 13, 14 (n)

Rubinstein, Arthur: 27, 96, 100, 182, 243

Rudge, Antonietta: 182

S

Sacramento, Paulinho: 37

Saint-Saëns, Camille: 175, 242

Salazar, Adolfo: 119

Saliba, Elias Thomé: 75 (n), 130 (n)

Salles, Alberto: 245

Sampaio Araújo & Cia (casa): 115, 176 (n), 240, 242-244, 246

Samsom, Jim: 172 (n)

San Foirenzo: 27

Sandroni, Carlos: 28 (n), 33 (n), 114, 119, 120 (n)-122 (n), 126 (n), 163 (n), 188, 189

Santos, Lulú: 35

Saucken, Luiza: 25

Schelling, Ernest: 182, 241

Schmitt: 91

Schoenberg, Arnold: 44

Schubert, Franz: 177, 181

Schulhoff: 91

Schulz, John: 79 (n)

Schumann, Robert: 61, 83 (n), 181

Scriabin, Alexander: 157

Sevcenko, Nicolau: 57 (n), 61 (n), 78, 79 (n), 88

Silva, Ismael: 187

Silva, Jacyntho: 244

Silva, Patápio: 25, 99

Silveira, Viriato: 25, 32, 35, 87, 99

Silveira: 25

Sinhazinha Mota (personagem): 61, 63-65, 95

Sinhô: 187, 189

Siqueira, Baptista: 15, 17, 18 (n), 113, 118

Siston, Julita Nazareth (sobrinha): 15, 94

Soares, Elza: 158 (n)

Soares, Valdemiro: 27

Sodré, Muniz: 186 (n)

Souto, Eduardo: 14, 96, 97, 187, 244, 246; (Casa): 243, 244, 246

Souza e Mello, Bernardino José de: 48

Souza, Inglês de: 131

Souza, John Philip: 46

Spix: 37

Squeff, Enio: 167 (n)

Stendhal (Henri Beyle): 59

Strauss, Johann: 29, 46, 181

Suppé: 29

T

Taquara, (baronesa de): 90

Tatit, Luiz: 87, 140 (n), 159 (n), 161 (n), 186, 189

Teffé, Nair de: 76, 88

Teixeira Leite: 90

Teixeira, Maria Mercedes Mendes: 244, 246

Telles, Francisco: 242

Terán, Tomás: 182

Thalberg: 245

Thomaz, João: 35

Thomé: 91

Tinhorão, José Ramos: 19 (n), 21 (n), 33, 34, 113, 118, 119, 186 (n); Acervo: 16 (l), 31 (l), 92 (l), 203 (l), 204 (l), 222 (l), 229 (l)

Torres, João Martins: 85 (l), 210 (l)

Tupinambá, Marcelo: 13, 97, 110

Tyll, Carlos: 242

V

Valle, Francisco: 242

Valle, Juca: 35

Vasconcelos & Morand, Fertin de (casa): 240, 241, 243

Vasconcelos, Ary: 95 (n), 96

Vasconcelos, Miguel A. de: 206 (l)

Vasques, J. B.: 231 (l)

Velasquez, Glauco: 110

Velloso, Mônica Pimenta: 78 (n)

Verçoza: 32

Verzoni, Marcello: 119

Vianna, Araújo: 242

Vianna, Hermano: 21 (n), 87 (n), 116 (n)

Victoria (rainha): 18

Vieira Machado & Cia (casa): 90, 203 (l), 240-243, 246

Vilbac: 91

Villa-Lobos, Heitor: 13, 14, 72, 95, 159, 167, 175, 176 (n), 182, 242, 243, 246

Vovelle, Michel: 21 (n)

W

Wagner, Richard: 77

Weber, Carl Maria von: 91

Wehrs, C. Carlos F. (editora): 241

Wisnik, José Miguel: 13 (n), 28 (n), 59, 60, 62, 66, 156 (n), 163, 167

Wittgenstein, Paul: 157

X

Xandico: 96

Y

Youmans, Vincent: 107

O enigma do homem célebre

Ambição e vocação
de Ernesto Nazareth

Direção Editorial
Antonio Fernando De Franceschi

Editor Executivo
Bernardo Ajzenberg

Edição
José Luiz Herencia
Manuel da Costa Pinto

Checagem e revisão
Flávio Cintra do Amaral
Helio Ponciano

Índice onomástico
Adriana Garcia

Equipe da área de música
Adler dos Santos Tatagiba
Euler Picanço de Araújo Gouvêa
Fábio Peres Montarroios
Gabriel Ferreira da Silva
Marcelo Nastari Milanez

Projeto gráfico e capa
Hélio de Almeida

Direção de arte
Lilian Queiroz - 2 Estúdio Gráfico

Produção editorial
Acássia Correia da Silva
Cecília Harumi O. Niji
Fabiana Amorim
Priscila Oliveira

INSTITUTO MOREIRA SALLES

Walther Moreira Salles (1912-2001)
Fundador

DIRETORIA EXECUTIVA

Fernando Roberto Moreira Salles
Presidente

João Moreira Salles
Roberto Konder Bornhausen
Vice-Presidentes

Mauro Agonilha
Diretor Tesoureiro

Gabriel Jorge Ferreira
Diretor Executivo

CONSELHO DE ADMINISTRAÇÃO

João Moreira Salles
Presidente

Fernando Roberto Moreira Salles
Vice-Presidente

Gabriel Jorge Ferreira
Pedro Moreira Salles
Roberto Konder Bornhausen
Walther Moreira Salles Junior
Conselheiros

CONSELHO CONSULTIVO

João Moreira Salles
Presidente

Augusto Carlos da Silva Telles
Lúcia Regina Moreira Salles
Lygia Fagundes Telles
Pérsio Arida
Conselheiros

CASA DA CULTURA DE
POÇOS DE CALDAS

CONSELHO CONSULTIVO

João Moreira Salles
Presidente

Antonio Candido de Mello e Souza
Resk Frayha
Conselheiros

ADMINISTRAÇÃO

Antonio Fernando De Franceschi
Superintendente Executivo

Bernardo Ajzenberg
Maria do Carmo Martins Iász
Coordenadores Executivos

Carlos Barmak
Coordenador – Ação educativa

José Luiz Herencia
Coordenador – Música

Liliana Giusti Serra
Coordenadora – Bibliotecas

Manuel da Costa Pinto
Coordenador editorial

Michel Laub
Coordenador – Publicações e cursos

Sergio Burgi
Coordenador – Fotografia

Elizabeth Pessoa Teixeira
Odette Jerônimo Cabral Vieira
Roselene Pinto Machado
Vera Regina Magalhães Castellano
Coordenadoras – Centros culturais

INSTITUTO MOREIRA SALLES

SEDE

Av. Paulista, 1.294, 14º andar, Bela Vista.
CEP: 01310-915. São Paulo-SP.
Tel.: (0 XX 11) 3371-4455; fax: (0 XX 11) 3371-4497.
Internet/Rádio IMS – http://www.ims.com.br
E-mail: ims@ims.com.br

CENTROS CULTURAIS

Rio de Janeiro
Rua Marquês de São Vicente, 476, Gávea.
CEP: 22451-040. Rio de Janeiro-RJ.
Tel.: (0 XX 21) 3284-7400; fax: (0 XX 21) 2239-5559.

São Paulo
Rua Piauí, 844, 1º andar, Higienópolis.
CEP: 01241-000. São Paulo-SP.
Tel.: (0 XX 11) 3825-2560; fax: (0 XX 11) 3661-0984.

Belo Horizonte
Av. Afonso Pena, 737, Centro.
CEP: 30130-002. Belo Horizonte-MG.
Tel.: (0 XX 31) 3213-7900; fax: (0 XX 31) 3213-7906.

Poços de Caldas
Rua Teresópolis, 90, Jardim dos Estados.
CEP: 37701-058. Poços de Caldas-MG.
Tel./fax: (0 XX 35) 3722-2776.

GALERIAS IMS

São Paulo
Unibanco Arteplex
Frei Caneca Shopping
Rua Frei Caneca, 569, 3º piso, Consolação.
CEP: 01307-001
Tel.: (0 XX 11) 3255-8816.

Porto Alegre
Unibanco Arteplex
Shopping Bourbon Country
Av. Túlio de Rose, 100, 2º piso, Passo D'Areia.
CEP: 91340-110
Tel.: (0 XX 51) 3341-9685.

Curitiba
Unibanco Arteplex
Crystal Plaza Shopping
Rua Comendador Araújo, 731, piso LI, Batel.
CEP: 80420-000
Tel.: (0 XX 41) 224-3251.

RESERVA TÉCNICA FOTOGRÁFICA E
RESERVA TÉCNICA MUSICAL
Rio de Janeiro
Rua Marquês de São Vicente, 476, Gávea.
CEP: 22451-040
Tel.: (0 XX 21) 3284-7400.

ESTA OBRA FOI COMPOSTA
POR 2 ESTÚDIO GRÁFICO EM MINION
E IMPRESSA PELA IPSIS GRÁFICA E EDITORA
PARA O INSTITUTO MOREIRA SALLES
EM JUNHO DE 2007.